KB090365

히트 드라마의 아포리즘

-TV 드라마 화제작 333편의 소재 분석-

저 자 와
협의하여
인지 생략

히트 드라마의 아포리즘

-TV 드라마 화제작 333편의 소재 분석-

지은이 | 오명환
펴낸이 | 一庚 張少任
펴낸곳 | 도서출판 답게
초판 인쇄 | 2021년 11월 20일
초판 발행 | 2021년 11월 25일
등 록 | 1990년 2월 28일, 제 21-140호
주 소 | 04975 서울특별시 광진구 천호대로 698 진달래빌딩 502호
전 화 | (편집) 02)469-0464, 02)462-0464
        (영업) 02)463-0464, 02)498-0464
팩 스 | 02) 498-0463
홈페이지 | www.dapgae.co.kr
e-mail | dapgae@gmail.com, dapgae@korea.com
ISBN 978-89-7574-340-5
ⓒ 2021, 오명환

나답게·우리답게·책답게

* 책값은 뒤표지에 있습니다.
* 잘못 만들어진 책은 구입하신 서점에서 교환해 드립니다.

이 책은 MBC재단 방송문화진흥회 지원을 받아 출간되었습니다.

방송문화진흥총서 216

- TV 드라마 화제작 333편의 소재 분석 -

히트 드라마의 아포리즘

지은이 **오명환**

히트 드라마를 통해 본 방송 역사서

1961년 KBS 개국 이후 오늘까지 TV 드라마 60년사를 통해 시청자의 관심과 화제를 크게
모았던 '히트 드라마'의 DNA(優性) 코드를 30가지로 간추리고 그 배경을 정리했다.

도서출판 **답게**

히트 드라마의 아포리즘

-TV 드라마 화제작 333편의 소재 분석-

우리는 어떤 드라마 소재에 심취하고 왜 열광했나?

이 책은 한마디로 '히트 드라마를 통해 본 방송 역사서'다. 1961년 KBS 개국 이후 오늘까지 TV 드라마 60년사를 통해 시청자의 관심과 화제를 크게 모았던 '히트 드라마'의 DNA(優性) 코드를 30가지로 간추리고 그 배경을 정리했다.

지난 반세기, 우리는 어떤 드라마 소재에 심취했고 열광했나. 그 까닭과 배경은 무엇인가. 화제작 300여 편에 대한 리뷰와 분석을 통해 공중 담론의 아고라를 마련하면서 드라마가 던진 경구와 금언, 즉 아포리즘을 정립해보았다. 이는 한국 드라마 60년사의 단면과 총체적인 위상을 정립하는 작업도 된다.

히트 작품 333편의 선정기준은 우선 대중성과 시청률이 높았던 화제작, 작품성과 완성도가 높은 작품, 스타탄생의 드라마, 한류 산업에 크게 기여한 작품을 선별했다. 더불어 포맷과 소재의 참신함, 새로운 화두와 정보 탐구에 화답한 작품을 추가했다.

시청률 조사가 본격화된 1992년 이후는 명확한 자료가 남아있어 비교적 선정 작업이 수월했다. 초창기 흑백시절 20년과 80년대 KBS, MBC로 이원화된 공영방송 시절엔 각 방송사 자체평가와 시청자 호응도, 신문을 비롯한 여러 매체의 기사를 참조하여 나름대로 객관성을 유지하려고 노력했다.

30가지로 분류된 히트 드라마의 범주는 우리 대중문화의 발자취와 시대 상황을 반영한다. 기억에서 기록으로 옮길 만한 가치는 충분하다. 기억 속에 방치하면 잊혀진다. '화제와 인기몰이'의 전후 과정을 따져보면 방송 콘텐츠에 대한 포퓰리즘과 팬덤 현상 그리고 신드롬(증후군)까지를 재조명할 수 있다. 더불어 사회구조의 개연성은 물론 소재와 주제 차원에서 드라마의 본질을 추구할 수 있다. 그것은 방송 역사의 한쪽에 당연히 편입되어야 할 항목으로 간주된다.

'히트 상품의 역사'에서 하나의 상품이 세상을 바꾸는 예를 목격한다. 전기밥솥, 냉장고, 세탁기, 청소기 등이 등장할 때마다 주부의 노동시간 절약은 물론 여가증가에 따른 생활 패턴과 라이프 스타일을 바꿔버리는, 그래서 가정발달사, 여성 노동사에 결정적인 변수가 되었다.

히트 드라마도 세상을 바꾸는 단초를 제공했다. 예컨대 70년대 〈아씨〉는 여성 멜로물을 표시했고, 〈새엄마〉는 재혼에 대한 편견이나 후처에 대한 선입견을 불식했다. 90년대 〈사랑이 뭐길래〉는 이 시대에 실종된 부권회복을 찬가했고, 〈제1공화국〉은 금기시된 현대 정치 이면사를 공개했다. 〈모래시계〉는 권력의 치부와 제도권 폭력의 실체를 고발했다. 2000년대 〈허준〉은 한방의 인식과 지평을 넓혔고, 〈대장금〉은 90국에 수출하여 한류로서 보편적인 인간애와 K푸드의 가치를 크게 높였다. 〈겨울연가〉는 일본 중년 여성들의 한국 관광 붐을 조성했다. 최근 〈SKY캐슬〉과 〈펜트하우스〉는 일류 대학 병에 왜곡된 중년 여성들의 탈법 행태를 폭로했다.

'웰 메이드' 드라마는 정신재(財)이자 문화상품으로 기려야 한다. 그 스펙트럼은 일반적인 통념보다 훨씬 깊고 넓게 다가온다. 본 저술은 '재미있고 의미 있는' 전문서로서 우리 현대 사회 문화사를 재조명하고 드라마의 루틴과 매너리즘을 극복하는 반면교사로 소통할 것을 희망한다. 더불어 향후 방송사, 제작사, 시청자를 아우를 수 있는 드라마에 대한 다양한 반추와 미래의 길라잡이가 되었으면 한다.

끝으로 본서를 지원해주신 방송문화진흥회에 감사드린다.
〈불꽃 당신 김종학〉(2018), 〈그래도 드라마는 만들어진다〉(2019), 〈예능의 전설〉(2020)에 이어 세세연년 졸저 네 권을 기꺼이 출간해주신 '도서출판 답게'의 장소임 대표께도 감사드린다.

여기까지 이르는데 변함없이 성원해주신 박정희, 김이연 두 원로 선생님, 그리고 장현선 님, 정훈 PD에게도 고마운 정을 나누고 싶다.

2021년 가을날에

오 명 환

〈서론〉

'히트 드라마'의 조건은 무엇인가?

인기 드라마, 성공 드라마, 화제 드라마, 대박 드라마….

이는 제작자나 시청자나 모두 같이 꿈꾸는 영역이다. 많이 보는 드라마, 잘 팔리는 드라마의 필요 충분 조건은 무엇인가? 고(高) 시청률 획득- 이는 드라마 60년 시장에 여전히 최상의 위치를 점하는 불변의 덕목이다. 하여 다수의 실무자와 학자들은 이 지상 과제에 관한 연구와 분석을 거듭해 왔다.

성준기 드라마 PD(2014)는 방송사에서 본 성공적인 드라마 기획에 두 가지 시각을 제시했다. 우선 시청자 차원에서는 〈배우, 스토리, 작가〉의 선택이 관건이며, 제작자 입장에서는 "작가의 역량과 연출의 능력, 시대의 트렌드와 부합하는 스토리텔링, 제작비 규모, 광고주들의 관심사 여부"를 꼽았다. 특히 배우는 인지도, 호감도, 현재성, 작품과의 합치성을 들었다. 외적 요인으로는 상대 방송사의 편성내용, 간접광고(PPL) 및 협찬 유치능력, 방송사의 의지와 경영자의 철학을 들었다.

유건식 PD(2014)는 지상파 드라마 PD 83명을 대상으로 드라마 제작 결정의 주요인에 대한 설문 조사 결과, 중요도 순위로 ①스토리의 매력 ②대본의 완성도 ③소재의 참신성 ④작가에 대한 신뢰성 그리고 ⑤주연배우의 경쟁력 등을 꼽았다.

강준만 교수는 저서 '대중문화의 겉과 속'(2013)에서 중견 드라마 작가들의 취재를 통해 드라마 히트 요소로 〈판타지, 권선징악, 해피엔딩, 신데렐라 구도, 성공 스토리〉등 다섯 가지로 압축했다.

우리 시청자가 유난히 좋아하는 성공 스토리는 '없는 사람이 부자가 되고, 눌려있는 자가 신분 상승을 이루는 것'인데 따지고 보면 신데렐라 구조도 여기에 속한다. 지나치게 구체적인 리얼리티는 피하고 싶다. 숨기고 싶은 자기의 내면과 만나는 것이 싫기 때문이다.

가족개념이나 도덕관념을 뒤엎는 소재에 식상하면서도 시청자는 여러 변화 속에서 보다 강렬한 자극을 원한다. 요약하면 꿈과 환상의 구현, 진실과 정의의 승리, 혼란을 재우고 질서가 회복되는 유종의 미 그리고 출세하고 부자 되는 얘기가 변함없는 흡인력을 발휘한다는 것이다.

MBC시청자연구소(2006)가 드라마의 성공 요인과 실패 요인을 분석한 결과에 따르면, 시청률이 높은 드라마는 시청자층의 폭이 넓었으며, 미니시리즈의 경우 초기에 30대와 40대 여성에게 소구력이 높았다. 성공한 드라마들은 복수의 갈등구조를 가지고, 이 갈등을 순차적으로 풀어 가고 있었다. 주인공의 신분 변화와 상황 변화는 시청률

상승의 기폭제로 작용했다. 미니시리즈와 주말 드라마의 경우, 주연 캐릭터는 전형성을 비튼 비전형적 캐릭터가 선호되었다. 여주인공은 '삐딱한 캔디', 남자는 '나쁜 왕자'가 선호된 것이다.

권호영(2009) 교수는 여러 전문가들과 면담한 결과, 드라마가 높은 시청률을 얻기 위해 갖춰야 할 필수 요소는 '작품의 완성도'라 했다. 완성도를 극의 구성 원리 측면에서 해석하면 '매력적인 등장인물과 개성 창조, 참신하고 탄탄한 서사 구조가 함께 어우러지는 것'을 의미했다.

드라마는 다른 일반 예능 프로그램과 달리 작가주의적 경향이 높은 장르다. 따라서 작가의 집필 능력이 작품의 성공에 미치는 영향은 절대적이다.

'좋은 작품을 연출자가 망칠 수는 있어도, 나쁜 작품을 연출자가 성공시킬 수 없다'라는 말이 나올 정도로 사실 드라마의 성공에서 작가가 차지하는 비중은 크다. '영화는 감독의 예술, 드라마는 작가의 산물'이란 통념이 생긴 이유다.

드라마의 방송을 둘러싼 외부의 사회 환경도 큰 변수로 작용한다. 70년대 유신 시대에는 통치 이념을 투영한 새마을극이나 국난극복 드라마가 관심을 끌었고, 육영수 영부인 피살 직후에는 〈조총련〉 등 반공 드라마가 주목을 받았다. 정치 드라마 〈제1공화국〉은 80년 서울의 봄과 광주항쟁을 겪고 태어난 5공화국 초기의 정치 혼란기가 배태한 것이다. 아침 일일극이 상륙한 배경은 드라마 편호층인 주부층의 시장성을 의식한 것이다. 스포츠 드라마 〈마지막 승부〉와 〈공포의 외인구단〉은 프로농구 붐과 프로야구의 열기를 각각 반영한 결과다. IMF 땐 가난과 역경을 헤쳐 가는 〈육남매〉가 힐링 소재로 각광을 받았다. 2000년대 초 〈전원일기〉 등 농촌 드라마의 실종은 이미 농경시대 목가적 농촌이 소멸하였음을 반증한다. 학교 드라마는 곧 학교폭력을 고스란히 먹고 살았고, 막장 드라마의 성행은 '막된 세상'의 거울 효과며, 불륜극의 창궐은 '내로남불'이 만연된 세상 탓이다. '코로나 괴질 2년'을 상기하면 바이러스와 사투를 벌이는 재난드라마 한 편은 나옴 직한데 아직 깜깜하다.

드라마 속 인물로 최다 출연은 아홉 번씩이나 나온 박정희 대통령을 비롯하여 이성계와 광해군, 그리고 장희빈과 허준이다. 반공, 독재, 경제발전의 더블 이미지를 가진 박정희는 우리 현대사의 빛과 그림자다. 조선조의 네 인물은 혁신과 창업, 국가 안위와 실리외교, 야망과 출세, 희생과 봉사의 심벌로서 여전한 우리의 로망이자 현실이며 귀감이다. 이들은 최다 출현의 기록 경신 중이다.

획일성과 매너리즘에 대한 상대적 대칭 발상도 강력 시청을 유도했다.

80년대 초, 단막극의 고공행진은 20여 년 '그 나물에 그 밥'인 연속극의 병폐에 대한 대척 효과며, 최근 뉴 노멀이 된 퓨전 사극의 성행은 정통사극에 대한 반발이다. 재벌의 유전무죄와 갑질 전횡은 반재벌 정서의 드라마 출현을 촉발한다. 타임슬립이나 타임워프의 드라마

장치는 획일적 프레임인 현실성과 개연성을 깨버리고 싶은 신자유주의의 발로다.

6070 소외 세대의 다양한 여생을 밝게 묘사한 〈디어 마이 프렌즈〉는 고령화 사회의 정착에 뿌리를 둔 것이다. 웹툰의 성행은 웹툰 원작의 드라마를 동반하며, 가상과 현실 세계를 혼합하여 탈 현실, 초능력 세계를 창출한 〈W〉, 〈알함브라 궁전의 추억〉은 두 세계의 경계가 모호한 디지털 시대를 반영하고 있다.

히트 드라마의 배경에 대한 거시적 담론은 이처럼 광범하고 가변적이다.

여기 본서에서는 소재 분석에 치중한 미시적 접근으로 일관했다. 참신한 소재, 장르의 친숙성, 매력적인 스토리 등을 중심으로 성공의 요인을 이미 방송된 히트 드라마를 통해 역으로 추출한 것이다.

제1장

친 가족과 친 서민을 위한 주변 소재

1. 엄마를 앞세워라

- TV 드라마의 주축은 엄마의 얼굴

엄마 그리고 어머니!

태어나서 처음으로 입에 올린 언어다. 일생 중 가장 많이 부르는 대명사다. 아무리 불러도 그리운 어머니, 죽을 때 마지막 말도 이거다.

드라마는 항상 엄마를 품고 산다. 어머니는 장르를 막론하고 모든 대립과 반목을 녹이는 구심체이자 현명한 해결사다. 문제가 풀리고 갈등이 해소되는 일단락 매듭은 매양 엄마의 힘에 의했다.

'모정의 뱃길'이나 '삭발의 모정'은 따뜻한 젖가슴을 잃지 않은 우리 어머니의 힘을 상징한다. 시절이 변한 탓일까. 드라마 50년에 나타난 엄마의 변천사는 한마디로 전통적인 어머니상의 붕괴다. 절대적인 어머니의 초상에도 다양한 변화가 완연하다. 훈훈한 모정(母情)이 사라진 자리에는 도도한 모권(母權)과 여권(女權)이 들어서고 있다.

드라마 중심은 엄마 있는 곳, 시대 따라 변하는 엄마의 초상

〈아씨〉(1970. TBC, 임희재 극본)는 일제에서 6·25까지 우리 기억을 무수히 스쳐 간 가엾고 안쓰러운 어머니(김희준)를 대신했다. 어려서 부모 슬하, 젊어서 남편 그늘, 늙어서 자식 부양에 살아가는 옛날 엄마의 전형적인 모습이다. 지고지순한 부덕(婦德), 우리 전통적인 여성 훈요(訓要)인 순종, 인고, 헌신, 희생의 코드였다.

"…지금까지 시청한 '아씨'는 우리들의 어머니며 우리의 할머니며 인내를 갖고 살아온 우리들의 한국 여성입니다."

253회로 마감한 내레이션은 한평생 눈물과 한숨을 찍어낸 전통적인 어머니의 향수를 환기했다. 어머니의 운명적인 삶은 무심한 남편(난봉, 노름, 폭력), 고약한 시집 식구, 철없는 자식이 기본 얼개로서 외롭고 서러운 재래의 공간에 갇혀 있었다. 어머니의 세월은 여하한 시대와 상황에도 불구하고 한국적 현모양처의 모델을 상징하여 결국 인간승리로 귀결되는 형식을 취했다. 〈아씨〉의 분신은 속출했다. 이후 KBS 〈여로〉의 분이(태현실)는 분골쇄신형, 〈파도〉의 이효춘도 운명수용형으로서 이와 비슷한 고전형 엄마를 대신했다. 오늘날 엄마는 '팔자소관'에 묵묵히 순응하기보다는 환경극복형, 자아실현형으로 계속 진화하고 있다.

〈새엄마〉(1972. MBC, 김수현 극본)는 전통적인 여인상에 반기를 들었다. 행복은 주어지는 것이 아니라 스스로 만들어 가는 것이다.

노처녀 양호교사 전양자는 교장(나문희)의 중매로 홀아비 최불암의 후처가 된다. 깐깐한 시어머니(정혜선), 전처 딸 윤여정과 양정화, 아들 조경환, 예비 며느리 엄유신 등 대가족이 버틴 심란한 시(媤)댁 세상에 단신 투신한다. '요사이 저런 여자가 어디 있겠느냐?'는 현실감 결여임에도 불구하고 새엄마는 이들을 추근추근 자기 영역으로 끌어들인다. 시집 식구들을 1대1 관계로 직접 돌파하면서 긴장과 대립을 포용과 화해로 푸는 가족의 통합 조정자로 기능했다. 당시 껄끄러운 여성의 재취와 후처에 대한 선입감을 일거에 뒤엎었다. 또한, 재혼의 긍정론을 고취한 잔잔하면서도 적극적인 여성 사회극으로 자리매김했다. 드라마는 열띤 시청자 공감대를 울려 100여 회 예정에서 411회로 연장방송, MBC 최장 일일극을 기록했다.

〈결혼행진곡〉(1976. TBC, 남지연 극본)은 오지랖 넓은 홍세미의 동분서주가 눈길을 끌었다. 걸핏 '나 좀 봐야 혀'하며 토라진 시어머니(강부자)를 달래는 일인다역은 회를 거듭할수록 빛났다. 대가족의 맏며느리, 과묵한 행원 박근형의 아내, 바람둥이 한진희와 맹랑한 고교생 이승현의 형수, 자유분방한 여대생 유지인의 올케, 그리고 넉살이 좋은 친정 부모 김순철, 서승현의 고명딸로 본가와 친정을 오가는 '바쁘고 바쁜' 현대 여인상을 구가했다. 바람 잘 날 없는 양가 대가족의 등살에도 중심과 여유를 잃지 않는 홍세미는 소통과 배려를 겸비한 차세대 어머니상을 보였다.

〈나의 어머니〉(1990. 5~91. 9. MBC, 주간 단막)는 전형적인 한국의 어머니상을 한 사람씩 단막극 통해 '어머니 시리즈'를 일 년 넘게 냈다. 다수 작가, 다수 연출자가 참여한 이 시리즈는 정혜선, 강부자, 김용림, 김영옥, 나문희, 남능미 등이 어머니 얼굴로 동원되었다. 어머니는 누구나 각별하고 특별했다.

〈옛날의 금잔디〉(1992. KBS, 이금림 극본)의 어머니(김영옥)는 치매의 사회 문제와 공감 폭을 키웠다. 칠순 생신을 맞아 영문도 모른 채 덩실덩실 춤을 추며 흥얼대는 어머니의 마지막 장면이 찡하게 다가온다. 노모의 여생에 자녀의 도리와 봉양 문제를 진지하게 담아냈다. 65세 이상은 90년에 전체인구의 4%를 차지했으나 오늘날은 16%가 넘었다. 드라마는 고령사회의 웰빙보다는 '웰다잉'을 묻고 있다.

〈엄마의 바다〉(1993. MBC, 김정수 극본)는 졸지에 과수댁이 된 엄마(김혜자)의 홀로서기를 보는 뉴 홈드라마다. 초로 엄마의 스트레스는 나이만큼 다양하고 심대하다. 여기저기 병치레에 상대적 박탈감도 유별나다. 새끼들 인생사도 속을 할퀸다. 가족사고도 만만치 않다. 그중 가장 처절한 것이 남편의 죽음이다. 그 빈자리를 어떤 삶의 방정식으로 메워 가는가. 드라마는 해체된 결격 가족을 튼실한 가정으로 다시 만들기까지 엄마의 고군분투를 사고 있다. 홀 엄마는 슬퍼할 틈이 없다. 가정은 철저히 삶의 전쟁터로 변한다. 가업전사(家業戰士)로서 웬만큼 단련되고 워킹 맘으로 적당히 타산적이 된다. 강인함, 끈질김, 자상함을 기본으로 걸핏 미워하고, 성내고 설핏 변덕 많고 변명도 잘한다. 자식들에 충고는 매우 계산적이며 현실적이다. 조언도 조건부다. 음식점 운영문제, 마뜩잖은 큰딸 고현정의 애정사, 작은딸 고소영의 시댁과 균형을 맞추는 문제, 같은 처지의 친구 정영숙의 재혼 문제, 아들 대학 입시 문제….

주식회사 김혜자를 둘러싼 경영환경은 엉켜 꼬인다. 가족회의는 각자 몫을 확인하는 주주총회 같다. 사장 격인 엄마는 눈물, 꾸짖음, 자포자기, 하소연, 때로는 내숭과 침묵을 맞물려 8색의 얼굴로 경영 수완을 떨친다.

〈육남매〉(1998. 2~1999. 12. 최성실 극본)는 홀몸 떡 장사로 3남 3녀를 키운 억척스러운 어머니상을 보였다. 6·25 이후 가난과 고생을 상징했던 어머니(장미희)의 분투기는 시대적 아픔을 더해 공감대를 키웠다. 당시 'IMF 드라마'로서 2년을 끌만큼 호응이 컸다.

뉴 홈드라마의 엄마는 자유분방, 고군분투로 자기 인생 찾기

〈엄마야 누나야〉(2000. MBC, 조소혜 극본)는 남아 선호 사상에 따른 세 엄마의 3색 틈새를 다뤘다. 3자매로 마감한 엄마(고두심)와 아들 생산을 채근한 노모(나문희)의 소원은 결국 대리모(장미희)로 귀결된다. 낳고 보니 이란성 쌍둥이, 물론 남편(조경환)은 아들만 입적시키고 딸은 내친다. 생모는 딸(김소연)에게 출생 비밀을 털어놓은 뒤 자기 인생을 찾아 떠나버린다. 이제 한 지붕 밑에 배다른 1남 4녀의 불편한 동거가 시작된다.

2002년 KBS 버전 〈새엄마〉(이현재 극본)는 혼전 임신에서 자수성가까지의 역경을 본다. 미혼모가 되고, 새엄마가 되고, 두 번째 며느리가 된 해심(이혜숙)의 인생 질곡을 통해 '엄마란 무엇인가'의 화두를 던진다. 열여섯에 부잣집 사내에게 몸을 짓밟혀 아들을 낳고, 인연을 끊고 살다가 그의 처가 죽자 어쩔 수 없이 합치고…. 전처 자녀들과의 갈등, 호적에도 올려주지 않고 모진 시집살이를 시키는 시어머니, 게다가 남편은 주색잡기와 야반도주 끝에 길거리에서 객사한다. 한 며느리로, 네 아이의 콩쥐·팥쥐 어미도 아닌 가련한 엄마는 밥장사를 시작한다. 그리고 크게 성공한다. 여자는 약해도 어머니는 강했다. 일곱 번 쓰러지고 여덟 번째 일어선 것이다.

〈엄마가 뿔났다〉(2008. KBS2, 김수현 극본). 그 이유는 엇박자만 내는 자식들과 무심한 남편 때문이다. 엄마는 축만 나는 적자 인생이다. 마침내 '엄마 파업'을 단행한다. 아날로그 엄마(김혜자)와 디지털 세대 자식 간의 치열한 '천륜 전쟁'이다. '자식 이기는 부모 없다'를 전제하면 엄마는 늘 패자의 틀을 벗어나지 못한다. 이혼 전문 변호사인 딸년(신은경)은 애 딸린 이혼남(이종원)과 반 동거 상태고, 똑 부러진 작은 딸(이유리)은 엄마의 바람과는 전혀 달리 재벌 2세에 빠져있다. 덜렁이 아들(김정현)의 연상녀(김나운)는 혼전 만삭이다. 뭐든 덮어놓고 믿는 천진한 엄마는 남편(백일섭)따라 보낸 세월이 억울하다. 육십 평생 생활고에 지쳐 현재 '나는 뭔가…?'의 자폐증에 빠진다. 이제 뿔내기도 지쳐 '파업'을 선언하고 집을 뜬다.

〈웃어요 엄마〉(2010. SBS, 김순옥 극본)엔 네 엄마가 등장한다. 자신이 이루지 못한 꿈을 딸에게 강요하며 출세를 위해 물불 가리지 않는 조복희(이미숙), 교사 출신의 꼬장꼬장한 남편의 비위를 맞추면서 살아온 박순자(박원숙), 사회적 성공을 이뤘지만, 자식들과 갈등으로 골이 깊은 윤민주(지수원), 혼전 낳은 딸을 20년간 찾아 헤매면서 평생을 사는 강서풍(임예진) 등, 서로 다른 어머니상과 가족 간의 화해를 통해 진정한 모성을 반추한다.

〈마마〉(2014. MBC, 유윤경 극본)는 시한부 선고를 받은 싱글맘(송윤아)이 세상에 홀로 남겨질 아들에게 가족을 만들어주기 위해 옛 남자(정준호)의 아내와 역설적인 우정을 나누는 이야기다. 눈물의 탁아(託兒)로서 죽기 전 최후의 모성을 가름하려는 것이다. 사춘기 아들과 귀국한 엄마는 이웃에 집을 얻어 그 아내(문정희)에 은밀히 접근한다.

〈엄마〉(2015~16. MBC, 김정수 극본)의 명령어는 '자식에게 복수하라!'다. 기존 유형의 모정을 전면 거부한 초현대 모드다. 이른바 '자식들에 통쾌한 앙갚음'을 소재로 취했다. 세상이 변한 것이 아니라 자식들이 변했기 때문이다. 억울한 엄마는 뒤늦게 결심한다. 유산 상속, 어림없다. 그건 내 여생의 몫이다. 2남 2녀에 손주들이 팔팔하지만 엄마(차화연)의 3막 인생은 '황혼결혼'부터 시작한다. 그러나 전처 자식과 며느리(이세창, 진희경)와의 존속갈등, 입적거부와 재산싸움, 여점원(도희)를 건드려 사달 난 둘째 놈(이태성), 큰 딸(장서희)의 만성 신부전증…. 노후 여생은 양수겸장으로 죄어오는 엉뚱한 생고생이다. 엄마의 전쟁은 그래도 머리 아닌 가슴으로 할 수밖에 없다.

〈부탁해요, 엄마〉(2015~16. KBS2, 윤경아 극본)의 엄마(고두심)는 말기 암이다. 삼 남매 가족이 전혀 모른 시한부 삶에 내색이 없다. 아프네, 슬프네 기색도 없다. 매사에 당당하고 활기차게 반찬가게를 운영한다. '전생의 원수'가 부모 자식으로 만났나? 건건이 어긋나는 두 모녀, 그래서 딸(유진)은 촌스러운 엄마보다 쿨하고 세련된 시어머니(김미숙)가 훨씬 좋다. 사실을 알게 된 남편(김갑수)은 지난날에 대해 속죄하고 아내 '옥'을 부르며 날마다 눈물 바람이고 장남은 실어증에 빠진다. 온 가족들의 후회와 반성 속에 '리마인드 결혼식'의 웨딩드레스를 입혀주고 부부 여행을 약속하지만, 그날 밤 엄마는 조용히 숨을 거둔다. 엄마, '있을 때 잘해!' 평범한 메시지가 애절하다.

〈내 딸 금사월〉(2015. MBC, 김순옥 극본)은 두 엄마가 맞붙어 서로 '내 딸'임을 주장한다. 어린 딸 사월(백진희)을 보육원에 버렸던 생모(전인화)는 핏줄을 되찾으려 위세를 떨고, 양모(도지원)는 25년 '기른 정'을 어엿이 내세워 한 치의 양보가 없다. 사월은 자신을 '보금 그룹' 후계자로 내세우려는 친엄마의 계책보다는 양모의 따뜻한 품이 훨씬 그리운 모양이다. 두 엄마의 팽팽한 실랑이 속에 '솔로몬의 지혜'가 들어갈 여지는 전혀 없다.

〈마더〉(2018. tvN, 정서경 극본) 여주인공(이보영)은 부모에 학대받은 6학년 초등학생을 빼돌려 엄마가 되어준다. 유괴범죄의 오해를 무릅쓰고, 날마다 엄마가 되고 딸이 되어가는 두 사람은 피를 나누지 않아도 어느덧 따뜻한 모녀 사이로 재생한다. 가정폭력으로부터 아동보호, 존속 차원보다는 엄마의 기능과 역할에 대한 진화된 모녀관을 내세웠다.

〈SKY 캐슬〉(2018~19. jtbc, 유현미 극본)은 명문대 진출로서 부의 대물림을 위해 치킨게임을 벌인 0.1% 상류층 여섯 엄마들의 광기를 들춰냈다.

3대 의사 명문가를 잇기 위해 족집게 불법을 자행하고 살인범에게도 눈감아주는 비정한 엄마 곽미향(염정아), 아들을 일류 대학에 합격시킨 직후 자살해버린 의문의 엄마(김정란), 외아들의 과외 없는 독학 실력에 뿌듯하면서도 자살 가족의 속내를 밝히려는 오지랖 넓은 엄마(이태란), 일류병에 빠진 남편, 가짜 하버드생으로 밝혀진 딸, 그리고 고3 쌍둥이 형제를 가진 벼랑 끝의 엄마(윤세아), 교통사고를 당한 천재 딸이 바보로 변하자, 절망을 메우려고 남의 자식을 파멸시키기 위해 입시 코디로 나선 엄마(김서형), 이런저런 금수저들을 닮기 위해 줏대 없이 좌충우돌하는 중3 엄마(오나라)… 인생을 오로지 자식의 성공에서 찾으려는 학벌 제일주의에 날을 세운 엄마들의 극단성은 비애를 넘어 분노까지 치닫게 한다.

엄마 없는 드라마가 어디 있으랴. 엄마가 달라지면 드라마 전체가 달라진다. 그래서 엄마의 자리는 늘 끈끈하고 빈자리는 더 헛헛하다.

89년부터 만 8년간 방송된 군 위문 쇼인 〈우정의 무대〉의 인기는

'그리운 어머니' 코너에서 나왔다. 마지막에서 병사와 어머니를 극적으로 만나 눈시울을 적시는 순간을 연출했다. 진방남의 '불효자는 웁니다', 현인의 '비 내리는 고모령', 최숙자의 '모녀기타', 남진의 '어머님', 한세일의 '모정의 세월', 태진아의 '사모곡', 송가인의 '엄마 아리랑'…등 어머니를 주제로 한 가요는 오래간다.

'아씨'에서 '미향'까지 -그 반세기에 엄마의 얼굴은 세월 따라, 상황 따라 복잡하게 출몰해왔다. 여기에 생모, 양모, 계모 그리고 시모, 장모까지 합하면 할 얘기는 더욱 복잡하게 꼬인다. 모든 엄마는 빤한 것 같지만 하나하나 유별나고 독특하다. 규범이 변하는 현대 사회는 엄마에게 다양한 삶의 해법을 요구한다. 훈훈한 가슴형에서 냉철한 투사형, 목표쟁취형으로 변한 엄마들은 획일적인 초상을 벗어나 시대적 요구가 무엇인가를 실천하면서 또한 묻고 있다.

21세기 향후는 어떤 모습의 엄마를 투영할 것인가? 시대의 변화는 모성 본질마저 흔들어대고 있다. 혀를 내두를 만큼 지독하게 말이다.

2. 가족을 까발려라

- 홈(가정)드라마는 TV 극의 원천이자 주류

장녀 차강심 1억 8천만 원, 장남 차강재 2억 2천만 원, 막내 차달봉 1억 3천만 원….

이것은 3남매 자식들만 바라보며 살아온 아버지가 혈육들에게 양육비와 결혼자금 등을 돌려달라며 제기한 소송 내역이다. 이름조차 어리둥절한 '불효청구 소송'이다. 시청률 40%를 돌파한 주말극 〈가족끼리 왜 이래〉(2014. KBS2, 강은경 극본)에서 등장했다.

홀아비 차순봉(유동근)은 30년 동안 두부 가게를 꾸리며 자식들을 애지중지 키워왔지만, 그들은 제 도리는 다하지 않고 재산을 미리 달라고 보챈다. 아버지는 '한심한 새끼들'을 바로잡기 위해 20살 이후 교육비와 생활비 반환을 청구하는 마지막 '법적 회초리'를 든다. 이후 자식들의 월급을 가압류하고 방안 물건들에 빨간 딱지가 붙기도 하는 웃지 못할 일이 벌어진다. 자식들의 '존속 고민'이 시작된다.

이는 허구가 아니다. 오늘날, 재산을 둘러싼 부모-자식 간의 소송이 심심찮게 일어나고 있다. 늙은 부모 봉양을 팽개치며 학대하고 남의 눈을 피해 아예 내버리는 현대판 '고려장'까지 서슴지 않은 세상이다. '가족끼리 왜 이래'가 '가족끼리 왜 못해'로 변한다. '양육비, 교육비를 돌려 달라'는 소송이 가능한 '불효자 방지법'의 제정도 추진 중이다. 반세기 만에 홈드라마가 이렇게 변했다.

스위트 홈, 가화만사성에서 사회문제극으로 변화

애초 TV 드라마는 가족 집단이 중심을 잡았다. 영화와는 다른 작은 (small) 드라마의 탄생으로 작은 화면, 가늘고 소소한 주제가 TV 그릇에 맞춤형이 되었다. 가정 매체, 가족 애환을 보듬을 수 있는 최적화된 모드는 당연히 홈드라마로 귀결됐다. 1960~70년대 초반기의 홈드라마는 서민 가족을 중심으로 하여 가정의 단란함, 화목함을 보여주는 이른바 모범적인 가족상으로서 전형성을 띤 작품들이 대부분이었다. 가정은 안식처로서 갈등이 완화되고 어려움은 해소되었다. 토닥토닥, 티격태격, 들쭉날쭉 정리되는 훈훈하고 명랑한 가정 콩트 극이 많았다. 〈꽃동네 새 동네〉, 〈즐거운 우리 집〉, 〈아들 낳고 딸 낳고〉, 〈로맨스 가족〉, 〈기러기 가족〉 등 제목만 들어도 '가정 만세', '가족 승리'를 성취하는 작품들이 주류를 이루었다.

1970년대 중반부터 84년에 이르는 중반기 홈드라마는 가족 성원 중 한 사람에 무게가 실리는 경향을 띠었다. 예컨대 외동딸, 데릴사위, 맏며느리, 큰딸, 새댁, 새엄마가 중심에 섰다. TV 수상기 400만 대(1976) 보급을 전후로 홈드라마는 당시 일일극, 주간극 편수 증가와 더불어 가족의 보편적인 묘사를 넘어 좀 더 심층적으로 진화했다. TBC가 내놓은 〈부부〉(75. 10~ 80.)는 다수 작가가 참여한 부부 전문극을 표방했다. 부부 문제와 갈등을 정면에서 묘사한 이 주제는 이후 남성에 비해 여성 위상이 상대적으로 왜곡된 〈절반의 실패〉에 이어 〈사랑과 전쟁〉 시리즈로 이어진다.

1985년부터 2008년까지의 후반기 홈드라마는 KBS가 시도한 〈드라마게임〉(1984. 10~2008. 3.)에서 새롭게 태어난다. 이 작품은 드라마의 끝자락을 작가 임의에 맡기지 않고 시청자 참여와 토론에 의한 '해결의 모색'을 띠는 형식을 취했다. 이런 공동의 장이 마련된 것은 가족극이 드라마로 종료되는 것을 지양하고 더욱 다양하고 실제적인 '시청자=당사자' 의식을 자극하여 현실감을 높이는 한편 '유기체 드라마'로서 앙가주망(사회 발언)을 실현하자는 의도다. 여기서 던져진 가정문제는 단순한 '그 집 사정'에 그치지 않고 '우리 집 문제', '사회적 문제', '잠재적 문제'로 환원했다. 밖에서 젖은 비를 집에 와서 말리는 것이 아니라 이미 집안에 비가 새고 있다는 전제다. 가정과 가족을 '문제 야기처'로 설정하고 개인 대 개인의 문제를 넘어 개인 대 사회, 가정 대 공동체 문제로 번져가는 심층화 형식을 취했다. 부부권태기, 가족법 모순, 노인 문제, 자녀교육, 여성차별, 아들 선호사상, 이혼 법정 등은 드라마가 종전 에피소드에 불과했던 국면을 테마로 격상시켰고, 작가는 드라마를 통해 열띤 현실 문제를 던져냈다. 이제 홈드라마야말로 미래 예측을 허락지 않은 장르가 될 전망이다.

김수현이 축성한 홈 드라마, 〈신부일기〉는 대통령상 수상

　　김수현 작가의 〈신부일기〉(1975. 6~76. 2. 216회, MBC)는 가족 드라마의 전형적인 기치를 세운 작품으로서 상징성이 크다. 배경은 시끌시끌한 중산층 대가족, 은행 지점장인 아버지(최불암), 어머니(김혜자)와 세 아들 내외와 고모네 식구, 그리고 문간방 셋집까지 합세하여 바람 잘 날이 없는 곳이다. 시골서 갓 올라온 가녀린 신부(김자옥)가 막내며느리로, 그것도 두 형을 앞질러 결혼한 대학생(현석) 부부로 어눌하게 시집살이를 시작한다. 핵가족화로 급물살을 탄 시대와 달리 층층시하 복잡한 시댁의 창문을 통해 대가족의 심란한 모습이 펼쳐진다. 등장인물도 메주 알처럼 주렁주렁 매달려 있는 것 같았지만 우리 자신과 이웃을 대신에 해 주는 당찬 개성이 살아 있었다. 새댁 김자옥의 '행복 찾기'는 쥐어진 것이 아니고 만들어 가는 것, 또는 챙겨가는 것으로 주부의 식을 야무지게 일깨웠다. 〈아씨〉, 〈여로〉와는 전혀 달리 여성의 자각 증상과 진취성을 철저히 부추겨간 〈신부일기〉는 시청자의 눈높이를 맞추는 어수선한 가족 자화상과 엿보기(peeping) 효과를 높여 매일 TV 창에 나타나는 제3의 식구로 자리했다. 1975년도 시청률 1위를 기록하면서 그해 한국방송대상에서 전무후무한 대통령상을 받았다.

　　이후 김수현은 '한 마당 3대 가족'을 홈드라마의 표준화 모델로 정착했다. 노·중·소(老中少)의 3대는 극명한 세대 차와 다양한 구성원의 충돌을 유도하는 최적화된 프레임이다. 왕고집형의 찬찬한 할아버지와 깐깐한 할머니를 큰 어른으로 놓고, 아비는 허탕 맹탕이고 어미는 야속하고 고달프다. 잘 안 풀리는 장남, 눈치 빠른 차남, 사고뭉치 막내에, 헛똑똑 큰딸, 입방정 작은딸, 되바라진 막내딸이 교합된다. 여기에 덜떨어진 사위, 오락가락 이모와 이리저리 재는 고모, 덜렁덜렁 삼촌이 가세한다. '봉숭아학당'처럼 제각기 튀는 식구들이 난마처럼 꼬여가는 구성은 주말 가족극의 전형성을 띠고 오늘까지 속출한다. 이 틀은 40년간 홈드라마의 DNA로 전수되었고 작품마다 새로운 시대적 관점과 문제를 풀어 매겼다.

〈사랑이 뭐길래〉(1992. MBC)는 보수적 집안과 진보적 집안의 남녀 주인공(최민수, 하희라)의 가치관 충돌을 다룬 쌍끌이 홈드라마를 시도했다. 유교적 가부장권의 지킴이(이순재)의 역할이 돋보인 이 작품은 한류 수출 드라마 1호로 자리매김했다. 부권상실에 대한 드라마는 김수현의 알고리즘의 한복판을 차지했다. SBS 특별기획 3부 〈홍소장의 가을〉(2004. 이종수 연출)은 퇴임한 경찰(최불암)과 야속한 가족들의 일상을 통해 실직 가장의 비애를 묘사했고 TV조선의 설날 특집극 3부 〈아버지가 미안하다〉(2012)는 택배직으로 자리와 권위를 지키려는 완고한 아버지의 의지를 통해 부권의 향배를 물었다.

〈목욕탕집 남자들〉(1995~96. KBS, 정을영 연출)은 30년간 대중탕 가업을 이은 노부모를 중심으로 네 가족의 갈등, 전통과 현대의 간극, 신구세대 간의 마찰을 통해 변한 세상의 속뜻을 전했다. 당초 50부에서 83부로 연장했고 커플 배역 다수가 CF에 등장했다. 아비(장용)가 흥얼댄 최백호의 노래 '낭만에 대하여'는 무려 20만 장이 팔렸고 노부모로 등장한 두 배우(이순재, 강부자)는 나란히 14대 국회의원에 진출했다.

〈부모님 전상서〉(2004. KBS2)는 남편, 시댁에 모두 버림받는 자폐아를 혼자 키워가는 여인(김희애)의 삶을 통해 사회 통념과 가족 대응을 물었다. 〈엄마가 뿔났다〉(2008. KBS2)는 무심한 남편, 엇박자만 낸 자식들에 치어 살다가 한갑 넘어서 적자 인생을 한탄한 엄마(김혜자)가 '주부 해방'을 선언하고 가출한다.

40부작 〈무자식 상팔자〉(2012. jtbc)는 노부모(이순재, 서우림)는 황혼 이혼에 처해있고 부부(유동근, 김해숙)의 속을 건건이 썩인 3남매 자식들은 눈앞의 원수요 저주다. 누가 효도하랬나, 불효만 말아다오…! 그 패러디 속에 가족소통과 화합을 강조했다. 〈그래 다 그런 거야〉(2016. SBS) 한 지붕 아래 모인 상늙은이(강부자, 양희경)와 세 중노인(정재순, 김해숙, 임예진)의 5중주 불협화음을 통해 인생의 말년과 가족의 의미를 묻는다.

이처럼 김수현 홈드라마는 기본적으로 가족이란 무엇인지, 왜 우리가 가족인지, 개개인 문제를 가족이 어떻게 풀어나가는지, 일상적인 가족갈등이 주는 소소한 감동은 어떤 것인지를 새삼 일깨워 주었다. 또한 언어의 마술사답게 세대별 고민을 띄우고, 이를 뼈있는 대사로 일갈했다. 하여 그의 드라마는 반세기 홈드라마의 변천사의 흐름을 한눈에 읽게 해준다.

가족해체에서 비롯된 중후한 혈연 문제와 공동체 의식

〈아들과 딸〉(1992. MBC, 박진숙 극본, 장수봉 연출)은 이란성 쌍둥이(최수종, 김희애)를 둘러싼 남아 선호 사상의 허실을 가족극 차원에 대입했다. '아들만 진짜 내 자식.'이라는 젠더 문제를 정면에서 취급하여 당시 '귀남이 신드롬'을 일으켰다. '귀남(최수종)'은 귀한 사내를 상징했다. 이에 후남(김희애)은 여자라는 이유로 부당한 대우를 받고 차별을 겪지만 남자다움을 끊임없이 강요받는 남성 또한 이 시대의 피해자임을 코믹하게 그려냈다.

〈겨울안개〉(1989. MBC, 김정수 극본, 김한영 연출)는 불치병에 걸린 40대 주부(김혜자)가 남편(임동진)의 외도를 목격한 후, 남편의 여자(김영란)에게 자기 집에 들어와 살아달라고 부탁한다. 죽음을 앞둔 한 주부의 사랑과 희생을 통해 삶과 가족의 뜻을 묻는다.

〈여자는 무엇으로 사는가〉(1990. MBC, 주찬옥 극본, 황인뢰 연출)는 세 모녀(김혜자, 김희애, 하희라), 그리고 자매와 혈연 사이에서도 단절될 수밖에 없는 인간 근원에 대한 물음과 가족 속의 고독한 여성상을 그렸다.

〈세상에서 가장 아름다운 이별〉(1996. MBC, 노희경 극본, 박종 연출)은 치매 걸린 시모(김영옥), 무능한 월급쟁이 남편(주현), 유부남을 좋아하는 과년한 딸(이민영)과 재수생 아들(이종수)을 위해 평생 희생하면서 말기 암으로 세상과 작별을 준비하는 주부(나문희)의 모습을 통해 가족들의 이해와 화합을 채근한다. 21년 후 2017년 원미경의 주연으로 tvN에서 리메이크되었다.

〈내 딸 서영이〉(2012~13. KBS2, 소현경 극본, 유현기 연출)는 흔한 모녀갈등이 아닌 부녀 애증을 다뤄 이채를 띠었다. 자신을 불행으로 팽개친 무능한 아버지(천호진)와 딸 서영(이보영)을 축으로 놓았다. 오랜 이별과 오해를 통해 진정한 부성애와 가족애를 타진했다. 잘났든 못났든 부모는 핏줄보다 사랑으로 엮여있다는 점을 상기하여 부모의 소중함을 부각했다.

〈왕가네 식구들〉(2013~13. KBS2, 문영남 극본 진형욱 연출)은 3대가 함께하는 4녀 1남의 왕가네와 사돈네 가족을 중심으로 가정을 우군과 비 우군이 부딪치는 '전쟁터'로 설정했다. 6·25 난리는 난리도 아닐 정도로 가족끼리의 전쟁은 치열하다.

〈아이가 다섯〉(2016. KBS2, 정현정 극본 김정규 연출)은 다섯 아이를 행복의 도우미로 삼는 젊은 부부가 출동한다. 세 아이 딸린 싱글 맘(소유진)과 두 아이의 싱글 대디(안재욱)가 썸 타는 데에 다섯 애는 되레 빵빵한 혼수 감이 되는 셈이다. 계부모가 엮는 경쾌한 홈드라마 속의 배다른 다섯 애는 저출산 사회를 한 방에 날리는 보석처럼 빛난다. 그래서 재혼 조건에 아이들이 방해물이 아니라 천생의 가족이라는 선언이다.

확장하는 빅 텐트론, 뉴 홈드라마와 앤티 홈 드라마

TV는 곧 가정 매체임을 전제할 때 가정극인 홈드라마야말로 가장 자연스럽고 목적에 부합하는 장르가 된다. TV 드라마의 원자(元子)며 원형(原型)이 되는 이유다. 그래서 홈드라마 행태는 빅 텐트며 행보는 스테디셀러다. 동서고금을 막론하고 홈드라마의 공통점은 가족 공동체 의식의 앙양을 전제로 가볍고 따뜻한 드라마를 지향했다. 햇수로 3년간 491회로 마감한 방송 사상 최장의 작품도 홈드라마에서 나왔다. 〈보통사람들〉(1982. 9. 20.~84. 5. 31. KBS1, 나연숙 극본 최상식 연출)이 그것인데 역시 홈드라마의 가늘고 긴 스토리 범주에서 정석을 취한 것이다.

홈드라마는 분가력(分家力)이 강해 많은 새끼를 쳐 왔다. 부부극, 불륜극, 형제자매극, 막장극, 청소년극, 노인과 사회 문제극이 여기서 부화가 된 장르다. 이제 홈드라마는 가정형태가 급변함에 따라 예측을 불허하는 럭비공 같은 포맷이 되었다.

오늘날 파행적 홈드라마를 초래하는 가족 형태와 의식의 변수는 무엇인가. 그것을 재구성하는 현상은 줄줄이 나타난다. 조기 이혼, 졸혼(卒婚), 황혼 이혼, 초고령 사회(2025년 20% 돌파), 다문화가족, 입양 가족, 해외가족 등 다원적인 행태가 정착한다. 비혈연, 비인간 가족(반려동물, 로봇)도 가세한다.

더 큰 문제는 독신주의, 비혼(非婚) 남녀에 의한 '1인 세대'의 급증이다. 자유로운 자기 인생, 육아 부담의 해방이 주요 원인이다. 1인을 세대로 갈음하는 '나 홀로 가족'(2020년 30.4%)은 곧 무자녀, 저출산으로 직결된다. 20대의 53%가 독신주의에 동의하고 있다.(이상 여가부 발표) 이 트렌드는 너무 당당하게 와 버렸다. 모두 재래 가족 구성의 붕괴와 가족관계의 해체를 전제하는 것이다. 이는 뉴 홈드라마를 넘어 앤티 홈드라마가 된다.

3. 서민, 농민과 벗하라

- 서민과 농민에 의한 힐링, 그리고 뿌리 의식

〈한지붕 세가족〉과 〈전원일기〉는 80년대를 풍미한 대표적인 서민, 농민 드라마다. '한 지붕'은 8년을 살았고 '전원일기'는 22년을 갔다. 오래 간 이유는 간단하다. 모두 '흙수저를 위한 노래'였기 때문이다.

원래 TV 드라마는 서민에 의한, 서민을 위한 태생적 운명이었다. 영화가 영웅 소재로 선택적인 관객의 발걸음을 극장으로 유도한다면 TV 드라마는 안방 다수의 서민을 향해 무작위로 찾아오는 행로다. 서민 정서와 눈높이를 가름해야 드라마가 건사할 수 있다. 따라서 서민 관심사와 심리적 동반 효과를 극대화하는 드라마의 원초적 생존방식에 화답했다.

〈야, 곰례야〉 〈달동네〉, 장안의 수돗물을 멈추게 하다

유신 말기와 5공 초기의 정치 혼란기에 나연숙 작가가 쓴 두 편의 서민 드라마는 전국의 초저녁을 평정했다. 일일극 '곰례'와 '달동네'

가 그것이다.

〈야, 곰례야〉(1979. 6~80. 5. TBC, 정병식 연출)는 서울 변두리의 실향민들이 옹기종기 엮어내는 이웃 사랑과 망향 그리고 꿈이 있는 삶의 이야기다. 후줄근한 차림에 지독히도 가난한 사람들이 각박한 세상을 부대껴가며 이런저런 웃음을 튕겨주는 건강한 존재감을 발했다.

당시 24세의 꽃띠인 정윤희의 촌닭 변신이 볼거리였다. 충청도 월악산 처녀가 봇짐을 안고 고쟁이 차림으로 상경한다. 오징어 발을 질겅거리며 무지렁이로 탈바꿈한 곰례 행장은 단번에 눈길을 끌었다. 흑백시대를 마지막 장식한 '곰례' 11개월은 역사가 바뀌는 격동기 속이었다. 1979년 6월, 석윳값 59% 인상 충격부터 10·26 박 대통령 시해 사건을 전후한 비상계엄령으로 통금시간이 앞당겨 TV 앞에만 모이니 시청률이 높아질 수밖에 없었다. 어수선한 시국 속에 80년 5·18 광주항쟁 바로 전날인 5월 17일, 270회로 끝났으니 말이다.

'립스틱 짙게 바르고'를 부르기 전의 무명의 가수 임주리가 주제곡을 불렀고 이성웅, 서승현 부부가 기를 쓰고 간 수안보 온천은 일약 유명 관광지가 됐다. 곰례를 못 잊는 떠꺼머리 총각은 당시 새내기 탤런트 김영철이었다.

〈달동네〉(1980.10~1981.9. TBC~KBS, 김재형 연출)는 '곰례'의 후광효과를 업은 또 하나의 서민극이다. 도시 속 실향민과 달동네 배경까지 구성 전개가 비슷하다. 당초 TBC에서 흑백 화면으로 두 달간 방송하다가 1980년 12월 1일 언론 통폐합으로 KBS로 건너가 컬러로 제작되었다.

퇴역 세무서 과장, 월부책과 뻥튀기 장수, 방앗간, 이발사, 때밀이 등 기저층의 사람들이 서로 다투고 위로하며, 또 미워하고 사랑하면서 살아간다. 가난 속에서도 개미처럼 열심히 사는 변두리 인생들의 작은 소망과 애환을 밝게 그렸다. 100회 즈음에 시청률 67%까지 오르고 여기저기서 드라마 대사가 들려올 만큼 밤 8시 채널을 독점했다. 5공 새 정부는 채널 7(TBC)을 승계한 KBS2 채널에 58회부터 접속게 함으로써 드라마 인기를 이용하여 5·18 후유증과 언론 통폐합의 충격을 최소화하려 했다.

영원한 서민 얼굴, 〈한지붕 세가족〉의 순돌네와 만수 아빠

1986. 11~1994년까지 만 8년간 MBC의 따뜻한 일요가족이 되었다. 제목대로 〈한지붕 세가족〉은 다세대 서민 가족의 일상과 희로애락을 교차하면서 고향을 등진 사람들의 고달픈 서울 셋방살이 생활을 그렸다.

〈전원일기〉에서 최불암, 김혜자가 붙박이 부부가 된 것처럼 순돌 아빠 임현식과 박원숙은 고정 부부로 거듭났다. 세탁소 주인 만수 아빠 최주봉이 살가웠고 2층에 세 들어 사는 만화가 심양홍 부자, 터줏대감 강남길의 감초 연기, 김영배의 푼수 연기는 주말의 화제가 되었다. 신성 김혜수와 이영범도 여기서 컸다. 초반에 주인집 부부로 나온 현석, 오미연에서 임채무, 윤미라가 짝을 이루다가 300회부터 이정길, 엄유신 커플로 교체됐다.

1987년 방송심의위원회 우수 드라마로, 1988년 시청자들이 뽑은 가장 유익하고 재미있는 프로그램(서울 50.7%, 지방 54.3%)으로 각각 선정되었다. 〈전원일기〉처럼 다수의 작가, 연기자, 연출자가 참여했다.

5, 6공에서 서울 올림픽을 거치고 경제가 향상되어 가계수입과 자가용이 증가했고 사회도 많은 변화를 보였지만 오로지 서민풍의 일관성을 유지함으로써 소박한 '한 지붕 유토피아'를 실현코자 했다. 이상적 동네의 모습에 '이 세상이 저렇게 되었으면 좋겠다'라는 기대감과 '저런 동네가 있으면 이사 가겠다'라는 반응도 나왔다.

〈왕룽일가〉(1989. KBS2, 김원석 극본 이종한 연출)는 도시개발과 농촌이 엇물린 인접 지역, 신구문화가 섞이면서 가치 혼란에 빠진 소시민 삶을 요모조모 짚어가면서 이웃끼리의 따뜻한 교감을 담아냈다. 시골 땅을 끝까지 지키려는 노랑이 영감 박인환의 뚝심 연기와 춤바람으로 뭇아낙들을 꼬겨드는 '쿠웨이트 박'(최주봉)의 찰방진 연기가 돋보였다.

〈뜸방각하〉(1990. MBC, 김원석 극본 박복만 연출)는 신분 상승을 위해 아는 척, 잘난 척 뜸방거리고 쏘다니는 사내를 일컫는다. 한 시골 좁은 바닥에서 안하무인으로 거들먹거리는 완장형 마초(연규진)의 허세와 주위의 민초들을 그렸다. 신신애의 팔푼이 역이 어우러져 화제를 모았다.

90년대 들어 자칭 '중산층'이 늘어나자 박영한 원작의 〈우리는 중산층〉(1991. KBS2)과 윤흥길 원작의 〈말로만 중산층〉(1991. MBC)이 연달았다. 모두 중산층 진입을 위해 분투하는 서민 가족의 바람 잦은 날을 그렸다.

1995년 MBC 단막극인 〈베스트극장〉의 '달수' 시리즈에 나타난 달수는 무기력한 서민의 대명사다. '달수의 재판'으로 시작, '달수의 집짓기', '달수 아들 학교 가다', '달수의 홀로 아리랑', '달수, 부메랑을 맞다' 등 2005년까지 총 9편을 방송했다. 고정 출연 샐러리맨 강남길, 임예진 부부는 일상 스트레스와 사회 관행에 매번 당한 울분을 참아가며 어떻게든 살기 위해 안간힘을 쓰는 소시민의 아이콘이 되었다.

서민극의 달인 김운경 작가의 〈서울의 달〉과 〈서울뚝배기〉

"서울, 대전, 대구, 부산 찍고 터닝!"
나이 지긋한 할아버지부터 꼬맹이들까지 엉덩이를 실룩거리며 경부선 스텝을 밟게 만들었던 드라마, 여기에 광주와 목포를 더한 6박자인 호남선 지르박 스텝이 추가된다. 지금은 소멸된 '제비족'을 내세운 〈서울의 달〉(1994. MBC, 김운경 극본 정인 연출)은 10개월간 81부작에 걸쳐 화제를 독점했다.
제비 김홍식(한석규)과 그에게 사기를 당하고도 같은 셋방에서 살게 된 순박한 고향 친구 박춘섭(최민식), 춘섭의 짝사랑을 받지만, 홍식을 좋아하는 콧대 높은 깍쟁이 차영숙(채시라)을 비롯하여 서울 달동네의 다양한 인간군상이 얽힌다. 덜렁 깐깐한 집주인 부부, 문간방 사는 늙은 제비와 건달들, 일용직 노동자, 커피점 이혼녀, 파출부, 꽃뱀, 밴드

마스터, 변태 이혼남…. 모든 인물의 공통된 소원은 뜨거운 물이 펑펑 나오는 아파트에 자가용 몰면서 살고 싶다는 점이다. 청운의 꿈을 안고 상경한 청춘들, 내 집 장만해서 가족과 오순도순 살고 싶은 부모들은 이 인생극을 보며 웃고 울었다. 지금은 영화 스타로 훌쩍 커버린 3인방 한석규, 최민식, 백윤식의 얼 띠고 푸석한 연기가 큰 몫을 했다.

김운경 작가는 일찍이 〈한지붕 세가족〉의 작가로 영입되면서 서민을 위한, 서민에 의한, 서민의 이야기에 집착했다. 기민 층의 현실감 생생한 인물들을 화면으로 불러들인 김 작가는 한마디로 '서민극의 중흥을 위해 현전한 메시아' 같았다.

화제를 독점한 〈서울뚝배기〉(1990. 9~91. 7. KBS1, 황은진 연출)는 3대째 이어온 설렁탕 집을 무대로 주인 가족과 종업원, 그 이웃들이 펼치는 밝은 이야기다. 음식점 사장, 주방장, 횟집, 순댓집, 중국집, 어묵집, 푸줏간, 포장마차, 카페, 시골 처녀, 배추장사, 약장사, 간호사, 빚쟁이, 일수 아줌마 등 김운경 작가가 모은 경향각처의 얼굴이 총집합하여 그들만의 유머와 페이소스로 질펀한 얘기를 펼쳤다.

노태우 정부하에 각종 파업과 시위로 두 차례 방송중단에도 불구하고 "뚝배기 보는 맛에 산다."라는 시청자들의 성원이 이어졌다. 중견배우 주현과 김애경이 독특한 세리프로 거듭났고, 이리저리 얽힌 남녀노소 여섯 쌍이 행복한 부부로 탄생하는 해피엔딩을 보았다. 18년 후인 2008년 KBS2에서 〈돌아온 뚝배기〉로 리메이크됐다.

〈파랑새는 있다〉(1997, KBS2, 전산 연출)는 절망적인 상황 속에서도 꿈을 좇는 군상들이 '샹그릴라 클럽'을 주 무대로 출몰한다. 차력사, 떠돌이 창녀, 삼류 무명가수를 비롯하여 깡패, 사기꾼, 클럽댄서 등 하류 인생의 삶을 통해 행복의 파랑새는 먼 곳이 아니라 바로 곁에 있음을 보여 준다.

〈유나의 거리〉(2014, jtbc, 임태우 연출)에는 불량 처녀 유나(김옥빈)를 중심으로 하여 퇴물 조직폭력배와 퇴역 형사, 왕년의 건달, 돈독 오른 카페 언니, 배우 지망 여대생, 날탕 사장, 잡급직 총각, 다혈질 개 삼촌… 등이 서로 엮인다.

〈짝패〉(2011, MBC, 임태우 연출)는 모처럼 야심 차게 쓴 서민 사극이다. 조선조 말에 노비의 자식은 포도청 포교로, 양반의 자식은 의적의 두령이 되어 주인공들의 운명이 바뀐다. 여기서도 예외는 없다. 가난하지만 선량하게 살아왔던 노비와 거지, 갖바치, 백정, 왈짜패 등 소외 민중의 삶을 응시하면서 '서민 사극'으로서 일관성을 잃지 않고 있다.

질펀하고 칙칙한 인생들이 그린 밝고 따뜻한 수채화

김운경 작가는 '서민들의 산타'처럼 반갑다. 칙칙한 인생들이 펼치는 삶에서 진득한 힐링을 주기 때문이다. 그의 감동은 거칠고 까칠한 인물들을 보듬는 가슴에서 우러나온다. 올망졸망한 인물에 음지와 양지의 구분을 두지 않는다. 화려함이 없지만 한가로움도 없다. 주 무대는 매양 허름한 다세대 지붕, 추레한 동네 골목, 눅눅한 생활공간이다. 그러나 석 자 몸 붙일 곳이면 어디나 살만한 곳이다. 하여 가난과 궁핍을 벗어나지 못한 찌질이들의 합창은 매양 우렁차다.

  주연과 조연이 따로 없고 미남미녀도 없다. 착한 사람, 나쁜 사람 구분도 없다. 우리 자신이 갖는 동시대의 분신으로서 과거와 현재의 양면성 또는 선악의 이중성을 대신해 준다. 그의 시선은 우리가 사는 이유와 가치에 집중한다. 흙수저들의 소외된 삶에서 방황과 좌절을 응시한다. 그리고 그 상처를 위로하고 치유한다. 하여 김 작가의 사람들은 패배는 있어도 패자는 없다. 모두 승자가 되는 과정을 보여 준다. 그는 드라마를 통해 항상 이렇게 말한다.
  '… 세상은 살만하다. 그런대로 한세상 살 수 있다.
  세상은 좋은 사람이 더 많다. 그러니 착하게 똑바로 살아라.
  세상은 네 편이 될 수 있다. 그러니 너만의 파랑새를 찾아라….'

청정 드라마 〈전원일기〉 22년 2개월 최장수

  1980년 10월 21일, 차범석 극본, 이연헌 연출 제1화 '박수칠 때 떠나라'로 시작되어 2002년 12월 29일 1088회로 종영된 이 프로그램은 단위 프로그램으로서 22년이 넘는 최장기간을 기록했다. '양지뜸'으로 상징되는 우리 농촌을 배경으로 토박이 농민들의 삶과 일상을 수채화처럼 담담히 묘사했다. 마음의 고향, 해 뜨는 곳, 맑은 바람이 이는 곳, 누워 쉬고 싶은 곳, 그래서 고향 떠난 도시민을 위한 힐링 드라마였다. TV 개국 20년 만에 출현한 '농촌 드라마'는 기존의 문예극, 홈드라마, 멜로극, 수사극, 사극에 이어 하나의 소박한 청정(淸淨)드라마로 출발했다.

드라마는 목가적 풍경과 망향에 힘을 얻어 대가족의 향수, 시골 감성을 걸쭉하게 대변하면서 한국적 '토종 장르'로 자리했다. 그 힘은 농촌이 아닌 도회에서 우러나왔다. 아스팔트와 시멘트에 갇혀 땅 내음을 잃어버린 원래 '촌놈' 출신들의 뿌리 의식을 은은히 지펴준 덕분이다.

1950년대 전후는 전쟁 징용과 피난으로 고향을 떠나야 했고 60~70년대는 급속한 도시화 산업화로 이농과 탈향을 연속했던 우리 과거를 상기하면 이 드라마는 고향에 대한 국민적 헌사(獻詞)가 되는 셈이다. 더불어 시골 정서를 대변하는 상징체로 끈끈하게 자리 잡아 우리 정체성을 확인하고 사회통합까지 기능했다.

한 동네에 토박이들의 오래된 공동체와 집단성을 기본으로 3대 대가족의 혈연사회, 이웃과 동네와의 동류의식은 드라마의 기둥이다. 선악과 시비, 갈등과 대립은 땅과 자연의 순리에 의해 흡수되고 용해된다.

〈전원일기〉가 보는 것은 농촌의 '현재'가 아니라 농촌의 '이데아'라고 할 것이다. 본질은 거기에 있다. 실제 그대로의 농촌보다는 모두가 그리워하는 유토피아적인 공간을 그려내는 것이다. 모두가 꿈꾸는 농촌에는 여전히 반딧불이 날고 개구리가 밤새워 울고 밤하늘에 주먹만

한 별들이 뚝뚝 떨어질 듯한, 그래서 외롭고 지친 사람들을 너그럽게 포용해 주는 곳이어야 했다.

〈전원일기〉가 구현하고자 하는 세계는 오늘날의 '전원주택' '전원 농장'처럼 위안과 휴식을 상징한다. 야외촬영지는 경기도 송추, 장흥, 양평, 덕소, 양수리, 남양주, 충북 청원 등 여덟 곳이었다.

〈전원일기〉는 '어촌' 드라마를 환기하여 〈갯마을〉(1985~87. MBC, 87회)을 낳았고 상대적으로 '도시 일기'를 발상한 〈한 지붕 세 가족〉(1986~94. MBC)을 불러냈다.

최불암과 김혜자, 고두심은 국민배우로 자리매김했고 유인촌은 문체부 장관(이명박 정부)이 되었다. 동네 아저씨 이창환은 박정희 역으로 화신했고, 김수미, 박은수, 이계인 등이 여기서 훌쩍 컸다.

'착한' 드라마 〈대추나무 사랑 걸렸네〉 17년 850회

1989년, '전원일기'와는 달리 농촌문제를 정면에서 파헤친 KBS의 〈우리동네〉가 반년 만에 조기폐지 되었다. 농촌, 농민의 '야누스 얼굴'을 부각하려다 서리를 맞았다. 농수산물 파동을 위시하여 농가 부채, 폐농과 이농, 황폐해진 농촌인심, 도시화의 오염, 개발에 따른 부동산 투기 등 이런저런 진퇴양난의 테마를 싣게 된 죄다.

8개월 후 KBS가 다시 형색을 가다듬어 내놓은 후속작이 〈대추나무 사랑 걸렸네〉다. 아름다운 농촌을 배경하여, 대추나무에 주렁주렁

열린 열매처럼 풍성한 인간애와 흐뭇한 향토애를 제공하자는 의도다.

KBS 버전의 농촌 드라마 〈대추나무…〉는 MBC 〈전원일기〉보다 10년 뒤인 1990년 9월에 시작하여 1996년 300회를 거쳐 2007년 10월 850회로 종영했다. 〈전원일기〉가 끝난 2003년부터는 유일한 농촌 드라마로 자리한다. 정장 17년 지속했던 동력은 세 차례의 시즌제 도입을 통해 작가, 연출자, 출연자 그리고 촬영 장소의 변화에서 나왔다. 고현정은 미스코리아 당선(1989년) 후 여길 통해 연기자로 데뷔했다. 풋풋한 동네 처녀인 최화정, 윤지숙, 노현희는 큰 배우로 성장했고 전원주는 주책바가지 아줌마의 독특한 웃음소리를 개발했다. 〈전원일기〉의 왕 할머니 정애란, 박윤배, 〈대추나무…〉의 김무생, 김인문, 김상순은 이미 고인이 되었다.

무공해 유기농 드라마 〈산 너머 남촌에는〉 7년 지속

2007년 10월 〈대추나무…〉가 종료되자 곧이어 〈산 너머 남촌에는〉이 등장했다. 초록 동색의 전원 드라마로 전작처럼 수수한 행색으로 '있는 듯 없는 듯 착한' 드라마였다.

'산 너머 남촌에는 누가 살길래 해마다 봄바람이 남으로 오네….'의 김동환의 시를 제목으로 차용한 것도 이 드라마의 의도와 분위기를 살려낸다. 대가족 중심에서 종갓집 중심으로 전환한 소위 21세기형 농촌 드라마로서 새로운 상황과 변수를 던져 넣었다.

귀농, 귀향에 따른 도시와 외국에서의 U턴, 다문화 물결의 유입, 전통식품의 인터넷 판매 등 변모하는 농촌을 반영했다. 홀로 종갓집을 지키는 종부(반효정)를 중심으로 재래와 현대가 공존하는 동시대인들의 삶을 '무공해'의 진정성에 실어냈다. 이 시리즈는 2012년 봄에 같은 이름인 〈산너머 남촌에는 2〉로 계승되어 변함없이 일요일 아침 9시대, KBS1에 자리했다. 스태프, 캐스트는 물론 지향점을 새롭게 했다. 노령 어른에서 벗어나 30대 부부(김찬우, 우희진)를 한가운데 놓았다. 적극적으로 농촌의 삶을 선택한 신세대 농민에 의한 '젊은 농촌, 내일의 고향'의 비전을 열자는 의도다. 혈연중심보다 수평관계의 동네 사람, 현대화된 농경 시스템, 유기농심의 인간애가 단출하게 어우러졌다.

2년 후 2014년 12월 말, 〈산 너머…2〉마저 125회로 맺으면서 '농촌 드라마'는 자취를 감춘다. 1980년 10월에 시작한 MBC의 〈전원일기〉부터 34년 만에 농촌 드라마 계보는 완전히 끊겼다. 이제 농촌도 없고 남촌도 없다. 2008년 단막극의 폐지와 더불어 주간극의 마지막 자리를 지켰던 농촌극도 없어졌다.

농촌 드라마의 빈자리는 크다. 명절 때면 여전한 귀향 행렬을 상기해보라, 드라마의 무공해 지역이 없어지고 아늑한 청정지역도 사라졌다. 디지털 시대와 스마트 농업, 이농 폐가 및 기계화와 대농(代農)증가, 노인들만 남은 농촌, 반나절 권으로 합쳐진 도시와의 경계. 이제 농촌 사회에서 발신할 시대적 메시지는 무엇이 될까? 그것은 세상이 아무리 변해도 변해서는 안 될 고유 가치를 환기하는 것이다. 즉 '미래의 땅'의 재구축을 통해 잃어버린 토속적 휴머니즘을 되찾고, 배려와 관용, 훈훈한 향수와 안식을 회복하는 것이 아닐까.

4. 귀신을 모셔라

-<전설의 고향>은 아직도 귀환 중

애초 제명은 '고향의 전설'이었다.

'…할머니 무릎베개 얘기나 화롯가 정담을 잃어버린 세대, 그 빈자리를 채워줄 훈훈한 얘기를 정규 드라마로 만들면 어떨까?'…. 〈전설의 고향〉의 최초 발상 동기는 이런 것이었다.

'기록을 앞세운 역사란 대개 왕족과 양반 등 소수 엘리트층만 대변해 왔다. 반면 그늘에서 숨죽이며 살아온 다수 피지배층 즉, 민초들의 삶의 자취는 어디서 찾을 것인가. 전설과 신화 그리고 설화와 민담이야말로 이 땅에 천착해 살아온 서민 대중의 인간사를 가늠해 볼 수 있는 사료들이 아닐까…' 기획 의도의 행간도 이런 것이었다.

불치병 걸린 남편에게 명약은 오직 하나, 죽은 지 얼마 안 된 사람의 다리를 삶은 물이라는 것…. 이 말을 들은 아내는 마침내 결행한다. 폭풍우 치는 밤에 야산에 버려진 남자의 시체를 발견한 아내가 한쪽 다리를 자르자, 시체가 벌떡 일어나서 한쪽 발로 콩콩 뛰며 '내 다리 내놔…!'하고 소리치며 쫓아온다. 죽어라 도망가던 아내는 잡힐락

말락 낫을 휘둘러 떨쳐버리고 혼비백산 집까지 와서 솥에 다리를 넣자 들이닥친 시체는 연기처럼 사라진다. 남편은 기적처럼 소생한다. 맥진한 아내가 아침에 일어나 보니 솥에 있던 건 바로 산삼이었다.

허허허……! 지금도 시청자 다수에 기억되는 '내 다리 내놔' 편이다.

70년대 흑백 TV 시절, KBS의 가족 드라마 주축으로 자리

'전설' 테마는 일찍이 1960년대부터 MBC 라디오에 상륙했다. 성우 유기현의 해설로 시작되는 '전설 따라 3천리'가 독보적이었다. MBC-TV는 주간 야사극인 〈암행어사〉를 통해 괴기담을 한여름에 냈고 몇 달 동안 〈전설 야화〉를 고정 편성하기도 했다. TBC 역시 주간 해학극인 〈여보 정선달〉에서 귀신 이야기를 띄우곤 했다.

〈전설의 고향〉은 1970년대 후반부터 본격 등장하여 반공극, 민족극, 위인극, 문예극과 함께 KBS의 제5의 장르로 오래 자리매김했다.

1977년 10월, '마리산 효녀'(김영곤 극본, 최상식 연출)로 시작, 1989년 578회 '왜장녀'로 끝날 때까지 12년간 지속했다. 본방송 시청을 위해 남정네들은 퇴근을 서둘렀고, 여자와 애들은 귀신들의 모습에 잠을 설치고 떨기도 했다.

소재의 원천은 각 마을의 전설을 중심으로 하여 신화, 민화, 구전을 망라했다. 이는 단순한 공포극이나 납량극에 그치지 않고 인간사의 보편 정서를 실은 토속 판타지로서 고유 가치를 공고히 했다.

작품의 전반적인 기조는 효열예의(孝烈禮義)에 의한 권선징악과 사필 귀정, 인과응보와 윤회 사상을 감동에 실어 전하는 것이었다. 무엇이 중요한가를 판별하고 슬기롭게 사는 지혜도 예시했다. 캐릭터의 선악 구분이 분명하고 기승전결이 뚜렷하며 해피엔딩을 담보했다. 유·불 (儒·佛)사상은 전편을 관통하고 있었다.

〈전설의 고향〉의 시공간은 여타 드라마와 차원을 달리했다. 즉 과장과 비약이 요동치는 '빤한 허구'임에도 불구하고 드라마에 투영된 전통적인 가치를 통해 우리의 가족관, 사생관, 남녀관, 윤리관 등 한국인의 심성과 뿌리 의식을 면면히 전승해 주었다. 후반에 들어서도 경향각처의 소재를 공모하여 한 길 공동체 의식을 확실히 매조졌다. 하여 짙은 지역성을 띠면서도 전국적인 공감대를 형성했다.

80년대 후반부터는 가정용 비디오로 보급되었고 〈가요무대〉와 함께 재외 동포들에게 인기가 높았다. 전문채널을 통해 최근까지도 나타나고 있다.

'옛날 전라도 은곡 마을에 맘씨 착한 김 서방이 살았는데….'의 해설은 성우 김용식이 맡았다. 초창기 작가는 정하연, 이상민, 김항명이 터를 잡고 중반엔 임충, 박병우, 이남섭, 김하림이 다졌고 후반부는 이부춘, 이환경이 이어 갔다. 연출자 역시 최상식을 비롯, 임웅빈, 한정희, 안영동, 홍성덕, 오동석 등 다수가 참여했다.

1977년 산파역부터 11년간 육성해 온 최상식 PD는 그의 저서 '한국 신화전설-우리들 닮은 이야기'(2006)에서 전설의 유형을 〈귀신담, 환생담, 효열담, 변신담〉의 네 가지로 구분했다.

귀신담, 환생담, 효열담, 변신담…네 가지로 압축된 토종 전설

1) **귀신담(鬼神談)**은 넋과 혼이 귀신으로 현신하여 세인을 저주하고 복수하는 얘기다. 귀신은 서민 삶 속에 녹아있는 정(情), 원(怨), 한(恨)을 통해 우주와 세계를 인식하는 상상체계의 메신저다. 우리 특유의 공포 코드로서 가장 고전적인 형태다. 특히 원과 한은 사회 구조상 여성들에 편중되어 있어 '장화·홍련', '애랑' 같은 많은 여자 귀신을 만들어냈다.

'으흐흐.' 스산한 달밤, 소복 차림에 풀어헤친 머리, 입가 피와 살인 미소 그리고 한눈에 혼절시킬 눈빛과 귀곡성…. 전설의 고향은 곧 '귀신의 고향'이라 할 만큼 여러 귀신이 고갯길이나 이슥한 곳에서 출몰한다. 턱없는 누명으로 억울한 죽임을 당한 여인이 구천의 원귀로 맴돌다가 복수의 화신이 된다.

갓 부임한 원님과 암행어사, 겁 없는 마초가 해결사를 자청하고 '한 맺힌 사연'을 풀어준다. 진범은 잡혀 응징된다. 버려진 사체는 양지에 묻어주고 살풀이가 끝나면 귀신은 생전의 고운 모습을 되찾는다. 우리의 귀신은 흡혈귀 드라큘라나 중국의 강시와는 판연히 다르다. 일단 한풀이가 끝나면 용서와 화해를 구하는 '사랑의 전령'이 된다.

2) **환생담(還生談)**은 '다시 태어남'을 전제로 죽음의 한계를 초탈하여 전생, 이승, 저승으로 연결된 탯줄 인연과 윤회설을 상기한다. 한국적인 정서와 초자연주의를 반영하는 가장 풍부한 메타포다.

삶과 죽음의 경계는 모호하고 때로 서로 왕래하면서 죽은 자가 산자를 지배한다.

진천에 가난하고 자식 많은 추천석이 살고 있었다. 한밤 저승사자가 나타나 이승의 명운이 다했다며 동행을 재촉한다. 그는 가족에 기별도 못 한 채 끌려가 염라대왕 앞에 섰다. '네가 용인에 사는 추가냐?' '…. 아닌데요, 저는 진천에 사는데요'…. 두 추 씨는 이름도 사주도 같았다. 염라대왕은 용인을 진천으로 착각한 저승사자에 호통을 친 뒤 급거 시정토록 했다. 목숨을 건진 추천석은 황망히 귀가했으나 이미 장례가 끝나버려 들어갈 육신이 없었다. 그의 영혼은 곡소리 요란한 용인 추가 네로 날아가 주저 없이 그의 시신으로 들어갔다. 그리고 거뜬히 환생했다. 집안은 놀라운 경사로 떠들썩했다. 그는 자기 내력과 함께 진짜가 아님을 밝혔지만 '실성한 소리'로 들렸고 가족이 그리워 탈출을 시도했지만 엄중한 감시에 걸려 번번이 잡혀 왔다. 그렇게 몇십 년 호강의 세월로 여생을 보냈다.

마침내 저승사자가 찾아왔다. '어떤가? 양반으로 살아보니..', '..몸은 편해도 마음은 천근처럼 무겁소, 어서 갑시다….' 그는 마지막 진천 고향에 들렀다. 허름한 옛집에서 가족들의 오순도순 정담과 웃음소리가 흘러나왔다. 아내는 이미 세상을 떴고 자녀들은 모두 출가하여 여러 손주가 보였다. 그는 미소를 지으며 미련 없이 이승과 하직했다. 이후 '살아서는 진천이 좋고, 죽어서는 용인이 좋다'는 말이 퍼져나갔다. 환생담에 나온 '내 혼백, 남의 육신' 편이다.

3) **효열담**(孝烈談)은 오륜의 으뜸 덕목인 '효자 열녀'의 행적을 끈끈 하게 제시한다. 유교 사회에서 뿌리 깊이 규범화된 실천 덕목을 녹여낸 것으로 다분히 계몽적이며 교훈적이다.

고려장 령으로 아들은 칠순 노모를 지게에 태우고 깊은 산에 들고 있었다. 노모는 가끔 솔가지를 꺾어 길가에 뿌렸다. 혹여 아들이 귀로를 잃을까 걱정한 것이다. 나라가 온통 근심에 쌓였다. 원나라 사신이 세 가지 수수께끼를 내고 한 달 내 풀지 못하면 쌀 3만석과 공녀 3천 명을 걷어가겠다는 것이다.

첫째는 구불구불 구멍 난 구슬 100개에 비단실을 꿰는 문제, 양쪽 끝이 똑같은 나무 둥치를 놓고 어느 쪽이 뿌리인가 맞추는 것, 그리고 생김새가 똑같은 두 마리 말을 손대지 않고 어미와 새끼를 구별하는 문제였다. 해답을 구하지 못한 조정은 큰 현상금을 걸었으나 감감했다. 개미허리에 명주실을 매달고 구슬 구멍에 꿀을 발라라. 개미가 구멍 지날 것이다. 나무 둥치를 물에 넣어보면 먼저 물속으로 잠기는 쪽이 뿌리다. 두 말을 사흘을 굶긴 뒤 먹이를 주면 나중에 먹는 놈이 어미다…. 노모의 풀이는 정확했고 아들은 크게 포상을 받았다. 그간 산속에 노모를 숨겨놓고 매일 끼니를 봉양하고 있었다. 그러나 아들에 누가 될까 봐 희소식이 오기 전에 스스로 목숨을 끊고 말았다. 그 후 고려장은 없어졌다고 한다. 효열담에 나타난 '고려장의 사연' 편은 노인의 지혜와 인간 존엄성을 환기하고 있다.

4) **변신담**(變身談)은 구미호(여우), 호랑이, 구렁이, 이무기, 지네, 나비 등 동물로 변신하거나 바위나 달 등 자연으로 화신 되어 소원을 성취하는 얘기다. 드라마가 한껏 동화 같은 환상적인 분위기를 띠는 이유다.

변신담 중에 가장 많이 나온 인기 소재는 단연 여우다. 변신담의 대표 주역인 여우는 매번 간교하고 영특한 요물로 나온다. 공중제비로 예쁜 여인이 되고 사람 생간을 빼먹기도 한다. 입맞춤 구슬로 사람의 정기를 빼앗거나 주기도 한다.

새끼 밴 여우를 무심히 죽여 버린 한 사내가 딸을 보았는데 곱던 딸이 성년이 되자 부모를 차례로 죽이고 오빠까지 흘겨본다. 죽은 여우가 원한의 딸로 변생한 것이다. 노승이 지나치다 호기(狐氣)를 느끼고 오빠에게 3색 주머니를 주며 피신하라 한다. 한밤중 도망가던 고개에서 여동생이 불쑥 나타나 이빨을 드러내자 노란 주머니를 던진다. 가시덤불이 솟아났다. 뚫고 왔다. 빨간 주머니를 던지자 불바다가 되었다. 끈덕지게 쫓아왔다. 파란 주머니는 물바다를 만들었다. 여우는 빠져 죽고 말았는데 후일 흔적이 남아 '여우 물'이라 부르고 있다. 제주도의 전설 '여우의 환생' 편이다.

한편 '구미호의 사랑' 편은 인간 친화적인 호녀(여자로 변한 여우)를 보이고 있다.

사람 간 백 개를 먹어야 사람이 된다는 구미호는 이래저래 99개를

섭취한다. 마침내 마당쇠 삼돌이가 백 번째로 걸려들었다. 그러나 그는 천생의 반려로 여기고 죽도록 사랑한다. 구미호는 헌신적인 사랑에 감복하여 자기 꿈을 포기한다. 행복한 나날은 끝나고 결국 정체가 탄로 난 구미호는 동굴 속으로 쫓기다가 포위망에 갇힌다. 구미호는 군졸들을 모조리 물어 죽이고 자신도 창칼에 맞아 삼돌이 품에서 숨을 거둔다.

구미호는 양태가 다양하다. 30년간 〈전설의 고향〉을 통해 14편이나 등장한 구미호는 1979년 한혜숙을 1호로 선우은숙, 정애리, 김미숙, 장미희, 유지인, 박상아, 송윤아, 노현희, 전혜빈 등 열두 명이 넘는다.

고전 호러와 스릴러, 한국 초유의 시즌제, 납량 특집극의 원조 격인 〈전설의 고향〉은 미신 조장 죄를 비롯한 원색 행위에 따른 잔혹성과 선정성 시비로 방송심의에 수없이 찍혀 고생도 많았다.

2009년까지 30년간에 '폐지-부활-중지-재개'를 거듭했으나 첫 시즌 12년간 전성기의 동력을 이어가지 못했다. 특수 분장, HD 고화질로 입체성을 높였음에도 소재의 한계, 판에 박힌 구성 그리고 다변화된 타 공포극과 시청자의 눈높이를 넘지 못하고 '옛날의 전설'로 묻혀 갔다.

본 시리즈에서 이세창, 박진성, 노현희, 안연홍, 이민우 등 오늘날 사극에서 자주 보는 중견 배우들이 대거 출연했다. 노현희는 구미호부터 이무기까지 온갖 귀신으로 분했고 이민우는 양반집 도련님 또는 과객으로 나와 수많은 귀신을 극락왕생시켰다.

'사진검의 저주'(2008)로 2010년 뉴욕 페스티벌에서 최우수 작품상을 탔다. 〈전설의 고향〉이 33년 만에 처음으로 국제성을 인정받은 것이다.

한 여성이 희생된다. 성녀를 제물로 바쳐야 호국 검이 완성된다는 것, 그러나 칼은 완성되지 못한다. 딸은 다시 제물이 된다. 엄마는 붉은 눈의 귀신이 되어 대장간의 살인마가 된다. 사연을 알게 된 무관이 귀신을 달랜다. '자네 딸은 꼭 지켜 줄 테니 그만 이승의 한을 풀고 저승으로 떠나게….'

이 작품은 관행, 관습에 종속된 개인의 말살, 국가주의에 희생된 개인의 불행을 통해 인간의 가치를 묻는 보편 정서가 공감을 샀다.

'전설의 고향'에 나온 그 많은 우리의 귀신들은 어디로 갔을까?

인간 친화적인 토종귀신, 밤에만 나타나는 소복귀신은 사라진 지 오래다. 그 빈자리는 멀쩡한 사람 속에 빙의한 악령과 유령이 들어서 있다. 좀비 또는 괴물로까지 2중 캐릭터로 변신한 이들은 밤낮, 장소를 가리지 않는다. 신토불이 대신 수입 귀신이 판을 친다. 현대과학이 범접할 수 없는 신비주의와 초자연성을 다룬 이른바 오컬트(occult) 장르가 시대의 흐름을 타고 있다.

미 영화 〈엑소시스트〉(1975)는 악령이 어린 딸에 들어가 초능력 살인마가 되자 용감한 신부가 퇴마사로 맞선다. 〈오맨〉(1977)은 악마가 깃든 어린 아들이 살인을 저지르고 장례식장에서 전율의 미소를 띤다. 다년간 시리즈로 성공한 '여고괴담', 일본의 '링', '주온' 등의 유입으로 영화가 주도한 공포물은 퇴마의식과 샤머니즘을 결합하여 새로운 범주를 만들었다.

드라마는 〈뱀파이어 검사〉(2011), 〈처용〉(2014), 〈손더게스트〉(2018)에 이어 2019년에 등장한 〈빙의〉, 〈프리스트〉, 〈사자〉, 〈클로셋〉이 오컬트 세계를 잇고 있다. 아름다운 귀신도 있다. 〈사랑과 영혼〉(Ghost, 1990)은 불의에 죽은 남자가 영혼으로 강림하여 함께 도자기를 빚는 등 못다 한 부부 사랑을 나눈다. 주제가 '언체인드 멜로디'의 서글픈 선율에 따라 저승 남과 이승 여의 아름다운 만남이 이뤄진다.

〈전설의 고향〉은 언젠가 다시 속개되어 한여름의 더위를 식히고 민족의 정체성과 동질성을 확인해주는 정통 민속극으로 거듭날 것을 기대한다.

2020년부터 최상식 PD는 유튜브 용으로 새롭게 개발한 〈최 PD의 新 전설의 고향〉 시리즈를 출시하고 있다. 편당 10분 길이에 현지촬영과 컷 그림을 엮고, 해설 및 인물의 대화는 부인이자 원로 성우 송도영이 전담한다. 촬영, 편집은 후배 박재홍 교수가 맡고, 현지 탐사와 진행은 절친 이성남이 담당한다. 2021년 4월 '가는 이 고개'를 첫편에 실었다. 제주도 평생교육원의 후원 요청을 받아 8편의 제주 전설을 제작하기도 했다.

전설은 하나의 암호다. 따라서 단순한 옛 얘기를 뛰어넘는 한국형 토속 드라마로서 시대와 접목하고 문화 콘텐츠로서 세계성을 획득하는 것이 향후 과제다. 가장 한국적인 것이 세계적임을 전제한다면 말이다.

5. 학교 가서 놀아라

- 스타와 화제의 산실, 학교캠퍼스드라마

학교 소재의 첫 작품은 1971년 KBS 일일극인 한운사 극본의 〈꿈나무〉였다.

영화배우 하명중과 2천 명 후보에서 뽑힌 한혜숙의 첫 주연이자 주제가로 인기를 끌었다. 공영방송에서 고교생 동거와 임신을 다루어 큰 물의를 일으키자 서둘러 종영했다.

〈제3교실〉(1975. MBC)은 실제 사례에 의한 10대 상담 드라마로 재학생, 근로학생 등의 탈선을 상담하는 내용을 들춰 공감을 얻었다.

〈호랑이 선생님〉(1981. MBC)은 87년 10월까지 5년을 장기간 흥행했다. 조경환이 초등학교의 '무섭고 살가운 선생님'으로 등장했다.

1983년 KBS1은 청소년 드라마를 내걸고 명랑한 학교생활과 과외활동을 그린 〈고교생 일기〉를 86년까지 내보냈다. 여기서 탄생한 얼굴이 최재성, 채시라, 손창민, 하희라, 강수연이다.

1987년 MBC는 중학생을 다룬 〈푸른 교실〉에 이어 1988년엔 후편 〈푸른 계절〉을 방송했다. 주간극 〈사춘기〉(1993~96.)는 후속 제3편격이었다.

KBS1은 고교 드라마로 〈사랑이 꽃피는 교실〉(1994~1996. 2)과 후속 〈사랑이 꽃피는 계절〉(1996. 3~10.)을 각각 방송했다.

학교 드라마 45년~90년대는 순수, 2000년대 이후는 폭력의 온상

70년대부터 90년대까지 약 30년간 학교 드라마는 교정이라는 공간의 소중한 의미와 건강성을 부각했다.

여러 제목에서 상징된 바와 같이 학교는 꿈이 있고 희망이 넘치는 곳이었다. 푸른 교실에서 날마다 쓰는 그 시절의 일기가 있었고 중학생에서 고등학생으로 넘어가는 통과의례의 아픔도 있었다. 요즈음 아쉬운 참 스승의 모델인 '호랑이 선생님'도 계셨다.

이에 힘입어 나타난 것이 캠퍼스드라마로 KBS의 〈사랑이 꽃피는 나무〉(1987~91.) 그리고 MBC의 〈우리들의 천국〉(1990~94.)이었다. 역시 교정은 사랑과 낭만이 가득히 꽃피는 젊음의 합창이었다. 두 작품은 캠퍼스드라마를 표방하고 나선 MBC의 〈마지막 승부〉, KBS의 〈내일은 사랑〉 그리고 〈느낌〉, 〈광끼〉, 〈카이스트〉, 〈넌 내게 반했어〉의 모티브가 되었다.

이처럼 90년대까지에 방송된 학교 드라마는 초등학교에서 중학교,

고교 그리고 대학까지 전 교정을 커버하면서 풋풋한 감성과 아기자기한 얘기로 청소년과 어른들의 가교 역에 충실했다. 그러나 2000년대 들면서 '문제투성이'의 현실 상황극으로 변한다.

1970년대 말 강남으로 전학한 고교생의 적응기를 그린 권상우 주연의 〈말죽거리 잔혹사〉(2004)는 처음부터 교내폭력을 내세웠다.

우리 드라마도 비슷하다. 소위 '학교' 드라마를 자처한 내용은 '폭력교실'을 피해 가지 못했다. 학교 시리즈5에 해당한 장나라의 〈학교 2013〉(KBS), 이민호의 〈상속자들〉(2013. SBS), 고현정의 〈여왕의 교실〉(2013. MBC), 특집극 2부작 〈못난이 송편〉(2012. MBC)은 모두 학교폭력을 다루고 있다.

학교 드라마 경력은 45년이 넘는다. 오늘의 교정은 '폭력 시대'의 흐름을 반영하면서 여전히 강력 소재로서 존재감을 드러내고 있다.

학부모가 복교생이 되어 교내폭력의 해결사로 나서다.

2015년 3월, MBC 수목드라마 〈앵그리맘〉은 젊은 엄마 조강자(김희선)가 학교폭력의 피해자가 된 딸을 구하기 위해 고교생으로 복학한 뒤 학교로 위장 잠입하여 펼치는 무용담이다.

담임교사는 딸(김유정)에게 오히려 전학을 권하고 교육청과 경찰도 물증이 있어야 한다면서 도움을 거절한다. 남편은 평지풍파가 될까봐 덮자고 하고 딸년은 혼자 삐져 있다. 문제해결을 위해 백방으로 뛰는 엄마에게 울타리가 돼야 할 학교와 공권력은 무기력하다. 엄마의 선택은 딸을 지키기 위해 가해자들과 홀로 맞서고 그들을 처단하는 것뿐이다. 학교 질서와 정의를 찾기 위해 '예스 맘'에서 '앵그리 맘'으로 돌변한다.

여고생으로 변장한 엄마는 비어있는 딸의 책상에 가득한 악의적 낙서를 목격하고, 가해 학생 일행이 시비를 걸어오자 바로 응징에 들어간다. 분노한 엄마는 가해 학생을 책상에 꿇어 앉히고 "계속 나대면 죽여 버리겠다"라고 나선 협박자의 멱살을 잡는다. 심지어 이를 막는 박선생(지현우)의 손을 꺾고 목을 조이며 주위를 놀라게 한다.

'늙은 여고생'의 활약은 처음부터 유쾌 발랄하게 묘사된다. 법과 공권력은 피해자들을 구제하지 못하는 구조적 모순과 불신을 투영한다. 엄마는 투사가 되어 사적인 복수로서 암울한 학교 문제를 타개한다. 그것이 비현실적 판타지를 부추겨 대리만족을 주는 것은 별개 문제다.

KBS 〈학교〉 시리즈 본격화, 16년간 시즌 6까지 방송

KBS가 장기기획으로 낸 〈학교〉 시리즈는 학교 드라마의 본격화와 더불어 지금까지 취급한 내용과 달리 교정에 잠재한 어둡고 불편한 진실을 끌어냈다.

드라마의 색깔은 푸른색에서 암울한 회색으로 일변했다. 1999년에 방송한 학교 시리즈 1, 2는 불량학생 문제, 왕따 문제, 체벌, 교내 폭력, 가출문제까지 이미 교정을 넘어 사회 문제로 폭넓게 확대했다.

〈학교3〉(2000. 3~2001. 3.), 〈학교4〉(2001. 4~2002. 3.)를 거쳐 〈학교 2013〉까지 학교는 끊임없는 문제 발생처로서 학생, 교사, 학부모, 교육 당국이 서로 부딪치는 마찰음과 파열음을 냈다.

학교 시리즈는 새 얼굴의 발굴터가 되었다. MBC는 장동건, 박용하, 염정아, 배종옥, 한석규, 유호정, 홍학표, 박철 등을 배출했다. KBS는 1999년에 안재모, 최강희, 장혁, 배두나, 김민선, 양동근이 등장했다. 제2편은 고호경, 김민주, 이요원, 3편은 박광현, 조인성, 이동욱, 4편은 임수정, 이유리, 김보경 등을 냈다.

고교 중심과는 별도로 중학생의 사랑과 우정을 주제로 방송한 KBS2의 〈반올림〉은 시즌 3까지 방송하면서 학교 시리즈의 빈자리인 2003년 11월부터 2007년 2월까지 '성장 드라마' 이름으로 자리했다.

이어 〈정글피쉬〉 시리즈(2008, 2010.)를 단막과 8부 연부작으로 제작하여 입시 고민, 가족갈등, 성(性)과 임신, 재단 비리 문제를 대담하게 부각했다.

2015년 4월에 시작된 〈학교 2015〉는 시즌 6에 해당하는 시리즈로 명문 사립고에 등장한 학생 실종사건과 기억상실을 미스터리 형식에 실어냈다.

학교는 교육시스템의 부작용과 후유증의 온상이 될 수밖에 없는 불가피한 전제를 깔았다. 입시 위주로 인성교육이 실종된 교정은 그 역기능에 몸살을 앓으면서 '착한 드라마' 반열에서 이탈했다.

2000년대 교정의 새 국면, 다양한 개성과 전문성 개발

중장기 시리즈와 별도로 민방과 전문채널에서 내놓은 학교 드라마는 다양한 설정과 역동적인 캐릭터를 내놓았다.

KBS2는 16부 전후의 미니시리즈 형식과 내용에 탄력성을 부여하여 좀 더 자유롭고 다채로운 양태를 묘사했다. 〈꽃보다 남자〉(2009. KBS2)는 정계 재계 미술계 법조계의 부잣집 2세들의 학교 밖 생활을 그렸다. 16부 미니시리즈 〈공부의 신〉(2010. KBS2)은 문제아들의 명문대 도전과 분투를 다루었다. 〈화이트 크리스마스〉(2011. KBS2)는 뛰어난 머리에 비해 감성적으로 불안한 고교생들의 생태를 그렸다.

tvN에서는 공부와 달리 기예(技藝) 중심의 인물 개발로 차별화를 노렸다. 음악 분야가 단연 큰 비중을 차지했다. 이는 대중문화의 중심축을 이루고 있는 걸 그룹과 아이돌 붐을 반영한 것이다. 〈닥치고 꽃미남 밴드〉(2012. tvN)는 고교 보컬 멤버들을 주인공으로 내세웠다. 〈응답하라 1997〉(2012. tvN)는 90년대를 풍미한 HOT, 젝스키스의 오빠 부대 여고생 다섯 명의 복고 감성을 살렸다. 〈몬스터〉(2013. tvN)는 6인조 뮤지션 꿈나무들의 소망을 그렸다. 〈드림하이〉(2012. KBS2)는 예술고교를 배경으로 대중가수에의 꿈과 미래를 건 생도들의 우정과 고민을 담았다.

MBC의 〈여왕의 교실〉(2013) 까칠한 여교사(고현정)가 초등교 담임으로 부임하여 오로지 서열과 경쟁만을 부추기는 파격 행동을 보인다. 〈하이스쿨-러브온〉(2014)은 고교생들의 철없는 사랑과 무모한 일탈을 다루었다.

한편 영화는 두 가지 흐름의 장르화로 흥행 바람을 탔다. 이른바 여고생의 공포 시리즈 〈여고괴담〉과 폭력을 패러디 화한 〈두사부일체〉 시리즈가 그것이다. 1998년에 시작된 〈여고괴담〉은 학교를 공포와 불안의 공간으로 설정하여 호러 장르의 맥을 이었다. 학생들의 집단 히스테리가 죽음 또는 자살을 충동하고 귀신이 출현하는 등 엉뚱하고 끔찍한 현상을 초래한다.

〈여고괴담〉에서 이미연, 최강희, 김규리, 박진희를 배출하고 '두 번째 이야기'(1999)는 김민선, 박예진, 공효진을 발굴했다. 3편인 '여우계단'(2003)에서 송지효, 박한별, 조안을 찾아냈고, 4편은 '목소리'(2005)는 김옥빈, 5편 '동반 자살'(2009)은 오연서, 장경아, 손은서, 송민정이 스타의 발판을 마련했다.

2001년에 시작된 〈두사부일체〉 시리즈는 조폭 출신 계두식(정준호)이 복교하여 좌충우돌 학교폭력을 분쇄하는 블랙 코미디다. 일본 드라마 〈15세의 엄마〉는 성폭력의 허실을 묘사하여 충격을 주었다. 미국 드라마도 비슷한 구조다. 로스쿨의 진지한 면학 도를 다룬 〈하버드 대학의 공부벌레들〉보다는 불량학생을 다룬 〈블랙보드 정글〉에 방점을 찍는다.

더 이상 착하지 않은 학교 드라마, 학폭은 계속 진화중

학교 드라마의 아이러니는 동서고금을 막론하고 폭력의 함수가 상수로 존재한다는 점이다. 2007년 캐나다의 소도시 조바스코샤의 중·

고교에서 방학을 마치고 등교한 첫날, 한 중학생이 핑크색 셔츠를 입었다 하여 괴롭힘을 당했다. 그 광경을 고3의 선배가 목격하고 핑크 셔츠 50벌을 구매, 급우들에 참여를 독려, 모두가 등교 때 입고 나타나자 이후 괴롭힘은 사라졌다.

이 소식은 '나비 효과'로 180여 개 국가로 번졌고, 핑크색 셔츠는 물론, 모자 팔찌 목걸이 브로치까지 핑크 일색으로 동참 의사를 표시했다. 캐나다는 매년 2월 마지막 수요일을 '핑크 셔츠 데이'로 결정하고 학교폭력 근절에 나서고 있다.(중앙일보 2021. 2. 27.)

코로나 19로 비대면 수업이 확대되자, 온라인상 학생 간 〈문자, 사진, 동영상〉으로 괴롭히는 신종 폭력이 70%까지 증가했다. 무관용 원칙으로 엄격한 학교 대응이 관건이 된다.

2018년 여성가족부 조사 '전국 초중고 학생-학교폭력에 대응방법에 대한 실태'를 보면 씁쓸하다. 폭력을 당한 학생들이 48.6%나 되고 그들은 '부당하다고 생각되지만 참았다' 30.4%, '별다른 생각 없이 그냥 넘어갔다' 18.2%로 집계되었다. 이처럼 '학교와 폭력'의 함수는 오늘날도 여전히 그대로 있다.

2021년 2월, 흥국생명의 배구 선수인 이재영, 이다영 자매에게 학창 시절 폭력을 당했다는 신고가 접수되자, 두 선수는 깊이 반성하는 뜻에서 모든 출전을 접어야 했다. TV조선의 오디션 예능인 '미스트롯 2' 결승전에 안착한 진달래 역시 학교폭력 사실이 드러나 출연을 포기했다.

학교 드라마의 위세는 여전히 살아 있다. 가정, 직장과 더불어 드라마의 핵심 공간으로 자리매김하기 때문이다. 학교는 경쟁의 첫 밭이다. 오로지 성적과 입시 전쟁이 극심한 곳에서 폭력이 배태한다. 학교 드라마의 주인공은 학생에게만 머물지 않는다. 또한, 한결 공부하는 곳으로만 묘사되지도 않는다. 딴짓하는 학생, 틀에서 삐져나간 돌출 행동에 더욱 주목한다. 하여 학교는 가장 비폭력적인 집단이 폭력 유혹에 쉽게 노출되는 극단적 모순의 장소가 된다.

학교는 중간지대며 학생은 경계인들이다. 꿈과 현실, 미성년과 성년, 규범과 개성, 진학과 진로, 신세대와 기성세대…. 그래서 정서불안, 장래 불안, 정체 불안이 상존한다. 불안은 공포와 일탈 또는 비행과 폭력을 잉태한다.

왜 배움의 터에서 학문의 성종이 울리지 않고 난투극이 똬리를 틀고 있나? 학교의 가치와 존엄성은 지켜져야 한다. 시대가 아무리 변해도 학교의 위상은 변할 수 없다. 학교 드라마의 존재 이유도 여기에 있다.

6. 국가정책에 편승하라

- 반공극, 새마을극 또는역사 위인전

옛날 흑백 TV 시절에 〈새마을 드라마, 반공 드라마, 국난극복 드라마〉가 있었다. 지금 들으면 다소 생소한 관용어나 썰렁한 '국뽕' 드라마 같지만, 드라마 반세기 역사에 그런 뚜렷한 자국이 있었다.

국가 핵심정책을 국민에 설득하고 효율적으로 전달하기 위해 방송사가 적극 제작도록 했던 계몽극이 이름하여 국책(國策)드라마다.

시기는 1973년부터 1976년까지 약 4년에 걸친다. 모두 1972년 박정희 대통령의 종신제나 다름없는 유신 선포 이후에 강행되었다.

유신을 반대하는 민청학련 사건과 인혁당 사건이 연달고 다수가 희생되었다. 1973년은 1차 석유파동으로 경제가 휘청했다. 1974년 TV 수상기는 200만대로 보급률 30%에 머물렀다. 국민소득은 1975년에 겨우 600달러를 넘어섰다. 정부는 새마을 운동을 정신 축으로 '잘살아 보세'를 구현하기 위해 국민홍보에 따른 체제 유지와 사회통합이 절실했다. 분단 현실과 냉전 시대, 통치 이념의 주요 덕목은 반공, 국가안보, 그리고 증산과 수출을 내세운 경제발전이었다. 관제 드라마는 이런 토양에서 탄생했다. 하여 정부의 직간접적인 지원으로 〈대폭

투자, 역점제작, 유명배우 출연〉이 이뤄져 열띤 시청으로 이어졌다.

새마을 드라마 〈꽃피는 팔도강산〉 초호화 캐스팅에
전폭 제작 지원

〈꽃피는 팔도강산〉(1974. 4~75. 10. KBS, 윤혁민 극본, 김수동 연출), 제일의 국정지표인 '조국 근대화'와 '새마을 운동'을 실체화한 일일극으로 종합뉴스 뒤를 이어 20분간 방송, 1년 6개월(398회)간 롱런했다

모티브는 스타 시스템과 전국 기행 코드를 가미하여 크게 히트한 영화 '팔도강산'(배석인 감독. 1967)에서 비롯되었다. 노부부 김희갑, 황정순을 비롯해 최은희, 김진규, 이민자, 박노식, 신영균, 장동휘 등 톱스타와 현인, 은방울 자매, 이은관 등 인기가수들이 대거 출연했다. 영화 제작비는 총 1,800만 원, 1967년 2월 초 국도극장에서 개봉하여 32만의 관객을 동원했다. 제작은 공보부 산하 국립영화제작소였다.

1남 6녀를 둔 한약방의 노부부는 전국 각처에 흩어져 사는 자식들을 만나 공장과 경제개발이 한창인 주요 산업현장을 시찰한다. 발전현장에 따른 정권 홍보는 자연스럽게 이루어졌다.

제2편인 재외 동포들을 소재로 한 '속 팔도강산'(1968)에 이어 '아름다운 팔도강산'(1971), '내일의 팔도강산'(1971), '우리의 팔도강산'(1972) 등 속편이 나왔다. 매번 감독은 바뀌었어도 주연은 줄곧 김희갑, 황정순이었다.

영화 시리즈가 큰 인기를 잇자, 2년 만에 드디어 〈꽃피는 팔도강산〉으로 TV까지 상륙했다. KBS 역시 질세라 일류 배우들까지 총동원했다. 첫딸 최은희와 장민호 부부를 비롯한 도금봉·박노식, 김용림·황해, 태현실·박근형, 윤소정·문오장, 전양자·오지명, 한혜숙·민지환이 각각 커플로 나왔다.

…에헤야 데헤야! 우리 강산 얼씨구, 잘살고 못 사는 게 팔자만은 아니더라…. 마음먹기 달렸더라- 줄줄이 팔도강산 좋구나, 좋다~!

당시 인기가수 최희준의 주제가도 히트했다.

KBS는 인력, 장비, 예산 등 전폭적인 지원을 아끼지 않았다. 정부협력(문공부장관 윤주용)과 왕 PD격인 부사장(최창봉), 제작국장(정순일)이 거들었다. 녹화 차량 우선 배정, 야외촬영 독점은 물론, 높은 출연료에 새마을 훈장 주선도 약속했다. 때마침(1975) 대한항공 유럽노선 개항은 세계로 뻗는 국력의 상징으로 최초의 외국 현지촬영도 했다. 한 주일의 종합 편을 주말에 일괄 재방송했다.

당시 승용차가 드물어 고속도로를 달리는 장면을 찍을 때면 오가는 차가 없어 애를 먹기도 했다. 그럴 때면 경찰이 나서서 차량을 막았다가 한꺼번에 풀어 도로가 승용차로 붐비는 모습을 화면에 담기도 했다. 또 노부부가 울산, 포항 등지의 산업시설을 시찰할 때 아들 내외와 관계자들이 "이게 다 박정희 대통령 각하의 영도력 덕분이 아니냐"라고 말하는 등 노골적인 장면도 나와 "가장 성공적인 정부 홍보 드라마"로 꼽혔다.

그런데도 대다수 시청자를 사로잡은 이유는 '잘살아 보자'라는 희망을 보전하는 미래 판타지를 담고 있었기 때문이다. 극장에 가야 볼 수 있는 톱스타들을 안방에서 편히 볼 수 있는 것은 시청자 수혜 겸 복지였다. 여타의 새마을 드라마가 근대화의 필요성을 강조했지만, 〈꽃피는 팔도강산〉은 주로 경제 성장과 과실을 보여 주는 데 치중했다. 반응은 대체로 두 가지였다. '아….' 감탄사 한마디로 그냥 재미있게 봤다는 사람이 있나 하면 '박 대통령과 국가 발전상을 선전하기 위해 만든 어용 드라마….'라는 비판으로 엇갈렸다.

'가족 시간대' 설정과 국난극복, 민족정기 고취 드라마

정부는 1976년 4월 봄 개편에서 2시간 30분간을 '패밀리 아워'(오후 7시~9시 30분)를 설정하고 가족 시간대에는 민족정기를 앙양하고 민족사관을 정립하는 내용, 또는 국난극복의 주역을 내세운 드라마를 강제했다.

KBS는 75년 일요사극 〈삼국통일〉에 이어 76년 4월 〈황희 정승〉을 냈다. 77년 4월부터는 그 자리에 〈맥〉을 신설하여 역사상 유명한 인물의 생애를 2~4회 전후로 묘사했다. 장영실, 윤선도, 김구, 조만식, 윤동주, 동학 최형우, 독립투사 이동녕 등이 이 시리즈를 통해 나왔다. 신사임당, 이율곡, 조식, 원효대사 등 옛 인물도 올렸고 윤심덕, 방정환, 이상, 이중섭, 김대건, 남궁억, 우장춘 등 근대인물을 포함하여 82년 가을까지 계속했다.

1976년 4월, MBC는 고려 말 화약 발명자 최무선을 내세워 민족의 우수성을 고양하는 45회 일일극 〈예성강〉을 첫 작품으로 냈다. 이어 효종 때 명장 이완 장군의 북벌활약을 통해 민족정기를 고취한 〈사미인곡〉, 조선 후기 인삼 판매상 임상옥의 상혼을 부각한 〈거상 임상옥〉, 제주 의협 기생 이만덕의 상부상조 정신을 기린 〈정화〉, 임란 때 일본에 끌려간 도공들의 역경을 그린 〈타국〉을 차례로 방송했다.

TBC는 대원군 때 신병기 제조를 위해 청춘을 바친 군상을 묘사한 '풍운 백 년' 시리즈 제1화로 〈햇불〉을 비롯한 개화기 두 집안을 중심으로 시대적 고뇌를 그린 〈젊은 그들〉 등을 방송했다.

이 '정책 사극'은 역사에 내재한 민족의식을 국민통합과 결속이라는 이데올로기로 연결한 것이다.

반공(反共)극과 대공(對共) 수사극 –드라마도 보고 간첩도 잡아라!

'반공을 국시의 제일로 삼고 지금까지 구호에만 그친 반공 태세를 강화한다….' 1961년 5월 16일 박정희 소장이 내놓은 혁명공약의 첫 구절이다. 반공(反共)은 그의 통치의 기본이념이었다.

1950년대 이승만 정권의 '우리는 강철같이 단결하여 공산 침략자를 쳐부수자'라는 '우리의 맹세'의 반공정신을 일층 보강한 것이다.

이후 반공 드라마는 1961년 개국한 KBS-TV의 단골 메뉴가 되어 왔다. 〈실화극장〉을 주축 한 반공극은 '국민 드라마'로 자리매김했다.

김강윤, 서윤성, 윤혁민, 김동현, 오재호 등 중견 극작가와 박재민, 이정훈, 이해욱, 이남섭 등 당시 선임 연출자가 동원되었고 최무룡, 김승호, 이민자, 박노식, 장민호, 박근형, 문오장, 최정훈, 태현실, 이치우, 반효정, 홍세미 등 인기 배우들이 줄줄이 나와 월요일 붙박이로 장기간 자리했다. 〈팔도강산〉처럼 출연 요청을 함부로 거절할 수 없던 시절이었다.

〈실화극장〉은 1964년에 단막극으로 출발, 76년 당시 1백32회를 기록한 장수 콘텐츠가 되었다. 실화극인 만큼 철저한 자료 수집과 내밀한 제작에 충실하다 보니 몇 배 힘이 들었다. 여기서 방송된 작품 중에서 '8240 KLO', '제5전선', '방콕의 하리마오' 등 5편이 영화로 만들어졌고, '돌무지'는 영화배우 김승호가 주연 제작을 겸했다.

1968년 북한특공대의 청와대 기습사건, 동해안 미국 초계함 푸에블로 납치사건, 75년 베트남 종전과 민방위 창설, 76년 판문점 도끼만행사건…. 등 국내외 사건에 따라 정부가 국가안보를 최우선의 과제로 삼게 되자 반공드라마는 더욱 적극성을 띠게 되었다.

74년 8월 육영수 영부인이 조총련 소속 문세광의 흉탄에 숨을 거두자, 9월, KBS는 조총련과 만경봉호를 무대로 암약하는 간첩을 묘사한 〈조총련〉을 일일극에 태워 〈실화극장〉의 역할을 대신했고 〈노동당〉, 〈대동강〉이 그 뒤를 이었다. 극도의 냉전 환경이 드라마의 흡인력을 자연스럽게 높여주었다.

〈대동강〉(1975. 2~11. 김동현 극본, 김연진 연출)은 광복에서 오늘까지 북한 30년사를 한 가정의 비극을 통해 고발하는 다큐멘터리드라마였다. "아바디! 뎐기불이 번떡번떡해디요!" 라는 유행어를 낳았지만 문제도

발생했다. 원래 반공극은 북쪽의 잔학상이나 빈곤한 생활상을 그대로 보여 주다 보니 북쪽 사람들의 강한 이미지만이 어필한 것이 문제였다. 고위층에서 질책의 소리가 날아들었다. '왜 이북 사람들은 강한 인상을 주고 남쪽 사람들은 하나같이 나약한 인상을 주는가?' 반공 드라마의 역효과를 염려한 지적이었다.

한편 '간첩 잡는 드라마'인 대공 수사극이 한 축을 담당했다. 간첩의 만행과 불온세력의 실체를 폭로하여 색출을 유도하고 신고 정신을 높이는 국민 캠페인 목적이 확실한 만큼 단순한 반공 드라마와 구분되었다.

MBC는 1973년 10월에 대공 수사극 〈113 수사본부〉를 신설하여 토요일에 편성했다. 기존의 일요 수사극 〈수사반장〉과 쌍벽을 이루어 83년까지 방송했다. 113은 간첩신고 전화번호였다. 소재와 자료는 당시 중앙정보부(국정원 전신) 대공 부서에서 제공했다. 탤런트 전운, 오지명, 백일섭, 정욱, 송재호, 노영국, 변희봉이 대공 수사관으로 고정하고 여수사관 김영아, 권미희도 배치했다.

TBC는 1973년 주간 단위로 〈특명7호〉, 〈아!유치산〉, 〈탈출〉, 〈운명〉 등 반공 시리즈를 방송해오다가 1975년 10월 개편을 맞아 본격적인 대공 드라마 〈추적〉을 신설, 언론 통폐합 직전 1980년 11월까지 방송했다. 이낙훈, 장용, 홍성우가 수사관으로 분하여 역시 간첩수사 실화를 엮었다.

한편 KBS가 한국전쟁 25주년 특집으로 제작하여 75년 6월 29일

첫 방송을 낸 〈전우〉는 6·25 전화 속에 소대원들의 무용담과 전우애를 묘사한 정규 주간극이었다. 78년 4월까지 시청자의 호응과 함께 '전투 드라마'라는 새 포맷을 만들어냈다. 데뷔 6년 차인 나시찬은 소대장 역을 맡아 각광을 받았다. 1983년엔 탤런트 강민호를 내세워 새롭게 제작하여 84년까지 방영했다.

오락과 볼거리의 한류 드라마로 승화된 북한 소재

KBS의 〈지금 평양에선〉(김동현 극본, 하강일 연출)은 1982년에서 85년까지 3년째 199부작으로 지속한 최장수 반공 드라마였다. 철의 장막 속에서 유아독존으로 날뛰는 왕세자 김정일의 망나니 모습이 입소문을 탔다.

반응은 엉뚱했다. 젊은 층, 특히 여성 시청자들에 김의 거침없는 언행은 화끈하고 시원스럽고 때로는 매력적으로 보였다. 기획 의도를 크게 빗나간 반응에 5공 정권은 당황했다. 캐릭터 방향을 급변시켜 그의 포악성을 드러내고 여성 편력을 폭로하는 쪽으로 몰아갔다. 곱슬머리, 금테의 안경, 카키색 인민복의 김정일은 매회 사이코패스처럼 튀기 시작했다. 김병기는 숨을 토하고 침을 튀기는 열연을 몰아쳐 벼락같이 출세했다. 2011년 말, 북한 김정일은 심장마비로 죽었지만, 남한의 화신인 김병기는 여전히 건재하다.

그 시절, 이처럼 정부는 드라마의 힘을 빌려 국민 계도와 안보 정신, 역사의식을 높이는 1석 3조의 효과를 노렸다. 관치(官治)시대의 '드라마 사용법'에 의한 3대 관제(官制) 드라마는 한동안 위세를 떨쳤다. 이는 꼭 나쁜 것만은 아니었다. 장르를 개발하고 소재주의에 화답하고 시국관, 경제관, 생활관을 구체적으로 제시했다.

이젠 북한을 다양하게 써먹어라⋯!

1999년 한석규가 주연한 '쉬리'의 흥행 후, 2000년대 들어 북한 소재는 반공 계몽의 대상에서 오락 차원으로 변했다. 2분 법적 분단 소재에서 벗어나 다목적 확대 재생산이 가능한 K드라마가 되었다. tvN의 '사랑의 불시착'(2020)은 돌풍과 함께 패러글라이딩 사고로 북한에 비상 착륙한 재벌 상속녀(손예진)와 그를 숨기려다 사랑하게 된 북한의 특수 장교(현빈)와의 밀고 당기기다.

KBS2의 '아이리스'(2009), MBC '로드 넘버원'(2010)와 '더킹 투 하츠'(2012), TV조선의 '한반도'(2012), SBS '닥터 이방인'(2014), MBC '불어라 미풍아'(2016) 등 대부분 얼개는 남북 남녀의 러브스토리나 우정을 취급하고 있다.

종편에서 방송 중인 〈이제 만나러 갑니다〉와 〈모란봉 클럽〉은 웃음꽃이 만발한 장수 토크 버라이어티 쇼다. 탈북 남녀 다수가 실제 증언과 경험담을 쏟아내어 종전 딱딱하고 생경한 분위기를 완전히 걷어냈다.

영화 '공동경비구역'(2000) '실미도'(2003), '태극기 휘날리며'(2004), '웰컴투동막골'(2005), '베를린'(2012), '은밀하게 위대하게'(2013), '연평해전'(2015), '인천상륙작전'(2016), '공조'(2016), '백두산'(2019)은 각각 폭로극, 형제극, 패러디, 해외로케, 다큐멘터리, 코미디, 가상극으로 변신하여 볼거리를 더하고 있다.

7. 범인과 게임하라

- '수사반장'에서 '프로파일러'까지

1971년 3월 6일에서 1989년 10월 12일까지 880회를 기록한 〈수사반장〉은 인정(人情)극으로 시작하여 범죄 실화극까지 18년간 '한국형 수사극'으로 정착했다. 일요일에 편성되어 십 년 뒤 화요가족으로 출범한 〈전원일기〉와 함께 20년 가까운 쌍 붙박이로 자리했다.

〈전원일기〉가 고향의식을 훈훈히 덥혀주는 농촌극이라면 〈수사반장〉은 도시문제를 냉랭히 성찰하는 사회극으로 양립했다. 또한, 두 드라마는 다수의 작가와 연출자를 투입하여 장기간 '국민 드라마'로서 자기 틀을 공고히 했다. 고정형사는 최불암, 김호정, 조경환, 김상순으로 시작, 나중엔 여형사가 가담했고 시경 최중락 형사의 조언을 받아 실화(實話)에 따른 리얼리티를 살렸다. 최불암 반장의 '죄는 미워하되 죄인을 미워하지 말라'는 식의 인간적인 결말과 '빌딩이 높을수록 그림자는 길어진다'라는 명대사를 남겼다.

70년대 MBC는 '황금의 일요편성'을 누렸다. 저녁 7시 〈웃으면 복이 와요〉~8시〈수사반장〉~9시〈뉴스데스크〉~10시〈MBC 권투〉~11

시 〈명화극장〉의 라인은 난공불락이었다. 휴일 저녁에 주제곡이 울려 퍼질 때면 서울 택시가 완전히 정지할 정도였다. 기사식당은 초만원이었다. 당시 박정희 대통령 부처도 챙겨보았다. '민심 민생'을 실체로 파악하는데 더없이 좋은 텍스트였다.

권선징악에 의한 사회질서 유지와 범법자의 종말 등을 수신 교과서처럼 보여 줘 다분히 계몽극 형태를 띠었다. 매회 '완전범죄는 없다. 범인은 반드시 잡힌다.'라는 결론을 유도, 범죄 예방 효과와 시민 고발정신을 높였다. 월평균 10여 건 제보와 실제 사건을 토대로 나타난 범죄 배경은 결손가족, 불우환경이 많았다. 범죄유형은 생활고 40%, 치정 관계 40%, 이해관계 20%, 수법도 단순 강도, 방화, 우발범행 등으로 나타나 사회 고발기능에도 충실했다.

〈수사반장〉의 장수 비결은 사람 중심의 인정 드라마를 지향하는 데 있었다. 수사극의 기조인 하드 보일드(硬性) 터치를 배제하고 오히려 연성(軟性) 쪽에 기울었다. 과학적 수사는 아예 거리가 멀어 생계형 범죄에 따른 인간적인 측면을 부각하여 공감대를 키웠다. 수사관은 범인의 어깨를 툭 치며 '아주 나쁜 놈이구면…'하고 야단치면서도 자장면을 시켜 함께 먹는 이웃집 아저씨 같은 모습을 보였다.

법과 인륜의 갈등에 정서적 접근으로 용의자의 눈물과 회한을 유도하여 자수를 받거나 사회 부조리와 그늘진 모순을 고발했다. 이는 동시대의 공동의식을 규합하는 끈끈한 힘을 발휘했다. 수사관들은 범죄의 색출자에서 사회윤리를 강령하는 교도관, 범죄 예방을 훈도하는 방범관까지 겸했다. 경찰의 사건 파일과 수사기록은 실제 드라마 영역으로 다가와 현실과 합치되었고 준엄한 법 인식 위에서 시청자는 수사의 전 과정에 참여하는 심리적 기록자로서 드라마를 접했다.

캐스팅도 역할 분담이 이뤄졌다. 꼼꼼하고 포근한 리더십의 최불암 반장, 현장 액션형의 조경환, 내밀한 추리형의 김호정(나중에 남성훈), 직관력과 결단력이 강한 김상순을 각각 대비했다. 여순경으로는 김영애, 염복순을 비롯하여 이금복, 김화란, 윤경숙, 노경주가 참여했고 단골 범인 역으로는 송경철, 김기일, 이계인, 조형기, 변희봉, 임문수, 정성모, 박상조 등이었다.

드라마의 신뢰감과 무게감은 단연 최불암에서 나왔다. 휴머니스트 겸 모럴리스트인 그의 일사일언은 해결사로서 극의 흐름과 분위기를 지배했다. 그는 〈전원일기〉의 김 회장에 이어 여타 드라마에서도 근엄한 원칙주의자에 포근한 가부장적 이미지를 유지했다. 2011년부터는 기행 다큐멘터리 〈한국인의 밥상〉의 리포터로 변신했다.

〈수사반장〉의 열기는 대단했다. 녹화 현장은 활기찼고 주제곡의 리듬처럼 박진감이 넘쳐났다. 대형 버스에 '수사실화극 〈수사반장〉 촬영' 플래카드를 달고 지방도로를 가면 길가의 모든 사람들이 손을 흔들어 주었다. 현지에서 환대는 분에 넘쳤다. 경찰서 간부들은 물론 지역 유지들까지 반가워했다. 최불암과 마주친 경찰들이 대번에 거수경례했다. 한 결로 모범 경찰상, 올바른 공무원상에 지밀한 가치를 두고 '악의 퇴치와 죄의 응징'을 공적으로 수행한 덕분이다. 경찰 위상을 크게 높인 공로로 고정 캐스팅 전원이 명예 경찰이 되는 미담도 남겼다.

"…돌이켜보면 70년대 만 해도 경찰의 이미지는 국민에게 그리 좋은 편은 아니었다. 일본 강점기 때부터 내려온 악랄한 순사 모습이라든가, 이승만 독재 시대의 시녀 이미지, 그리고 3공화국 시절의 두드러진 정치편향의 경찰상이 그리 좋게 보이지 않았기 때문이다. 그러나 '수사반장'의 인기가 차츰 더해가면서 경찰에 대한 이미지가 달라지기 시작했다. 군림하는 경찰, 위압적인 경찰상으로부터 시민들과 함께 하는 경찰, 시민을 위한 경찰상으로 차츰 변모했다. 당시 경찰관이 결혼하기가 무척 힘들었는데, '수사반장' 덕분에 장가가기가 수월해졌다.."라는 말들이 많은 경찰관들 입에서 나올 정도로 민경(民警) 친선의 가교 역할에 한 몫 하기도 했다.

최불암은 이렇게 회고한다. (최불암 저 『그게 무엇이관데』 1991)

흑백 TV 시절, 〈수사반장〉은 KBS 〈형사 콜롬보〉와 쌍벽을 이루어 화제가 되었다. 콜롬보역의 피터 포크는 사팔뜨기 눈, 왜소한 몸집, 구겨진 레인코트에 삐딱한 넥타이, 폐품 직전의 애차(愛車) 그리고 닳아빠진 구두와 아둔한 걸음새로 외견은 민완 형사와 거리가 멀었다. 피의자는 대개 초반에 드러나 있다. 콜롬보만 모르고 있다. 시청자는 그가 '이미지 속임수'을 활용한 지적인 서스펜스 게임을 느긋이 즐긴다. 대결 상대는 매양 상류층인 권력자, 재력가, 유명인사다. 그들을 자가당착에 빠뜨린 뒤 집요한 추리력과 반대 심문으로 제압해 간다.

수사반장의 최불암은 비슷하지만 다르다, 후줄근한 바바리코트 속엔 손수건이 들어있다. 으레 짠한 목소리로 '아이고 이 사람아, 왜 그랬어?' 하면서 손수건에 눈물을 훔친다. 범인의 신세가 안타까워 동료들과 술잔과 줄담배를 연달은 장면은 어느 나라에도 볼 수 없는 한국

풍이었다.

수사극은 수사관의 됨됨이가 명운을 결정한다. 미국의 사립 탐정들은 자유롭고 역동적인 캐릭터로 다양한 볼거리를 제공했다. 필립모로우, 다우슨, 샤논, 나폴레옹 솔로, 페페, 코작, 캬논, 스타스키와 허치, 바렛터, 매디건, 미녀 삼총사, 제시카…등은 8색 면모를 자랑했다. 그러나 우리의 수사반장과 수사행위는 공무의 일환으로 제한되어 수사관의 개성과 특성이 허용될 수 없는 '폴리스 스토리'에 머물렀다.

〈수사반장〉의 길이 순탄한 것만은 아니었다. 300회를 넘으면서 변곡점이 찾아왔다. 1978년, 여섯 번째 연출자로 발탁된 고석만 PD는 우선 '인정극이란 재래의 틀'을 과감히 걷어내고 그 자리에 시대변화가 부른 짙은 사회성을 실어냈다. 개인악보다 사회악, 제도악을 올리고 시민 정신 결여도 지적했다. 사회현상이 복잡해짐에 따라 다양화, 지능화, 미궁화된 범죄 양상을 주시했다. 사회구조와 인간의 관계를 따졌다. 범죄 자체보다 범인의 성장 배경, 환경에 따른 범행 동기를 탐색했다. 그리고 현장성을 강조한 맞춤형 소재를 개발했다. 연극 연출가인 김상렬 작가와 투합하여 '대전환의 장정'에 나섰다. 연극배우 박인환, 최주봉, 윤문식, 양재성, 김갑수 등을 끌어 썼고, 원로 강계식, 고설봉도 모셨다. 1979년 4월, 400회를 맞은 특집 '종점'을 보면서 시청자들은 〈수사반장〉의 새로운 모습을 확인했다.

드라마는 방송 10년을 넘자 병폐가 드러나기 시작했다. 육감이나 시민제보로 사건을 해결하는 이른바 '된장 수사'를 탈피 못 한 점, 광폭해져 가는 범죄와 급변하는 시청자들의 눈높이를 맞추지 못한 점, 청소년에 호기심과 모방범죄를 조장한 점, 장수 프로의 고질병인 소재의 고갈, 전개의 획일성, 제작의 매너리즘을 극복하지 못한 점 등이었다.

드라마는 12년 만인 1983년 일요일에서 목요일로 밀려나 간 뒤 이듬해 84년 가을 개편에서 결국 폐지된다. 680회 13년 7개월간의 화려한 전반기는 마감했다. 그 빈자리에 김무생, 김한섭을 내세운 〈두 형사〉를 냈으나 옛 명성을 잇지 못하고 반년 만에 없어진다.

후반기는 다음 해인 85년 5월에 부활하여 '그래도 구관이 명관..'의 기운으로 1989년 10월까지 4년을 지속한다. 7개월 만의 폐지-부활한 특이한 사례를 남기면서 마침내 18년 6개월의 영욕을 안고 완전 자취를 감춘다.

이제 최불암의 〈수사반장〉은 전설이 되었다. 그 세월에 고정 수사관 김호정, 남성훈, 조경환, 김상순, 여형사 이금복, 김화란, 최중락 총경 등 일곱은 이미 고인이 되었다.

'범죄와의 전쟁' 정책에 희생된 수사 드라마

1990년 10월, 노태우 정권은 '범죄와의 전쟁'을 선포했다. 범죄근절을 위한 강도 높은 정책이었다. 불똥은 'TV 수사극 폐지'로 튀었다.
'수사극을 보고 따라 했다….'
당시 검거된 범인들의 자백과 증언은 한 결로 수사극의 학습효과를 들먹였다. 범죄 수법과 기법, 흉기 종류와 사용법, 위장 침입 등 범죄 요령을 수사 드라마에서 배웠다는 것이다. 수사극은 아연 폭력과 범죄의 원인 제공자로 그 죄를 몽땅 뒤집어썼다. 단순 모방뿐만 아니라 범행 후 은닉, 대응의 노하우까지 정보를 제공했다는 죄다. 보다 리얼한 드라마 구성을 위해 범행 장면과 잔혹한 행위의 묘사는 불가피한 수순이다. 이것은 바로 범죄의 모방 또는 폭력의 교시로 손가락질 되었다. 수사극이 갖는 역기능은 결국 부메랑이 되어 '일괄 폐지'에 빌미를 제공했다.

KBS는 10년 끌어온 〈형사 25시〉를 걷어냈고, MBC는 〈수사반장〉의 후신 격인 〈김 형사 강 형사〉를 삭제했다. 당국은 범죄의 모방, 청소년에 악영향, 폭력의 미화, 계층 간 위화감 조성 등 사회적 부작용을 들어 혹여 있을 반론이나 부활할 소지까지도 없앴다. 수사극은 드라마 초창기부터 시작된 인기 높은 장르였으나 25년여 만에 '정책적 폐업'으로 마감했다.

그러나 문제는 수사극 폐지가 범죄 감소로 직결되지 않은 데에 있었다.

3년 공백 후 1993년, 문민정부의 출범과 함께 KBS와 MBC는 조심스럽게 〈사건 25시〉, 〈경찰청 사람들〉을 각각 신설했다. 두 작품은 실화 형태를 띠었고 교양 다큐멘터리 부서에서 제작했다. 실제 사건 파일의 재현에 따른 혐의자의 공개수배 및 자수 권유와 신고 유도를 프로그램에 반영했다. TV를 통한 수사와 재현극을 병행하여 범인 잡기에 나선 것은 매체를 이용한 드라마 실용성을 극대화하려는 의도였다. 〈사건 25시〉 경우, 방송 10개월 만에 수배자 검거 28건, 자수 11건의 실적을 올렸다. 수사극은 이렇게 범인색출의 선봉 역을 자원하여 억류 3년 만에 면죄부를 받고 다시 살아났다.

'악인은 지옥으로….' 악(惡)이 응징되고 선(善)이 보상받는 것을 보고 싶다. 정의와 진실에 대한 신념을 강화해준다. 매듭은 풀리고 누명은 벗겨진다. 혼란은 수습되고 질서가 회복된다. 힘 안 들이고 죄와 벌의 정반합(正反合)을 체험할 수 있다. 일련의 과정은 통쾌하다. 그게 수사극을 보는 이유다.

오늘날 수사극은 범죄극으로 대체되고 있다. 수사 주체도 이미 경찰의 범주를 훌쩍 벗어나 검찰과 국정원에 양도하고 있다. 정치권과의 내밀한 커넥션, 무소불위의 공권력, 재벌의 지능적인 치부 등 '있는 자, 가진 자'의 범죄가 기승을 부린다. 〈타임즈〉(2021. 2. OCN)는 심지어 대통령을 용의자로 설정하기도 한다. 수사관은 CCTV, 프로파일러, 사체 부검자 등 고도의 심리분석자와 첨단과학자와 공조해야 한다. 요사이는 과거, 미래가 현재와 뒤섞이는 시간 왜곡(warp)과 퍼즐, 미스터리를 가미한 게임극으로 진화하고 있다.

제2장

아침극, 남성극, 단막극,
청춘 트렌디 소재

8. 아침부터 설쳐라

-오전 주부층 집중 공략, 아침 연속극 40년 궤적

'아침부터 웬 드라마야', 그리고 40년.

이 땅에 이른바 '아침 드라마'가 나타난 것은 1981년 5월 25일이다. 1973년 12월 3일 석유파동으로 통째 없어진 아침방송은 그로부터 7년 6개월 만에 '오전 방송 부활'에 힘입어 출현했다. 그해 3월 초, 12대로 취임한 전두환 대통령의 첫 선물쯤 되었을까. 신군부 쿠데타로 이룩한 5공화국은 출범부터 얼어붙은 형국이었다. 바로 1년 전에 5·18광주항쟁 사건이 일어났다. 박정희 시해범 김재규의 사형집행에 이어 김대중 내란음모 재판이 시작되었다. 국보위가 발족하고 최규하 대통령은 하야했다. 11월엔 언론 통폐합이 강제되어 TBC를 비롯한 다수의 방송사가 KBS로 흡수되는 등 방송계는 '난리 통'이었다. 방송 광고와 영업 기능도 신생 방송광고공사로 일원화되었다.

1981년 5월, 아침 드라마 첫선, 준엄한 비판 대상

아침 드라마는 이처럼 축복이 아닌 매우 음습하고 엄혹한 분위기에서 탄생했다. 오전 방송인만큼 보도와 교양에 국한된 편성정책이 전제되었으나 이른바 '교양 드라마'를 자임하고 새로운 땅인 아침 시간대에 조심스럽게 상륙한 것이다.

KBS는 중년 부부의 위기와 화해를 그린 〈은하수〉를, MBC는 청춘 남녀의 다양한 애정관을 그린 〈포옹〉을 각각 첫 작품으로 떠올렸다.

그러나 아침 드라마에 비판과 감시의 신문 매체의 눈은 의외로 따가웠다.

〈포옹〉은 아침 시간대를 도외시한 무분별한 내용으로 지탄되면서 넉 달 만인 9월 102회로 조기에 종영했다. 아침 드라마의 첫 수난이었다.

거센 역풍에 다칠세라 KBS는 건전한 소재를 엄선하면서 조심스럽게 명맥을 이어갔다. 일제강점기부터 고아 소녀의 성장기를 그린 〈길〉, 광산촌의 애환을 그린 〈약속의 땅〉, 소도시의 한 가정의 부부애, 가족 화목과 이웃 사랑을 그린 〈행복의 계단〉, 네 세대의 알뜰한 서민 생활을 그린 〈은하의 꿈〉, 젊은이들의 꿈과 방황을 소재로 한 〈청춘일기〉 등을 방송했다. 1983년 10월 KBS는 〈청춘일기〉를 끝으로, MBC는 〈새댁〉을 마지막으로 아침 드라마를 기본편성에서 완전히 걷어냈다. 2년 반 만의 요절이었다.

줄곧 '아침부터 웬 드라마냐?'의 드센 여론을 당해내지 못한 것이다.

- 귀중한 아침 시간대에 과연 일일극 편성이 적합한 것인가?
- 도대체 일과를 드라마 시청부터 시작하자는 것인가?
- 바쁘고 촉박한 아침에 드라마로 시청자의 발목을 잡을 것인가?
- 저녁 일일극과 다른 게 무엇인가? 일일극 한 편 늘이자는 것인가?

각 일간지는 '아침 드라마 유해론'을 기정사실로 하여 일제히 비난의 소리를 쏟아냈다. 그로부터 6년 반 만인 1989년 3월, 봄 개편을 맞아 양 방송사는 슬그머니 아침 드라마를 재개했다.

KBS는 결손가정의 한 중년 부부를 통해 새 가족상을 묘사한 〈일출〉(이금림 극본, 이성연 연출)을 내보냈다. 1년 뒤 1990년 4월, MBC는 세대별 세 부부의 일상을 그린 〈사랑해 당신을〉(주찬옥 극본, 이은규 연출)을 띄웠다.

"무엇 때문에 새로운 일일극을 하나 더 만들어 TV 드라마에 쏟아지는 비난의 화살을 가중하려 하는가?"

당시 〈일출〉의 연출가 이성연은 이렇게 화두를 열고 다음과 같은 후기를 남긴다.

"별다른 스토리 없이 20회만 보면 결론이 맞아서 떨어지는 구태의연한 인물 구조, 공허한 대사, 우리네 삶을 윤택하게 만드는 데 아무런 도움을 주지 않는 TV 속의 별개의 삶의 모습은 수많은 고정 시청자를 확보하고 있음에도 불구하고 본질적인 토론장에서는 항상 천덕꾸러기였다. 그 이유는 무엇인가? 그것은 일일극을 제작할만한 여건이 갖춰지지 않는 현실과 과욕 사이의 괴리 때문이라고 할 수 있다. 시놉은 한 장인데 작가는 매주 250매 이상의 원고를 조달할 수 있는 초인적인 힘을 유지해야 겨우 숨을 돌리는 판이다. 국내 대부분 프로그램이 그러하듯 아침 드라마는 그 뿌리를 일본방송을 모델로 한 것이었고 NHK〈TV소설〉의 인기를 의식한 것이었다.

'최소한의 방송시간을 가진 일일극으로서 진솔한 삶을 보여 준다.'라는 제작 의도에서 출발했다. 방송이 나간 뒤, 두 가지 상반된 반응이 나왔다. 새로운 것도 없는 일일극에 대한 질책, 그리고 오랜만의 아침 드라마 존재에 대한 기대감이었다. 작품은 주부층을 겨냥한 만큼 30~40대의 보편적인 시각에 맞춘 사회관을 가질 수밖에 없다. 따라서 현실과 쉽사리 타협하는, 현 체제의 유지에 급급한 보수주의적 가치관을 대변하는 몰개성적인 드라마로 평가받을 수도 있을 것이다…."

SBS 개국 3파전으로 화양연화(華樣年花)의 25년 구가

이렇게 저렇게 2년여 여론을 의식하며 '건전한 드라마'로서 20분~25분, 주 6회, 150회 전후의 제작을 꾸려가고 있을 무렵 또 하나의 변수가 돌출했다. 1991년 12월 SBS의 개국이었다. 첫 작품은 원미경과 유동근 등 젊은 얼굴을 내세운 멜로극 〈고독의 문〉(정하연 극본, 이근용 연출)이었다. 아침은 갑자기 3파전으로 뜨거워졌다. '가세와 가열'은 '모닝 배틀'(아침 전쟁)을 불러 드라마 시장에 또 하나의 불을 질렀다.

'악몽의 전철'을 망각한 드라마 소재는 '저급, 통속'으로 치달았다.

시간 전쟁도 덩달았다. 8시 30분 이후의 편성 시간은 8시 20분대로, 94년 1월 SBS는 8시 15분으로, KBS는 7시 50분대까지 앞당겼다.

당시 아침 드라마의 분석은 몇 가지 간명한 결론을 드러냈다.

시청률은 평균 18%대다. 세대별 주 시청은 30~40대 여성이며 고정 시청자는 50~60대다. 직업별로는 전업주부를 최다로 노동생산직, 무직, 자영업자 순이다. 선호 내용은 자기 동일시 작품, 즉 대리만족, 스트레스 해소가 쉬운 게 좋다. 구체화하면 가족 중심극, 부부갈등과 고부갈등, 주부 자각과 독립을 취한 테마, 여성 멜로극 등이다.

여기서 엿보이는 것은 시청 심리의 이중성이다.

건전한 소재를 내세우면서도 여전히 비윤리적인 것을 즐겨보는 경향이 뚜렷했다. 아침은 사각 시대가 아니라 절호의 시간대다. 오전은 홀로 남은 주부만의 잠재적 관심과 박탈감을 보상할 최상의 시간대다. 따라서 아침 드라마는 주부층 독과점 구매라는 오디언스 타킷이 보장된 만큼 광고주가 선호하는 장르로 떠올랐다. 이런 탄탄한 시장성의 보장은 방송사의 3파전을 '난전'으로 몰아갔다.

아침 드라마를 철저한 멜로 노선으로 잡은 SBS는 시청률 40%대에 육박하는 유례없는 성과를 냈다. 개국 2년 차인 1992년, 고아 출신의 여자(김도연)가 첫사랑(최상훈)과 맺지 못하고 엉뚱한 남자(이형준)와 시어머니(반효정)를 만나 혹독한 삶을 이어가는 〈겨울새〉(허숙 극본, 주일청 연출)는 최고 44%를 찍었고, 이어 40대 이혼녀(김영애)의 꿋꿋한 자립 분투기를 엮은 〈가을 여자〉(1992. 10~93. 4. 박찬홍 극본, 이근용 연출)는 42%까지 올랐다.

1961년 출범한 NHK 아침 연속 〈TV소설〉 벤치마킹

　모델은 일본 NHK의 〈TV소설〉이었다. 개국(1953) 8년째, 1961년 봄 개편을 맞아 NHK 문예부는 세계 어느 나라에도 없는 기상천외의 기획을 내놓았다. 민방도 아닌 국영방송이 아침방송을 연장하여 드라마를 신설하겠다는 것이다. 구체적인 아침 전략도 밝혔다.

－ 일본 여성사를 극화한다. 근대화 과정에 숨은 여성을 발굴한다.

－ 내레이션을 주축으로 하여 '영상소설'로서 '듣는 드라마'를 지향한다.

－ 8시대에 15분간, 주 6회 방송한다. 1년 1 작품 300회로 한다.

－ 형식은 픽션 속의 논픽션, 내용은 논픽션 속의 픽션을 취한다.

－ 주인공의 캐스팅은 신인을 발탁 기용한다.

－ 도시 아닌 로컬 중심에 중점을 둔다.

－ 주 3회만 보아도 흐름이 파악할 수 있게끔 만든다.

－ 주요 시청 층인 주부에게 매일 시청습관을 배양한다.

　1961년 4월, 첫 작품 '딸과 나'를 시작으로 오늘날까지 〈TV소설〉은 명실공히 국민 드라마로서 관록과 전통을 지켜오고 있다.

　1868년 명치(明治) 시대부터 전후까지 약 100년사에 나타난 여성을 다룬다. 전쟁과 방황, 기아와 빈곤, 이별과 사별은 기본 골격이다. 피난, 고아, 가출, 질병, 보릿고개, 미망인, 타향살이 등은 피할 수 없는 운명이다. 여주인공은 진솔함, 활달함, 대담함, 왕성한 실천력으로 운명을 타파하는 백절불굴의 의지를 보인다. 그래서 고난과 역경을 모르고 자란 젊은 세대들에 실증적으로 일본인의 강인함과 위대성을 보여 주는 캠페인 역할도 겸한다.

첫 여류작가, 정원 조예사, 여비행사, 사진사, 첫 국제 결혼 여성, 최초의 낭만 배우, 종군 아나운서… 등을 포함하여 전쟁 뒤안길의 이름 없는 여인상까지를 망라했다. 일본판 '여자의 일생' 소재는 오늘날까지 변함없는 NHK의 노선이자 '아침 시계역'을 겸하고 있다. 여러 나라에 수출되어 시청자를 울렸던 '오싱'(1983년)도 여기서 나온 대표작품이다.

히로인은 공모한다. 선정기준은 밝음, 신선함, 친근감을 바탕으로 수수하고 건강한 얼굴을 고른다. 아침 시간대에 활력과 인간미를 줘야 한다. 쉬이 싫증 나는 얼굴, 너무 예쁘거나 육감적인 캐릭터도 피한다. 아침 분위기에 맞지 않고 주부들의 경원 대상이 된다.

평균 1천여 명이 응모한다. 연극배우와 영화 단역을 중심으로 하여 기본연기와 발성이 튼실한 3년 전후의 연기자가 주 대상이다. 드라마는 주인공을 그해 '미스 NHK'로 만든다.

'동반시청'이란 새로운 시청 패턴도 창출했다. 즉 주부가 식탁 주변의 다른 일을 하면서 동시에 드라마를 시청하는 행태다. 영상의 행색은 늘 질박하고 투박하다. 이런 프레임을 통해 근대사 100년을 구석구석 체험시키며 그 체험을 다시 역사의 시간과 공간에 축약하여 현대 사회의 정신적 에너지로 환원시킨다. 이 환원 지향성에서 그들은 과거, 현재, 미래를 관통하고 세대를 초월하는 유대감을 강화한다. 말하자면 주인공의 일대기는 국민의 일대로서 가치 창출이며 이를 한마디로 표현하면 온고지신(溫故知新)이 되는 것이다. 평균 시청률 25% 대를 유지하고 있다.

KBS의 아침 드라마는 1981년 9월 KBS1의 〈길〉에서 처음으로 '영상소설' 이름을 붙이고 나왔다. 1996년부터는 'TV소설'로 개명했다. 그리고 2018년 8월 말에 폐지된다.

주제와 소재도 차별화했다. 일본강점기, 해방, 6·25, 70년대 유신 시대까지 반세기 동안의 여주인공을 취급했다. 스타 캐스팅을 배격하고 새 얼굴과 꿈나무를 대거 기용했다. 현대극처럼 화려함, 세련됨을 절제한 후줄근한 화면이지만 '착한 드라마'의 모범을 보였다.

〈아름다운 시절〉(2007), 〈큰 언니〉(2008), 〈청춘예찬〉(2009), 〈사랑아 사랑아〉(2012), 〈삼생이〉〈은희〉(2013), 〈순금의 땅〉(2014), 〈일편단심 민들레〉(2014), 〈그래도 푸른날에〉(2015), 〈별이 되어 빛나리〉(2016) 등이 모두 그렇다. 장노년 세대엔 자화상과 추억을 들춰주며 젊은 세대엔 옛날의 발자취와 사진첩을 보여 주는 효과다.

KBS는 NHK처럼 다년간 나름대로 급(級)과 격(格)을 충실히 지켜 왔다. 타 민방과 일별 된 공영방송의 아침 드라마를 특화하겠다는 것이다. 이런 드라마 철학의 일관성 유지는 그나마 다행한 일이었다.

2011년 11월 〈복희 누나〉를 기점으로 TV소설은 20년 넘게 KBS1의 붙박이에서 KBS2로 옮겨 갔다. 광고 수입 때문일 것이다.

지상파 아침 드라마는 7시 50분 MBC, 8시 30분 SBS, 9시 KBS2에 나타났다. 웬일인지 셋은 서로 겹치는 방송 시간대를 피해 사이좋게 자리했다. 모두 주 5회, 회당 40분씩, 총 600분 길이다. 질보다 양이다. 작심하면 오전 두 시간에 본방송 세 편을 고스란히 접할 수 있다.

민방은 철저히 멜로 프레임에서 벗어나지 못하고 있다. 출생의 비밀, 부부갈등부터 사랑 뺏기, 음모 술수, 배신 복수의 이전투구가 반복되고 있다. 죄다 강퍅한 표정들에 괴팍한 대사들만 나부낀다. 하여 '막장' 드라마의 실험장 또는 예비 둥지가 되는 인상마저 준다.

아침 드라마는 다채널 환경의 다변화와 더불어 지상파 채널의 쇠락과 함께 된서리를 맞는다. 발걸음 40년 문턱인 2018년 즈음 폐지의 위기가 닥친다. 저녁 드라마에도 광고 판매율이 30% 이하로 떨어졌다. 아침 드라마는 차츰 맥이 풀렸고 폐지는 불을 보는 듯했다.

2019년 상황을 보면 MBC와 KBS2는 저녁 일일극을 아침에 옮겨 재방송 따로 활용 중이다. 2021년 10월 현황도 KBS1의 저녁극 〈국가대표 와이프〉을 아침에 또 태우고, MBC 역시 저녁극 〈두 번째 남편〉를 아침에 다시 돌리고 있다. 기막힐 노릇이다. 초기 논란이 되풀이될 수밖에 없다.

- 아침 드라마의 가치는 무엇이며 꼭 필요한가?
- 저녁 드라마와는 어떻게 달라야 하며 40년째 이대로 좋은가?

'광고가 붙지 않아서..' 이 변명 외에 이 명제에 방송사는 답변하지 못한 채 엉거주춤 머물러 있다.

9. 남성 시청자를 잡아라

- 정치 드라마, 경제 드라마의 탄생

통상 드라마의 선택권과 채널권은 주부가 쥐고 있었다. 드라마를 파악하고 감별하는 쪽은 여성이다. 대다수의 드라마가 여성 취향으로 기운 이유도 여기에 있다. 남자들은 곁다리다. 남성 시청자를 바짝 끌어당길 드라마는 없을까?

TV 방송 20년을 맞는 1981년, 계기는 찾아왔다. 전두환 정부가 5공화국을 자칭하고 출발했다. 언론 통폐합으로 흑백시대를 마감하고 컬러방송에 의한 공영방송 시대의 출범을 알렸다. 거대 공룡이 된 KBS와 유일한 경쟁사 MBC의 대결은 새 사장으로 임명된 이원홍과 이진희에 의해 치열히 전개되었고 새 정권에 대한 충성심과 자존심 경쟁까지 팽팽했다. KBS는 국풍 81, 100분 쇼, 100분 드라마, 90분 단막극 등 주요 프로그램을 물량주의로 대형화하여 기선을 제압했다.

남성 시청자의 유인 전략
'권력 획득, 부자 되기'의 소재가 해답

MBC는 드라마 생태계를 일변하는 기발한 장르의 개발로 도전장을 냈다. 이름조차 낯선 '정치 드라마' '경제 드라마'가 그것이다. 고석만 PD가 발상한 해답은 '권력과 부(富)'의 코드였다. 이 명료한 코드에 자유로운 남자가 어디 있으랴? 아니 모든 남성들의 로망이 아닌가? 그것을 실체화하는 것이 '정치 드라마(권력 쟁취)'와 '경제 드라마(富의 축재)'였다.

고 PD와 김기팔 작가 두 사람은 여기에 매진했고, MBC는 정치적 혼란기에 최적한 맞춤 기획으로 결단했다. 정치드라마 〈제1공화국〉 (1981. 4), 경제 드라마 〈거부 실록〉 (1982. 3.), 〈야망의 25시〉(1983. 3.)가 각각 연년생으로 탄생한 배경이 여기에 있다.

이는 홈드라마와 멜로 드라마로 기울어진 운동장을 벗어나 족보에도 없는 소재를 꺼낸 '도발적 시도'였다. 이 분야의 공통점은 남성 시청자를 목표하여 픽션을 걷어낸 실명(實名)극과 다큐식 전개로 지난한 현대사를 관통하는 작업이었다. 이는 '남성 시청자 끌어안기' 차원에서 종전과 크게 차별화했고 더불어 모험과 역경을 예시했다.

"정치드라마는 방송시기가 중요하다. 정권교체기가 호기다. 쿠데타로 집권한 전두환 신군부로서는 정통성 확보가 급선무였다. 최초의 정치드라마를 만든다고 했을 때 사람들은 각자 기대하는 바가 있을 것이고 방송은 또 방송으로서 해야 할 역할이 있다. 어쨌든 어렵게 출발한 절호의 기회였다."

"원시림에 첫발을 내디딜 때의 기분이 이런 것일까. 설렘과 불안감이 교차했다. 최초로 정통 정치 드라마를 한다는 것은 축복이자 형벌이었다…."

이렇게 하여 해방부터 자유당 통치 12년까지 약 15년간 일련의 주요 정치시건을 일 회별로 짚어낸 〈제1공화국〉은 50회, 85분 길이로 출발했다. 1981년은 정치 과도기이자 정치 드라마의 원년이 되었다.

제1화 '김구와 이승만'은 처음부터 시선을 끌기 충분했다. 해방공간에서의 백범을 위시한 이승만의 정적들이 당한 암살, 남북협상과 유엔, 정부 수립과 국회 프락치 사건, 여간첩 김수임과 반미특위 사건, 5·30 단독선거, 반공포로 석방, 김일성의 숙청극, 자유당의 압승, 이기붕의 비극, 김두한과 이정재의 대결, 박인수와 임화수의 망동 등이 연대기별로 방송되었다.

캐스팅은 한 사람 한 사람 실제의 싱크로율에 전심했다. 사람 그 자체가 역사이며 사건이었다. 배역마다 관심과 화제를 모았다. 의상, 분장, 발성, 연기, 표정 면에서 숨 쉬는 밀랍처럼 실존 인물과 합일된 분위기를 살려냈다. 최불암은 이승만보다 더 이승만 같았고, 이영후는 김구가 살아온 듯했고, 박규채는 이기붕에 빙의한 것 같았다. 각 캐스팅의 연기마다 찬사가 이어졌다. 고 PD는 전 출연자에 자신의 역에 심층 연구를 과하여 연기 스타일을 창안토록 했고 열띤 토론회를 거쳐 배역의 화신(化身)이 되도록 유도했다.

당대의 정치 거물과 큰 사건들이 TV에서 재현되는 것만으로 시청 욕구가 충만했고 특히 40대 이상의 장·노년층 남성에는 더욱 힘을 발휘했다. 모르던 일들이 공개되고, 말로만 듣던 사건들이 구체적으로 재현될 때마다 위정자들에 철저히 속아 온 세상을 한탄하기도 했다.

'어제 그 드라마 봤어…?'

다음 날 직장인들의 첫 화두는 이랬다. 노출된 현대사에 대한 평가와 구구한 해석의 단초를 제공한 것은 전례 없었던 일이었다. 드라마는 오락 기능을 벗어나 언론으로서 사회 저널리즘의 기능을 새롭게 부각했다. 이는 쿨(cool)미디어로서 TV 드라마 본령을 확인해주는 것이었다.

1982년 2월 제39화를 내고 돌연 중지되었다. 처음부터 죄어온 외부의 '감시와 견제'로 정작 중요한 후반부인 4·19 이후 10여 회는 실종되었다. 3·15 부정선거와 김주열 사건, 4·19 혁명과 자유당 고위직의 단죄, 이승만 하야와 하와이 망명, 장면 내각의 탄생 등 1공화국의 임종 부분을 놓쳐 아쉬움을 더 했다.

투철한 작가 의식, 시대적 소명감, 열정과 전심전력만으로 드라마가 되는 것은 아니었다. 자료 수집, 인물의 교합, 고증의 재현, 연인원의 동원 등 외적인 어려움이 따랐다. 시대 배경이 불과 30년 안팎이라는 점이 내적인 난제로 도사렸다. 관련 증인, 유가족, 후손들이 아직 '눈이 시퍼렇게 살아 있는 지금'에 정치 드라마의 운신은 곳곳에 항의와 걸림돌투성이였다. 게다가 당국은 처음부터 '칼'을 들고 있었다. 12화째인 '여간첩 김수임' 편에 이르러 '간첩을 미화한 용공 죄'로 작가와 연출자는 기관에 끌려가 혹독한 심문을 당하고 PD는 교체되었다.

이 드라마는 향후 '공화국 시리즈'(2~5공화국까지)의 원전(原典)이 된다.

경제 드라마의 열풍, '민나 도로보데스'(모두가 도둑놈…) 대사로 세태 풍자

한편 경제 드라마 〈거부 실록〉(1982. MBC)는 근대사에 나타난 '거부(巨富) 열전'을 매회 한 사람씩 소개했다. 남자 시청지의 시선을 계속 붙들어 매기에 충분했다.

돈을 모아 나라 위해 쓴 선각자 남강 '이승훈', 잽싼 투기 정보로 땅부자가 된 '김갑순', 독립자본 헌납과 최초의 주식회사 설립자인 '안희재', 보부상으로 출세한 북청 번개 '이용익', 조선 말기 국제무역 왕이 된 '최봉준' 등의 생애를 차례로 묘사했다. '공주 갑부 김갑순' 편은 당시 사회현상과 맞아떨어져 관심을 끌었다. 김갑순은 '민나 도로보데스'(모두가 도둑놈이야…)를 입에 달고 다니며 세태를 풍자했는데 이 말에 딱 들어맞는 장영자 사건이 터졌다. 장영자 부부의 7천억 어음 사기죄가 드러나자 정·경계는 쑥밭이 되었다. 이 금액은 당시 정부 예산의 10%에 육박했다. '당신 미인이야요', '나 돈 없시오' 등 김갑순(박규채)의 시니컬한 대사가 전국 유행어로 퍼져나갔다. 5공화국이 국정지표로 내세운 '정의사회 구현'은 통째로 날아가 버렸다.

'기업드라마'로 출발한 〈야망의 25시〉(1983. MBC)는 현대 재벌들의 낮과 밤을 다큐멘터리 형식으로 구성한 것으로, 기업인들의 생리와 독특한 개성, 시대 흐름을 타고 부를 축적하는 이른바 재테크의 오퍼레이터 세계를 파헤쳤다.

주인공은 몇 가지 패턴으로 구분되어 형형색색의 캐릭터를 나타냈다. 내실주의로 꼼꼼히 기반을 닦은 자수성가형, 막일꾼으로 상경하여 좌충우돌로 한몫을 잡은 일확천금형, 권력과 요로의 맥을 짚어 유착거래로 부를 일궈낸 기회주의형, 고리대금 형과 부동산 투기형, 여기에 창립자의 후광을 업고 날뛰는 천방지축의 재벌 2세 등이 어우러졌다. 일약 거금이 튀는 상황과 하루아침에 도산하는 상황도 대비되었다.

그들의 치부과정에서 편법, 불법이 목격되고 이는 작금의 삼성, 현대, 대우, 명성, 동아 그룹 등을 연상시키기에 충분했다. 드라마는 22회를 낸 6월에 도중 폐막했다. 최초의 기업드라마가 절찬리 방송 중에 갑자기 요절한 것은 '재벌 미화'가 아닌 '재벌 압력' 때문이었다.

"MBC 경제드라마는 여성 취향적으로 만들지 않아도 시청자를 사로잡을 수 있다는 것을 보여준 작품이다. 안방극장의 주관객인 여성들이 좋아하는 사랑 얘기도 없고 인기 여배우가 나오는 것도 아니지만 매회 드라마 텐션이 강해 극적 재미를 주고 있다. 그렇다고 경제드라마의 목적성이 표출되지도 않아 색다른 맛을 내고 있다."

당시 동아일보의 주간 방송평이었다.

고석만의 정치 드라마 시리즈
– 2공화국, 3공화국, 코리아게이트, 삼김시대.

'1공화국'으로부터 '2공화국'으로 건너오기까지는 7년 세월을 필요로 했다.

〈제2공화국〉(1989. 7.~90. 4. MBC, 40부, 이상현 극본, 고석만 연출)은 82년 2월에 요절한 〈제1공화국〉의 뒤를 이어 7년 만에 후속되었다. '보통사람들 시대'를 내세운 노태우 정부의 초반기였다. 첫 작품에서 못다 한 4·19혁명 전후의 정치 변곡을 위시하여, 61년 5·16쿠데타에서 3공화국 탄생까지를 다뤘다. 연극배우 이진수가 보인 박정희 역의 선글라스 연기는 일품이었고 육 여사는 오랜만에 영화배우 고은아가 맡았다. 김종필 역의 이정길, 윤보선 역의 이순재, 장면 역 김무생의 중후함이 돋보였다.

김영삼 정부의 출범과 함께 시작한 〈제3공화국〉(1993. MBC, 26부, 이영신 극본, 고석만 연출)은 인간 박정희에 포커스를 두었다. 10대 홍경인, 20대 이창환, 30대 이후 이진수가 차례로 배역되고, 유년부터의 친형 박상희를 비롯한 가족사를 상세히 다뤘다. 이후락(오지명), 장도영(노주현) 외에 '제2공화국'의 주요 배역을 승계하여 일관성을 유지했다. 군정 연장 이후 약 10년간 정치사건을 중심, 통화개혁, 6·3사태, 월남 파병, 남북대화, 증권파동, 김형욱과 이후락의 암투, 3김과 40대 기수론, 3선 개헌, 유신 전야까지 1960년대의 행적을 묘사했다. 이렇게 3공화국까지 고석만이 첨병 역을 자처한 정치 드라마는 '족보 있는 장르'로서 물살을 타기 시작했다.

〈땅〉(1991. MBC, 김기팔 극본, 고석만 연출)은 정치, 경제, 사회의 네거티브 소재를 한데 버무린 복합 드라마였다.

출신 성분과 인생관을 전혀 달리한 세 사람을 주축으로 5·6공 사이의 적폐를 고발하고 '누린 자'들의 전횡과 밤의 행태를 적시했다. 이미 투기 대상으로 변해버린 땅, 돈의 편중성과 부익부 현상, 서민들의 허탈감 등 양극화를 대비했다. 15회 만에 중단되었다. 안팎으로 생난리가 났다. 중단 자체가 '큰 사건'이었다. 연기자와 노조는 항의했고 일간지들은 연일 머리기사와 사설에 실어 부당함을 지적했다.

〈야망의 25시〉가 불편한 드라마로 찍혀 전두환 대통령의 지시로 사라졌다면 〈땅〉은 괘씸한 드라마로 노태우 대통령에 의해 중단되었다. 이유는 모두 '계층 간 위화감 조성', '사실 과장 왜곡', '국민단합에 해악'이었다.

정치, 경제에 대한 테마 드라마는 최고의 권부와 재개의 수장들의 행적을 취급하면서 다수의 대통령과 재벌 총수를 주역으로 끌어들였다. 모두 실명(實名)극으로 연타석 홈런이 되었지만, 그것은 꽃길이 아닌 가시밭에서 피어난 귀중한 시대 산물이었다. 투 톱 드라마는 기존의 대체재나 보완재가 아닌 전혀 다른 플랫폼에서 돌출한 생산재로서 외연과 부가가치를 크게 확대했다. 여성에서 남성 시청자가 선호하는 변화(change of audience gender)에 머물지 않고 드라마의 이슈, 구도, 판세를 일거에 바꿨다. TV 역사 20년 만에 닥친 제3의 물결이었다.

고석만 PD는 MBC를 떠나 프리랜서로 전향 후, 정치 드라마의 시각을 종전 X축(사건 중심)에서 Y축(인물 중심)으로 돌려 좌우 관계로 풀어 매겼다. 첫 작품 〈코리아 게이트〉(1995. 10. SBS 20부, 이영신 극본)의 주인 공은 대미 로비스트 박동선이었다. 배역엔 유인촌을 발탁하고 박정희 역에 독고영재를 꼽았다. 공교롭게 친정 MBC의 〈제4공화국〉과 동일 시간대로 맞물려 양사는 과잉 홍보전에 서로의 살을 깎아 먹었다.

〈삼김시대〉(1998. 2. SBS, 24부, 이영신 극본)는 만년 정치 풍운아 세 김씨 에 눈을 돌려 그들의 역정을 묘사했다. 김대중은 유인촌, 김영삼은 길 용우, 김종필은 정동환, 그리고 박정희는 이창환을 배정했다. 이번에 는 KBS 대하극 〈용의 눈물〉의 위세와 맞물렸다.

족보 이은 정치 드라마, KBS 대하극에 편입, SBS는 현대 '정치 깡패' 다뤄

YS의 문민정부에서 나타난 〈제4공화국〉(1995. 10~96. 1. MBC, 30부 김 광희 외 3인 극본, 최종수, 장수봉 연출)은 1972년 10월 유신부터 긴급조치 9 호, 부마항쟁, 대통령 시해 사건, 제5공화국 탄생까지를 담았다. 박정 희 역에 이창환이 분했고 육 여사에 전인화, 차지철은 이대근, 전두환 엔 박용식, DJ는 최민식, YS는 임동진이 맡았다.

그로부터 10년 후 노무현의 참여정부 시절에 등장한 〈제5공화국 〉(2005. MBC, 41부 유정수 극본, 임태우 연출)은 1979년 10·26사건에서 80년 5월 광주민주화항쟁, 5공 내부갈등과 비리, 장영자 사건, 6·29선언과 6공화국 탄생까지를 묘사했다. 전두환 역의 이덕화와 노태우 역의 서 인석 연기대결이 볼만했다.

4공화국, 5공화국 드라마는 문민정부, 참여정부의 '좋은 시절'에 오히려 흡인력을 상실했다. 정치 환경과 정치 드라마의 함수를 읽게 해 주는 대목이다.

KBS도 광복 40주년 맞아 정치 소재를 취급했다.

〈새벽〉(1985. 김하림 극본, 이해욱 연출)은 해방 직후 건국 전야를 재조명했다. 김구, 여운형, 박헌영, 장택상을 중심으로 한 민족주의, 건국준비위원회파, 공산주의, 토착 지주, 해외 임정파 등 각 세력의 난립과 대결을 통해 얼룩진 건국사를 묘사했다. 격동의 3공화국까지 2년 80회 대하극으로 기획되었으나 인물행적의 해석과 고증 시비, 후손들의 항의로 작가와 연출자가 바뀌는 등 40회를 넘기고 도중 반 토막으로 폐지되었다.

〈무풍지대〉(1989. KBS, 이환경 극본, 이영국 연출)는 노태우 정권의 출범과 함께 민주화의 물결을 타고 미답의 정치 야사를 착목했다. 자유당 시대에 정계 막후를 장악한 주역 중 유지광을 먼저 꼽았다. 이에 쌍벽을 이룬 이정재, 시라소니, 이화룡, 임화수, 이석재 등 메이저급 주먹들을 동원했다. 'TV는 폭력 상자인가'를 떠올릴 만큼 잔혹한 패거리 싸움과 린치가 난무하고 폭력자는 협객으로 미화되어 결국 시청자 사과 명령을 받았다.

〈욕망의 문〉(1988. KBS, 김기팔 극본, 최상식 연출)은 해방에서 80년대까지 한 재벌총수(정주영 상징)의 파란 많은 성장기를 담았는데 경제 아이템을 혼합하여 시선을 끄는 만큼의 시련을 동반했다. 박정희~전두환으로 이어진 5공화국 전야의 불행한 사건들이 뉴스 필름과 함께 소개되어 첨예한 부분은 잘려나가고 중간에 불방되는 등 역경을 겪었다.

〈여명의 그 날〉(1990. KBS, 김교식 극본, 이녹영 연출)은 광복 직후 주요 정객들의 활약상을 통해 한국의 여명기를 묘사하려고 했다. 그러나 박정희의 만주군 시절의 행적 오류와 김일성의 항일 투쟁의 지나친 미화를 둘러싸고 전문가, 역사가, 관계자들의 청문회까지 벌이는 등 논쟁을 끌었으나 13회 만에 도중 폐지를 피하지 못했다.

한편 SBS는 민방답게 정공법을 피하고 야사를 취했다.

〈야인시대〉(2002. 7~03. 9. 이환경 극본, 장형일 연출)은 1920년대에서 1972년까지 영일 없는 혼란기를 헤쳐 간 종로 주먹 김두한 일대기를 담았다. 1, 2부로 나뉜 방송 1년 3개월간, 부천시 상동 야외 세트장은 관광지로 떠올랐다. 김두환 역은 소년기, 청년기, 장년기로 안재모, 김영철 등 세 배우가 맡았다. 흉기 없이 주먹과 발길로 일합을 겨루는 낭만 대결, 현란한 액션에 따르는 파열음, 패자의 깨끗한 승복과 승자의 아량, 이를 견인하는 투합, 의리, 충성 코드는 남성 시청자를 너끈히 사로잡았다.

드라마는 90년대에 동일 소재로 대박을 터트린 영화 '장군의 아들' 시리즈의 인기를 TV 버전으로 옮긴 듯했다. 일본강점기의 항일 주먹 또는 민족 영웅으로 격찬 된 김두한의 행적은 현대에 들어 강육강식과 군웅할거에 의한 패거리 싸움의 생리를 드러내어 폭력극의 범주를 벗어나지 못한 것으로 비판했다. 그러나 실존 인물의 강한 행동력, 해방 전후 혼란 배경, 유명인들의 다수 출연에 힘입어 최고 시청률 51%(평균 30%대)를 획득했다.

기업드라마의 계보로서 〈영웅시대〉(2004. 7~2005. 3. MBC, 70부, 이환경 극본, 소원영 김진민 연출)는 '한강의 기적'을 이룬 수많은 경제 영웅 중, 삼성 이병철, 현대 정주영, 이명박에 방점을 찍었다. 10년 전 도중 폐지된 〈야망의 25시〉가 부활한 듯한 느낌이었다. 1·2부로 나뉜 드라마는 주요 출연자 대부분이 청년기, 장년기를 연기한 이중 캐스팅으로 정주영은 차인표와 최불암, 이병철은 전광렬과 정욱이 하는 식이었다. 노무현 정부는 재벌들의 미화가 마뜩잖았고, 차기 주자인 이명박(유동근)을 띄우는 것도 불편했다. 100부 기획은 가성비 악화로 70부로 오그라들었다. 조선소를 지어보라는 박정희(독고영재) 요청에 "네? 조선소요?"를 되뇌는 최불암이 클로즈업되면서 드라마는 댕강 끝나버렸다.

정·경 드라마는 실존 인물의 민낯이 노출되는 고(高)관여 콘텐츠로서 작가와 연출자의 가열 찬 역사의식과 투지 없이는 불가능하다. 첫 고비인 사내 결재를 넘으면 관계기관의 부릅뜬 눈이 기다린다. 여기저기 진영논리가 작용하면서 일거에 비난과 지탄이 쏟아진다. 인물 관련자와 유족들의 고발 펀치가 매섭다. 특히 다수의 대통령 임기 후가 불행하거나 비참했던 작금의 현실은 더욱 예민한 반응을 부추긴다. 처음부터 '외압, 항의, 고발'을 동반하면서 제명을 못 채우고 요절하거나 도중 폐지당했다.

그러나 광복에서 오늘에 이르는 70년간은 너무 풍성한 정치경제 소재의 보고다.

'그랬었구나…!' '나만 모르고 있었네….'

우리는 일련의 정경 드라마를 통해 내가 살아온 길이 어떠했는지,

앞으로는 어떻게 살아야 하는지를 반추하고 각성한다. 그것은 매번 과거에서 현재진행형으로 환원하면서 시청자를 방관자가 아닌 참여자로 환치한다. 그래서 특히 남성 시청자의 관심과 주목을 배가했다.

10. 추억과 가난을 팔아라

- 복고풍, 드라마 올더스

가난을 들춰라. 현실이 고달프고 어려울수록…

과거를 물어라. 오늘이 안 풀리고 팍팍할수록…

전쟁과 가난과 고생은 모두 바늘과 실 관계다. 가난은 재난이며 불행이며 업보다. 죄악은 아니지만, 미덕도 아니다. 빈자에겐 권리나 선택 대신 오직 의무와 굴종만이 있을 뿐이다. 가난은 나라 님도 못 막는다. 완료형이나 추억형이 아니며 잠재적 진행형으로 언제라도 나타날 수 있는 유령과 같은 것이다.

드라마에서 전쟁 배경과 가난 소재의 출현은 끊임없었다. 그 자체가 극적이며 벼랑 끝 인간형을 보고 있기 때문이다.

전쟁은 사느냐 죽느냐를 절박하게 묻고 있고, 가난은 굶느냐 먹느냐를 채근하고 있다.

MBC 일일극 〈간난이〉(1983. 8~84. 4. 이재우 극본, 고석만 연출)

1953년 휴전 직후, 충청도 시골에 전쟁고아가 된 11살 간난이(김수양)와 8살 동생 영구(김수용) 그리고 할머니(정혜선)로 다가간다. 어머니는 남편의 전사 통보를 받고 실성하여 가출한 지 오래다. 세 사람의 찌든 가난 속 각박한 생존을 담은 이 드라마는 때마침 박정희의 음덕으로 경제적 여유를 누리고 있던 전 국민에게 경고장을 보낸 듯했다.

빡빡머리, 배내옷, 깡통 치마, 몽땅 연필, 과일 서리, 가마니 이불, 원두막 잠… 그래도 '배고픔'은 가시지 않는 그 시절에 가난은 죄였다. 간난이는 '갓난아이'가 아니라 힘들고 고생스럽다는 뜻의 간난(艱難)에 처한 사람을 연상시킨다. 그것은 당시 '굶주린 백성, 배고픈 한국'을 상징하기도 했다. 하루 세끼가 원망스러운 절대빈곤은 삶 자체를 위협한다. 할머니마저 뜨자 간난이는 장티푸스로 죽을 고비를 넘긴 뒤 결국 부잣집 식모로 들어가고, 영구는 미국 입양으로 헤어진다. 이는 곧 이산의 아픔과 분단의 비극을 압축한 것이었다. 간난이 눈을 통해 본 불행한 가족사는 두 아역의 앙증맞은 연기에 힘입어 계속 눈물샘을 자극했다.

방송 사흘째인 1983년 9월 1일, 소련 공군의 대한항공기(KAL 007편) 격추사건으로 269명 탑승객 전원이 사망했다. 매일 밤 9시의 충격적 참사 보도에 집중했던 시청자들은 바로 다음 프로인 〈간난이〉의 따뜻한 전개에 상대적 위안을 받으며 몰입하는 '역설적 후광효과'가 나타났다. 각 신문의 호평과 찬사가 계속되고 자체 시청률 조사에서 65%를 넘었다. 일본 NHK에서 취재팀이 건너오고 경기도 북부 송추지역과 일영에 세워진 촬영장은 관광버스의 단골코스가 되었다.

가난했던 과거는 망각이 아니고 상기하기 위해 있다. 가난의 추억은 아프고 싸늘한 현실에 대한 진통제며 치료제다. 어차피 나 자신은 과거의 결과요 우리 삶도 과거의 총화다. 과거의 아이콘은 〈전쟁, 가난, 질병〉에 다름 아니다. 그것은 〈피, 땀, 눈물〉과 동의어다. 전쟁은 참혹하게 엮고 가난은 처절하게, 고생은 거룩하게 떠올려야 한다. 〈간난이〉는 이 세 요체를 잘 버무려 생화석처럼 되살아났다.

〈육남매〉(1998. 2~1999. 12. MBC. 최성실 극본, 이관희 연출)

1960년대, 서울 문래동과 구로동 공장지대를 무대로 홀어머니와 6남매의 고난 극복기를 그렸다. 동란에 홀로된 어머니의 고생을 반영한 전형적인 전후 모델이다. 어린 남매들의 성장통은 시대적 비운을 고하는 감성대를 크게 울렸다. 속칭 'IMF 드라마'로서 외환위기에 따른 경제적, 심리적 환난에 대한 드라마 치유였다. 16부 단기 시리즈로 기획되었으나 세 차례나 연장방송을 하면서 만 2년간 100부까지 방송했다.

'이렇게 어려운 때도 있었으니 지금 고생은 고생도 아니다 이 역경과 시련을 딛고 희망과 용기를 가져라….'

지난날을 거울삼아 고통 분담과 위기를 극복하는 백신 역할을 자처한 것이다. 과거와 추억의 마케팅이 먹혔다. 시청률 30%대를 유지하면서 방송 중에도 시청자 소재까지 공모하여 참여와 공감 폭을 넓혔다.

'그때를 아십니까'의 드라마 버전이자 국민 캠페인 드라마가 되었고 '금 모으기 운동' 등 김대중 정부의 노력이 결실되면서 빠른 경제 회복의 흐름에 따라 목적극(目的劇)의 영향력도 서서히 감소하는 변화를 보였다.

'똑(떡) 사세요~!'

당시 명지대 사회대학원 영화과 교수인 장미희(41세)는 8년 만에 복귀하여 홀몸 떡 장사로 3남 3녀를 키운 억척스러운 어머니 모습을 보였다.

이 작품은 대만과 중국에 수출했다. 중국 동영상 사이트는 25억 뷰를 기록했다. 국경과 시대를 초월하여 가난과 역경 극복에 대한 유사한 감정이 공통적으로 작용한 결과다. 2007년에 이어 2019년에도 전문채널에서 다시 나타나는 저력을 보였다.

가난은 대물림이라던가? '간난이'의 후예들도 대를 이어 간다. '옥이', '은실이', '몽실이', '덕이' 그리고 2013 '맏이'까지 계보를 잇고 있다. 아역들의 힘에 견인된 초근목피(草根木皮)의 드라마는 '착한 소재'로 칭송과 높은 호응을 받았다. 아버지는 죽거나 가출하고 어머니는 자녀를 위해 궂은 운명을 감수한다. 딸애는 대처의 식모로 팔리고 아들은 부잣집 양자로 들어가면서 가족이 해체되는 것이 또한 공통점이다.

'고난'의 미학, '가난'의 마케팅으로 돌출한 드라마들

MBC의 주말극 〈몽실언니〉(1990. 임충 극본. 김한영 연출)는 일제에서 동란까지 가난과 맞선 여덟 살 몽실(아역 임은지) 가족의 유전기(流轉記)다.

막내는 영양결핍으로 죽고 아버지(한진희)는 돈벌이로 가출하고, 3남매를 건사하기 위해 어머니(이경진)는 부잣집 씨받이로 재취한다. 아들을 낳아주자 새아버지(박인환)의 노골적인 학대가 시작되고, 두 남동생은 굶지 않으려고 양자로 입적한다. 아버지가 데려온 새엄마(이혜숙)는 배다른 동생을 낳지만, 젖동냥은 몽실의 몫이다. 와중에 친부모가 차례로 세상을 뜨자 몽실은 양공주를 거부하고 읍내 집 식모로 팔려간다. '날 저무는 하늘에 별이 삼 형제⋯' 구슬픈 동요가 깔린다.

KBS의 월화극 〈형〉(1991. 11~92. 12. 김운경 극본. 황은진 연출)은 6·25로 부모를 잃고 가난과 역경을 헤친 세 남매의 30년 세월과, 맏형(주현)의 눈물겨운 분투기를 다뤘다. 〈육남매〉와 비슷한 '배고픈 시절'이 배경이었다. 꿀꿀이 죽, 동동 구리무, 풀빵, 삼베옷, 떼거지들의 빈 뱃속 타령이 어우러져 13개월 118회나 끌었다.

SBS의 주말극 〈옥이 이모〉(1995. 김운경 극본. 성준기 연출)는 1960년대를 배경으로 다수 서민들의 면면을 통해 가난을 이겨내는 삶을 해학과 정감으로 풀어냈다. 단순 '회고 취향'을 넘어 우리가 지금 잃어버린 여유와 웃음에 대한 추억을 환기했다. 옥이 이모(옥소리)는 예전의 우리 이모 겸 엄마였다.

SBS의 월화극 〈은실이〉(1998. 11~1999. 7. 이금림 극본. 성준기 연출)는 〈육남매〉와 함께 IMF의 어려움을 달래준 드라마였다. 은실(전혜진)은 갑부

장낙도(이경영)가 식모(김원희)를 겁탈하여 태어났다. 시골 읍에서 본처(원미경)와 이복 언니(강혜정)의 구박 속에 애처로운 나날을 거듭하고 이들을 둘러싼 여러 인간이 삼류 인생극을 펼친다. 빨간 양말에 옹골찬 전라도 사투리를 구사한 양정팔(성동일)이 스타로 떠올랐다.

jtbc의 주말극 〈맏이〉(2013~2014. 3. 김정수 극본, 이관희 연출)는 1960년대 부모를 여읜 5남매의 맏이(윤정희)가 동생들을 성공시키는 헌신적인 얘기를 담았다. 종합편성 채널임에도 시청률 4.6%를 기록했다.

일본 드라마도 역시 그 배경엔 전쟁과 궁핍 그리고 탈향과 가족 이별의 비애를 담고 있다. 1983년 일본은 한마디로 '오싱의 해'였다. 1900년대 초반부터 약 70년의 격동의 세월을 빈농 출신 '오싱'의 일생에 반영한 작품이다. NHK 개국 30주년 기념작 '오싱'은 1년간 아침 국민 드라마로 부상했다.

'일본은 이 눈물로 강해졌다. 삶의 힘을 준 감동의 얘기'라는 슬로건 하에 기구한 일본판 여자의 일생을 묘사했다. 오늘날 일본의 풍요와 번영은 바로 '오싱' 같은 여자의 힘과 어머니의 희생 덕분이다. 이는 과거를 망각하고 분수를 모르는 세대들에 각성을 촉구하는 메시지였다. '오싱'은 세계 30여 국에 수출되었고 영화로 리메이크되었다.

'가난'의 이데올로기
-세대별로 다른 개념, 소통과 공감이 최고 가치

　세대별로 가난의 개념은 다르다.

　윗세대의 가난은 절대빈곤으로 '굶느냐 죽느냐?'의 절박한 상황이지만 현세대는 '잘 먹냐 못 먹냐'의 차이로서 상대적 빈곤이다. 전쟁시대에 청춘은 아예 유린당하고 박탈되었다. 반면 현 경쟁 시대에 청춘은 절망하고 방황하고 있다.

　'과거'의 마케팅은 아버지 세대의 '향수'가 되고, 아들딸 세대의 '냉소'도 될 수 있다. 3포(연애, 결혼, 출산 포기)세대가 가족을 위해 평생을 바친 아버지 세대를 온전히 이해하긴 어려울 것이다. 다른 맘고생에 시달려 온 탓이다.

　복고풍 드라마는 '감성팔이'와 '과거 정서'에 호소하여 세대 간의 소통을 촉구한다. 가난의 이데올로기는 양 세대 모두에 녹록지 않은 현실을 상기하는 동전의 양면 같은 것이다.

　그러나 과거에 의하지 않고 어찌 장래를 판단하랴. 미래에 대한 최상의 예견은 과거를 돌아보는 데에 있다. 과거를 생각해 낼 수 없는 자는 과거를 되풀이하게끔 운명 지워져 있다. 가난은 위대한 교사다. 가난을 겪고 나야 사람은 겸손하고 현명해진다. 이른바 '빈곤 교육' 효과다.

　'여보, 이만하면 잘 키웠지요, 그런데 저 정말 힘들었어요….'

　〈육남매〉의 장미희가 막판에서 이렇게 말한다. 과거를 끌어와 우리의 현재와 미래를 위로하는 것이다.

'가난한 한국'을 경험하지 못한 젊은 세대에 드라마는 분단과 전쟁, 궁핍과 굴곡의 현대사를 온몸으로 체험케 한다. 복합적 과거의 결과로서 현재가 있다는 집단적 기억을 제시하고 또 합의하는 순간이다.

'가난하다고 해서 그리움을 버렸겠는가?'

신경림 시인은 '가난한 사랑의 노래'에서 그렇게 위무하고 있다.

'가난의 세월'이 세대별 소통과 공감의 매개가 되어 전 세대에 희망과 상생의 코드로 거듭나길 기대한다.

11. 단회로 승부하라

- 단막극 4반세기(1981~2008)의 빛과 그림자

단(單)막극은 단(短)명극, 단(斷)종극인가?

2021년으로 정규 단막극 없는 드라마 방송 13년째를 맞는다.

단막극은 여전히 애물단지다. 그 빈자리를 아쉬워하거나 타박하는 소리도 들리지 않는다. 시청자가 외면하고 광고주가 회피하며, 배우가 사양하고, 방송사가 꺼려하기 때문이다. 우군을 몽땅 잃었다. 하여 단막극은 설상가상(雪上加霜)에 사면초가(四面楚歌)다.

선호하는 사람은 신임 작가나 새내기 PD 그리고 신인 연기자쯤이다. 세에서 밀려나 버린 마이너리티 게임을 누가 봐 줄 것인가.

그래서 대한민국 TV 드라마는 모두 연속극뿐이다. 〈전원일기〉나 〈수사반장〉 같은 비연속극인 시추에이션 드라마도 없어진 지 20년이 넘었다. 딱 하나 남아있던 〈산 너머 남촌에는〉도 2014년 12월에 끝났다.

낮은 〈시청률, 판매율, 수익률〉로
'고비용 – 저효율'의 애물 단지

단막극의 수난사는 KBS의 전신인 대한 방송(HLKZ-TV) 시절까지 거슬러 올라간다. 첫 부고는 1958년, 최초의 단막극 〈화요 극장〉이 5회를 버티지 못하고 폐지됐다. '광고 판매 저조'라는 이유였다. 기묘한 내림 운명의 첫 시작이었다.

작품은 오 헨리의 '마지막 잎새'나 '크리스마스 선물' 같은 번안극으로 출발했다. 멤버들은 최악의 상황을 저지하기 위해 고심했다. 이기하, 황은진, 최덕수, 유인목, 홍의연 등을 중심으로 대본 직접 쓰기, 무대 손수 만들기, 소품 빌려오기 그리고 출연료 절감을 위한 학생 연극회를 적극적으로 유치했다. 극회원은 이순재, 이낙훈, 여운계, 김성옥 등 서울대와 고려대 중심 10여 명, 그리고 고교생은 김기창, 피세영, 김영옥 등 10명 선이었다. 출연료는 지금 돈 10~20만 원쯤이다.

오늘날 애초 이런 단막 이념이 전승되었다면 '폐지 투정' 아닌 '유지 투혼'으로 그 빈자리는 훨씬 줄었을 것이다. 이후 단막극의 운명은 채널을 막론하고 똑같은 이유로 〈폐지-신설〉〈사망-부활〉〈삭제-재개〉를 거듭하는 궤적을 보여 왔다.

지상파 3사에서 반복된 이러한 예는 아홉 차례가 넘는다. '출몰과 부침'이 반복된다면 설령 재개되더라도 또다시 죽게 될 단종극(斷種劇)의 운명이다.

누가 왜 단막극을 '이단자'로 내치는가? 그 낙인의 원인을 오로지 '악성 수지'에서만 찾을 것인가? 오늘날 다매체 다채널 사회에 지상파 드라마의 생산구조는 '연속극 패권주의'로 종속되고 있다. 드라마의 법통이자 적자(嫡子)인 단막극이 적자(赤字) 투성의 멍에를 쓰고 대열에서 완전히 낙오됐다.

2000년대 후반에 들어 단막극 행로에 어두운 그림자가 비치기 시작했다. 2007년 3월, 〈MBC 베스트극장〉이 '사망 신고'를 알렸다. 바로 1년 뒤 '마지막 생존자'인 KBS의 〈드라마시티〉도 동반 사망했다. 2008년 3월 말이었다. '단막극 멸종'을 강제한 일방 통고였다. 그 자리엔 신위 전도 없고 상주도 없었다. 몇몇 드라마 PD와 작가들의 곡(哭)소리만 들렸을 뿐이다.

'KBS가 황금 논리의 올가미로 단 하나 남은 단막극의 목을 이렇게 졸라 죽이는 것이 과연 옳은 일인가. 단막극을 죽이면서 연속극으로 수익을 올리겠다는 생각은 씨앗은 뿌리지 않고 수확만을 거두겠다는 투기적 논리에 불과하다. 드라마 문화를 꽃피우려면 투기 아닌 투자가 필요하고 투자의 기본은 단막극 육성이다. 공영방송 KBS가 지켜야 할 공영 가치에는 돈은 되지 않으나 향후 방송발전을 위해 꼭 있어야 할 프로그램의 토양을 지키는 일이 포함되어 있다. 바로 단막극이 그러한 표본이다. 이를 죽이는 것은 KBS가 자랑스레 내세우고 있는 KBS적 가치를 스스로 죽이는 일일 뿐이다. 우리 드라마 작가 57인은 그 어떤 명분도 단막극의 멸종을 정당화할 수 없음을 선언한다. KBS여! 〈드라마시티〉를 살려내라!'

방송작가 협회의 이런 절규도 찻잔 속의 태풍에 그쳤다.

사인은 간단명료했다. 모두 3低(시청률, 판매율, 수익률)에 따른 '고비용–

저효율' 때문이다. 특히 〈드라마시티〉 폐지는 '30년 단막극 시대'에 종지부를 찍는 최후의 통첩으로 파장이 컸다. KBS2의 〈드라마게임〉은 1984년 금요일, 뉴 홈드라마를 자처한 110분 대형극으로 출발했다. '새 가정극, 새 여성 문제극'을 내걸고 말미에 전문가 토론을 추가하는 형식을 취했다. 8년 후, 1992년 4월, 일요일 밤 70분으로 축소 편성되고 1997년 〈드라마시티〉로 제목을 변경, 심야 시간대(11:30)로 이동했다.

한편 SBS는 단막 형식과 여성 테마를 조합한 오픈 드라마 〈남과 여〉를 선보였다. 2001년 1월에서 2004년 2월 말까지 3년 2개월간 144편을 방송했다. KBS, MBC와 달리 이별과 상처 등을 주제로 강한 여성 멜로에 치중했다.

단막극의 존폐사정은 방송사별로 다른 양상을 보였다. MBC가 자발적인 '명예퇴직', SBS는 '자진반납'에 비유된다면, 순수 단막극의 초석을 놓은 KBS는 '구조조정'에 의한 '강제퇴출'에 해당했다.

1970년대까지 단막극은 연속극의 대칭개념이 아니었다. 단막극에서 각종 드라마가 분가했고 동거했다. 바꿔 말하면 드라마와 단막극은 한 몸체로 존속했다. 본격 단막극으로서 격식과 수준을 갖춘 때는 1980년 〈TV문학관〉부터다. 이는 '단막극 30년' 역사의 시발점과 더불어 단막극의 화려한 르네상스기가 열리는 순간이었다.

1980년 언론 통폐합 후, 컬러TV, 공영방송 체제와 함께 시작하여 다채널사회 정착 전인 2000년 초까지 20년여간이 단막극 황금기다. 지상파 독과점 시대에 3채널은 '드라마의 꽃'처럼 단막극을 하나씩 피워냈다. 연대기적 발자취에서 보는 단막극은 KBS의 〈TV문학관〉, 〈드라마게임〉, MBC의 〈베스트셀러극장〉이 3두마차격으로 견인했다. 순수문예극, 원작극, 대중 소설극, 여성극, 번안극, 공모극 등 여러 형태의 형식과 테마를 수용했다.

〈TV문학관〉, 〈MBC베스트셀러극장〉, 〈드라마게임〉의 3두 마차

KBS1의 〈TV문학관〉은 '문학과 영상의 만남, 향기 높은 우리 소설 영상화'라는 슬로건을 내걸었다. 5공화국의 '공영방송 체제'와 TV컬러화(81년)와 함께 프로그램 대형화 추세 물결을 탄 시대적인 총아로 부상했다. 90분 본격 단막극으로서 1987년까지 7년간 277편 방송했다. 연평균 42편 제작이었다.

1980년 12월 8일 토요일, 1화는 김동리 원작의 '을화'였다. 통속적 내용과 졸속제작을 배제한 〈TV문학관〉은 완성도에 충실하여 흑백 TV 20년간 연속극 일변도에 식상한 시청자들에게 신선한 대안으로 어필했다.

절찬리 방송 속에 1982년 7월, 유흥종 원작의 '불새'로 50회를 맞았다. 전 50편 중 원작소설의 각색은 43편, 오리지널 극본은 7편이다. 원작자는 모두 34명으로 '소나기', '일월', '독짓는 늙은이', '카인의 후예'의 황순원이 4편으로 가장 많았다 김동리(을화, 역마, 등신불) 3편, 이청준(잔인한 도시), 윤흥길(아홉 켤레 구두, 장마), 이문열(사람의 아들, 사라진 것을 위하여)이 각각 2편이었다. 무명(이광수), 산골나그네(김유정), 메밀꽃 필 무렵(이효석), 안개꽃(김용성), 부초(한수산), 숲에는 그대 향기(강신재), 삼포 가는 길(황석영), 무진기행(김승옥), 산불(차범석), 겨울 나들이(박완서) 등 향토색 짙은 문예 작품들이 주로 나왔다. 범죄, 전쟁, 심리, 애정 등 다양한 소재와 형식도 취급했다.

연출자는 장형일, 김홍종, 이유황, 김충길, 장기오 등 일곱 명을 고정했다.

〈TV문학관〉은 적지 않은 수작(秀作)을 내어 한국 드라마의 수준을 한 차원 높였다는 평가다. 컬러영상의 표현과 필름제작의 전환 등 새로운 기법에 따른 연출과 연기 측면에서도 한 단계 발전했다.

1983년, 100회를 맞았다. 기념작은 이청준 원작의 '소리의 빛'(김홍종 연출)이었다. '한의 구원', '증오와 복수', '갈등과 화해'라는 추상적 인간의 심층 심리를 말보다 영상으로 표현했다. 100회는 자축 분위기를 넘어서 문제점도 불거졌다. 소재의 한계와 매너리즘에 부딪혔다. 고도의 예술성과 품격의 유지의 어려움, 문학성 및 향토성 소재의 고갈, 선도(鮮度) 및 희소가치 감소가 그것이다.

〈MBC베스트셀러극장〉256화로 종료, 2년 후 〈MBC 베스트극장〉으로 부활

이에 질세라 〈MBC베스트셀러극장〉은 2년 후인 1983년 11월 6일 일요일, 10시 90분 편성으로 주말 저녁의 투 톱을 자처했다. '대중성,

오락성, 다양성'의 3위 일체를 갖춘 현대 베스트셀러 소설을 극화하여 문학성을 내세운 〈TV문학관〉과 차별화했다. 첫 탄은 김성종 원작, 정문수 연출의 '백색 인간'이었다. 이후 1989년 6월 25일 최종회까지 5년 7개월간 256편을 냈다. 연간 평균 47편이었다. 시청률은 20%대였다.

갖가지 풍성한 화제와 야외 제작 등 광폭 행보로 시청자들의 사랑을 받았다. 당시 모험이었던 올 로케이션을 시도했고 소설, 시나리오, 희곡, 심지어 만화와 외국작품까지도 섭렵했다. 소재 고갈과 원작 부재에 다다르자, 콩트, 시, 수기까지도 포용하는 등 영역확대와 소재개발에 노력했다. 반면 오락성과 흥미성을 앞세운 통속적 기획으로 자주 비판에 오르기도 했고 관계부처로부터 경고나 주의를 훈장처럼 받기도 했다.

선도적 역할로서 외주 제작사와 외부 연출자에 문호를 개방했다.

256회 중, 외주 참여는 약 10%대인 24편에 달했다('시네텔 서울' 15편, '제일영상' 9편). 외부 연출자 영입도 활발하여 22편을 냈다. 윤정수와 조문진을 비롯하여 정지영, 박철수, 선우완, 김송원, 심재석, 김문옥 등 영화계의 신진들이 다수 참여했다.

130여 명의 국내 소설가들을 섭렵하는 동안 원작의 왜곡, 변형으로 승낙 거부와 항의도 빈번히 당했다. 가장 많은 원작은 박완서 작품으로 7편, 박범신, 천승세 6편, 문순태, 김창동 5편 그리고 현길언 등 다수가 4편이었다. 중견, 신진 극작가들의 주요 활동무대가 되었고 턱없이 모자란 연기자 수요를 영화, 연극, 성우, CF모델들까지 확대했다.

한정된 제작비로서 항상 부대꼈는데 재방송 등으로 수지 타산을 맞추기도 하고 해외수출도 적극적으로 추진했다. '팔색조', '또 한 번 그 봄날' 등이 미국에, '매혹', '소나기'가 일본에, '달빛 자르기'가 서독에, '타인의 생애', '겨울 행', '소나기' 등이 마카오, 싱가포르, 말레시아에 수출했다. 1989년, 캐나다에서 열린 제10회 반프 TV 페스터벌에서 최초 동시녹음 한 '소나기'(황순원 원작, 최종수 연출)가 드라마 부문 본선에 진출했다.

1991년 8월초, 폐지 2년2개월 만에 변경된 제목 〈MBC베스트극장〉으로 부활했다. 전성기를 보낸 MBC 단막극의 제 2기에 해당한다. 1993년 1월~1997년 1월까지는 '금요일 70분'으로 축소 이동했고 2005년은 토요일 11시 40분대 재 이동, 2007년 3월10일에 최종회를 보았다. 15년 8개월 간 664편 방송, 연간 41편 제작했다. 평균시청률 90년대 15%대에서 2000년대는 8%대로 떨어졌다.

시청자 참여 형식의 단막 홈드라마 〈드라마게임〉 출현

1984년 KBS2는 공영방송의 '자존심'을 내걸고 연속극에 독점된 홈드라마를 단막으로 업그레이드한 〈드라마게임〉을 내놓았다. 끝자락을 작가에 맡기지 않고 시청자 참여와 토론에 의한 '해결에의 모색'을 띠는 형식을 취했다.

여기에서 던져진 가정문제는 단순한 '그 집 사정'으로 그치지 않고 '모든 집의 문제', '지금의 문제'로 환원했다. 가정과 가족을 '문제의 야기처'로 설정하고, 개인 대 개인의 문제를 넘어 가정 대 사회 문제로 번져가는 형식을 취한 것이다.

1989년 '절반의 실패' 등 테마 시리즈를 시도하여 가정의 붕괴와 해체, 위기의 부부 등 깊은 주제를 띄웠다. 부부권태기, 가족법 모순, 고령화 문제, 핵가족화, 여성차별, 아들 선호사상, 이혼 법정 등은 드라마가 종전 에피소드에 불과했던 국면을 테마로 격상시켰고 작가는 드라마를 통해 열띤 현실 문제를 발언했다.

2000년대 들어 전문채널 시대가 정착되자 단막극의 흡인력과 호응도가 해마다 감소했다. 2002년, 시청 가능 연령을 의무적으로 표시하는 TV 등급제 시행이 도입되고, 한·일 월드컵 대회가 종료되자 광고 판매율이 급감했다.

후속 〈드라마시티〉도 판매율 10% 전후로 밑돌아 명운을 재촉하는 징후를 보였다. 총 광고 24개 중 2~3개 판매에 그친 꼴이다. 2008년 3월 29일 최종작 "돈꽃"을 내고 폐지되었다. 막판 평균 시청률 6%대에 그쳤다. 편당 제작비 8천만 원대 (2007년 예산 40억)였으나 수입은 제작비의 절반도 못 되었다.

단막극 4반세기 역사, 아날로그 시대의 총아로 전성기누려

단막극은 여러 가지 공적을 남겼다.

– 단(單) 편성, 종(縱) 편성을 실현했다.

– 주말과 휴일의 전략 가치를 높였다.

– 드라마 마이너리그의 구심체 역할을 했다.

– 영화 한 편의 대안이 됐다.

– 남성층에 시청 동기를 부여했다.

– 편성 유고(有故) 시 비상 콘텐츠가 됐다.

– 의뢰 선과 공급원의 다양화를 이뤘다.

– 사전제작과 파일럿 시도에 기여했다.

– 타 특집극의 단초를 제공하고 R&D에 기여했다.

– 영구 보존판으로서 부가가치를 유지했다.

– 새내기 작가, 연출자, 출연자를 육성했다.

이 공적은 단막극이 온존해야 할 명실공한 이유도 된다. 단막극은 바다와 같아서 청탁(淸濁)을 불문하고 받아들이지만, 또한 산길과 같아서 자주 오가지 않으면 잊히거나 없어진다. 공영방송의 드라마 차림표에 자칭 "양심"이자 "자존심"인 단막극이 보여야 하는 이유다.

단막의 속성은 자유(포맷, 소재)와 독립(구성, 전개)에 있다.

단막은 또한, 단편이자 일 회의 사상이다. 그 호흡은 단일함과 단순함에 있다. 단막은 "홀로서기"와 "새롭게 하기"와 "낯설게 하기"에서 특유의 고유성을 떨친다. 연속극이 동(同)종 품의 연결(連)고리로 반복한다면 단막극은 다(多)종 품의 단독(獨)순환과 단판(壹) 승부다.

단막은 작지만(small) 탄탄하고(smart), 짧지만(short) 강하다(strong). 한번(single) 노출로 단출하게(simple) 끝난다. 그뿐만 아니다. 드라마의 새

창(窓)과 새 길(道)이 바로 여기서 잡힌다. 따라서 단막극을 거부하는 것은 바로 다양함과 새로움을 거부하는 것이며 약속과 기회를 묵살하는 것이다.

'광고가 붙지 않아 수익성이 없다', '단막극은 할수록 손해다'는 정설로 굳혀졌다. 〈고비용-저효율〉에 가성비 악화가 원죄로 작용하여 단막극의 명분과 명성을 몽땅 지워버렸다. '20세기 고전형'으로 찍혀 21세기의 경쟁 원리와 경제 논리가 득세할수록 설 자리를 잃었다. 시대의 '불효자'가 되어 부침을 거듭했던 시기는 1997년에서 2008년에 이르는 10년간이었다.

첫 위기는 1997년 IMF 때다. 13년을 넘은 〈드라마게임〉은 휘청거리다가 결국 〈드라마시티〉로 제목을 변경하고 시간대 심야 11시 30분대로 밀려났다. 같은 해 6월에 출발한 SBS의 야심 기획 〈70분 드라마〉도 8개월만인 1998년 1월 23일을 끝으로 29편을 내고 폐지되었다

두 번째 위기는 전문채널이 장착한 10년째인 2004년 전후다.

2003년 〈드라마시티〉도 1차 검토에 올랐고, 2001년 1월에 시작한 SBS의 오픈 드라마 〈남과 여〉는 2004년 종료됐다. 2007년 3월, MBC 〈베스트극장〉도 폐지되었다.

드디어 '빨간 불'이 켜졌다. 2008년 글로벌 금융위기를 맞고서다. 한미 FTA 비준과 더불어 영상산업이 무한경쟁 시대로 가속된 시점에

서 단막극은 완전 자취를 감추었다. 2008년 3월 봄 개편을 맞아 KBS
는 '대형 프로의 수술'을 단행했다. 우선 40년 장수해 온 〈토요명화〉
를 폐지했다. 그다음 KBS1의 붙박이 대하 드라마 〈대왕 세종〉을 광
고 채널인 KBS2로 이동 편성했다. 그리고 4반세기 돌파를 앞둔 단막
〈드라마시티〉를 폐지한 것이다. 당시 시청률은 7% 이하, 판매율 10%
전후를 맴돌고 있었다.

돌아다보니 단막극의 '꽃피던 시절'은 아날로그 시대와 지상파 전
성시대 속에서였다. 사망 원인은 한결같은 다채널사회, 디지털 시대,
미디어 빅뱅의 도래에 따른 '저 시청률과 저 판매율'이었다. 〈드라마
게임〉은 '머니게임'에 졌고 〈베스트극장〉은 '워스트극장'이 되었다.

12. 도시풍의 세련된 캐릭터를 띄워라

- 파스텔 톤 '트렌디' 드라마 각광

정장 차림의 드라마가 아닌 캐주얼 풍의 드라마, 그래서 젊고 발랄하다. 밝고 경쾌하다. 그리고 활동적이다. 그 색상은 중간색인 파스텔 톤이다. 1990년대에 형성된 TV드라마 흐름 중 하나다. 이것을 '트렌디 드라마'라고 했다.

한마디로 드라마의 패션화로서 신세대 드라마, 뉴 스타일 드라마로도 불린다. 정극(正劇)위주의 드라마 문법을 슬그머니 비틀고 나온다. 기존과 재래의 틀을 깨는 또 하나의 저항이자 반사적인 장르다.

일본에서 최초로 용어 사용과 포맷을 개발했다. 20~30대의 여성에 환영을 받았다. '도쿄 러브스토리', '101번째 프러포즈' 같은 젊고 밝은 톤의 드라마를 거절할 이유는 없다. 세련된 터치로 선남선녀의 러브 스토리를 다뤄서다. 트렌디 드라마는 현대판 신데렐라 증후군과 캔디 스토리가 많다. 지금의 관심사, 오늘 만날 사람을 중심으로 한다. 감각적인 영상과 대사가 엮인다. 식단으로 치면 정식 아닌 상큼한 샐러드쯤에 해당한다.

트렌디 드라마 등장
- 경쾌함과 화려함, 도회풍과 세련미로 각광

효시는 1988년 후지TV의 〈포옹〉이다. 당시 내용은 '논노'나 '앙앙' 패션잡지를 즐겨보는 젊은 독자층에 제법 선호도가 높은 탤런트가 주연하고 도시풍이 물씬 우러나오는 소재를 들었다. 우정이냐 애정이냐를 오락가락하는 복선 위에서 그렇게 심각하지도 요란하지도 않게 엇갈리는 남녀 행보가 젊은이들에 공감을 형성했다.

이후 트렌디 노선은 후지TV 월요일 밤 9시(55분 물)의 편성전략을 타고 4년간 독보적으로 자리했다. 순정과 우정을 주축으로 현대 젊은 세대의 애정 풍속도, 각기 자기감정에 솔직하고 자기주장에 충실해가는 애정 노선을 담백하게 표현했다.

트렌디 드라마의 요체를 보면 몇 가지 특징을 추릴 수 있다.

첫째, 에피소드 중심으로 드라마를 엮는다. '꼭'이나 테마를 찾을 것 없고 테마에 눌릴 것 없다. 거추장스러운 테마는 축소하거나 축출해도 무방하다. 드라마 리듬은 흔쾌하고 거침없다. 대사는 간명하고 핑퐁식 자극과 반응에 의존한다. 언행은 깊은 사려와 계산에 의한 것이 아니고 순간적 충동적으로 작용한다.

둘째, 젊은 층의 시장을 본다. '유스 마케팅' 전략이다. 걸 크러시에 안성맞춤 터가 된다. 유행, 경향, 새로움 등 신세대의 몫에 민감히 반응한다.

서구 지향적 인스턴트형, 카탈로그식, 실용주의식이 모두 동의어다. 그들의 몸짓, 말투, 입맛에 맞는 음악도 중요시된다.

셋째, 진득함이나 심각 노선은 싫다. 무거움과 어두움도 배격한다. 반짝 명멸하는 직감에 호소한다. 거창한 정식보다 간편한 먹음새나 고칼로리 패스트푸드에 비유된다. 아이스크림과 초콜릿의 유혹을 연상시키는 찰나적이고 말초적인 흡인력을 발휘한다. 주인공의 선택과 의식의 단층이 뚜렷하다. 이것이냐 저것이냐 간단없이 결정한다. 사려 깊고, 주의 깊고, 고민하는 흔적이 별로 없다.

넷째, 인물 간 '증오, 복수, 저주' 같은 원색적 측면을 드러내지 않는다. 지나치게 리얼하거나 치열함을 배제한다. 추한 것도 생략한다. 배신한 애인 때문에 잠 못 이룬 밤을 설정할 필요가 없다. 죽음이 닥쳐도 때맞춰 새로운 국면으로 돌파해 간다. 그런 독특한 일면이 통속성을 상쇄한다.

주요 캐릭터는 영어로 표기되는 직군이 많다. 디자이너, 프로그래머, 카피라이터, 외환딜러, 아티스트, 스튜어디스, 코디네이터, 디렉터, 컨설턴트, 프로듀서 등이다. 그 화면 뒤엔 생산과 노동 가치를 외면한 소비 조장만 보인다. 어쩜 현대 소비사회의 첨병이 되어 물심양면의 소비 논리에 복종을 손짓한다.

한국적 트렌디 드라마의 맛
-'짜고 얼큰함'

한국의 트렌디 드라마는 일본의 그것과는 약간 다르다. 한국적 특성을 일괄하면 '짜고 매운 맛'이 드러난다.

우선 여자들의 러브라인이 얼큰하다. 여자의 적은 여자다. 대칭점에 선 두 여자의 대립과 반목을 이분법적으로 설정하여 드라마의 갈등을 확대한다. 외모부터가 각각 독특하다. 차림새와 헤어 스타일은 캐릭터를 상징한다.

악녀는 뽀글뽀글한 머리거나 웨이브다. 선녀는 긴 생머리다. 악녀는 화려하되 여주인공은 청순하게 나타난다. 팥쥐 격인 악녀는 사랑의 쟁취에 필사적이다. 온갖 지혜와 수단을 동원하여 사랑의 승부를 걸어온다. 여주인공은 매양 코너에 몰린 콩쥐가 된다. 문제는 남자다. 직위, 학벌, 집안, 능력까지 네 박자를 갖춘 완벽한 미남 왕자님들은 유복한 퀸카를 마다한다. 그 대신 어딘가 어리숙하고 모자란 구석이 있는 여자 쪽에 기운다. 그래서 대립과 갈등을 증폭한다.

부잣집 도련님, 장래가 촉망되는 왕자님들, 대기업의 후계자…. 이들은 여주인공의 대칭점에 서서 따뜻한 눈빛과 손길을 내민다. 이 대목은 시청자들의 로망과 대리만족을 보상하는 장치가 된다.

〈트렌디 드라마 11선〉

1) **〈질투〉**(1992. 6. MBC, 최연지, 윤명혜 극본, 이승렬 연출)

트렌디 드라마의 원조 격이다. 최수종, 최진실, 이응경, 김혜리, 김창숙, 이효정이 출연하여 젊은이들의 풋풋하고 가슴 저린 사랑의 풍속도를 그려냈다. 이승렬 PD는 '상큼한 소재, 구질구질하지 않고 산뜻한 구성, 가슴 치는 멋진 얘기가 없을까…?'를 고민했다. 이런 뜻을 살려 작품 전개에 심각한 충돌과 진지한 갈등 노선을 피해 갔다. 인물은 쉽게 만나고 헤어지고 싸우고 화해한다. 여행사, 광고사, 방송사, 법률사무소, 피자집 등 현대적 분위기를 채비했다.

치열한 취업전선에 여주인공 하경(최진실)은 쉽게 취직하고 전진한다. 어머니(김창숙)는 남편에 배신당한 신세타령이나 우울증도 없다. 고급빌라에서 모녀는 마치 자매처럼 티격태격 살아간다. 하경의 애인 영호(최수종)에게 헌신적인 여성 영애(이응경)가 접근한다. 하경에게도 국제변호사로 성공한 상훈(이효정)이 나타난다. 하경 친구 채리(김혜리)는 상훈과 사랑하는 사이다. 모두 톰 크루즈 같은 미남 아니면 로버트 레드포드 같은 멋진 남자다.

흔한 멜로에서 볼 수 없던 출생 비밀, 사랑과 야망의 갈림길, 치명적 음모도 없다. 만나고 얘기하고 웃고 마시고 속상하고 토라지고 후회하고…. 그런저런 일상의 얘깃거리를 실은 모든 캐릭터에 시청자는 빨려간다.

2) 〈파일럿〉(1993. 9~11. MBC, 이순자 이선미 극본, 이승렬 연출)

세 사람의 파일럿의 얘기를 담은 국내 최초의 항공 드라마다. 보잉 727과 747이 주로 나오고, 공군 전투기와 대형 수송기 그리고 헬리콥터가 화면을 누볐다. 대한항공의 부기장급 최수종, 한석규를 비롯하여 이재룡, 김혜수, 채시라가 항공사 직원으로 등장한다. 신은경, 음정희, 이경실이 스튜어디스로 나온다. 어찌 보면 전 드라마 16회가 KAL의 광고물처럼 보인다. 이 드라마는 1995년의 〈창공〉, 2007년의 〈에어시티〉, 2012년의 〈부탁해요 캡틴〉으로 이어지는 항공 드라마의 효시가 된다.

3) 〈마지막 승부〉(1994. 1~2. MBC, 손영목 극본, 장두익 연출)

스포츠(농구) 드라마를 표방하고 나섰다. 장동건, 심은하, 손지창, 이종원, 이상아, 박형준, 신은경 등 풋풋한 젊음이 차고 넘친다. 당시 농구 열기와 스타 플레이어에 대한 오빠 부대의 극성이 드라마 발상의 모태가 되었다. 연세대의 문경은, 이상민, 우지원 그리고 고려대의 전희철, 김병철, 현주엽 등이 인기몰이 선수들이었다. 새 별 심은하의 출세작이 되었다.

4) 〈사랑을 그대 품 안에〉(1994. 6~7. MBC, 이선미 극본, 이진석 연출)

한국판 신데렐라 이야기를 담았다. 배경은 서울 도심권의 백화점이다. 백화점 운영권을 둘러싼 2세들(차인표, 천호진)의 갈등과 반목, 거기에 세련된 애인(이승연)과 입사 3년 차 무지렁이 사원(신애라)이 얽힌다. 화려한 디스플레이와 함께 사랑 게임이 뜨겁다. 주역 두 사람(차인표, 신애라)은 스타덤에 오르면서 실제 커플이 되는 겹경사를 누렸다.

5) 〈느낌〉(1994. 7~9. KBS, 오수연 김영찬 극본, 윤석호 연출)

새 얼굴로 떠오른 우희진을 놓고, 꽃미남 3형제인 김민종, 이정재,

손지창이 엮인다. 이 사각 러브라인 중에 누군가 친오빠가 있다는 변수를 숨겨놓았다. 연인이 남매로 밝혀지는 결말의 진부함에도 불구하고 드라마 색깔과 모양새는 매우 예쁘고 아름답게 채색된다. 우희진은 만인의 공주가 되었다.

6) 〈별은 내 가슴에〉(1997. 3. MBC, 이선미 김기호 극본, 이진석 이창한 연출)

고아 출신(최진실)이 디자이너가 되어 온갖 역경을 딛고 사랑과 꿈을 성취해가는 내용이다. 안재욱, 차인표, 김정은, 박철, 조미령, 전도연, 박원숙, 선우용여, 강남길 출연. 주연보다 조연들의 개성을 살린 연기가 훨씬 빛났다.

한류 대표작으로 특히 중국에서 폭발적인 인기를 모았다. 가수로 거듭난 안재욱이 중국 팬들에 강한 인상을 남겼다.

7) 〈미스터 Q〉(1998. 5~7. SBS, 이희명 극본, 장기홍 연출)

허영만의 만화 원작, 패션 디자인실이 주 무대다. 한 직장 내의 선남선녀들의 일과 사랑이 무지개처럼 화사하게 펼쳐진다. 일명 '삐삐' 드라마. 당시는 휴대폰 전신인 삐삐가 소통의 주요 수단이었다. 김민종, 김희선 커플이 스타덤에 오르고 송윤아의 독한 연기 그리고 45%를 넘는 시청률로 그해 SBS의 남녀연기상과 우수연기상을 석권했다.

8) 〈토마토〉(1999. 4~6. SBS, 이희명 극본, 장기홍 연출)

김희선, 김석훈, 김지영, 김상중, 김자옥, 김진, 김희정 등 주요 출연자 일곱 김 씨의 독무대가 되었다. 부잣집 남자와 가난하고 착한 여자가 펼치는 전형적인 구조로 해피엔딩을 본다. 패션의 아이콘 김희선의 칠보 바지, 머리띠와 자전거가 오히려 친근한 소품이 되었다. 신인 김석훈의 미소와 악바리 김지영의 역할이 돋보였다.

9) 〈이브의 모든 것〉(2000. 4. MBC, 오수연 극본, 이진석 한철수 연출)

부잣집 도련님 장동건과 방송사 앵커를 꿈꾸는 두 여자(채림, 박소연)의 엇갈린 행로를 그렸다. 한동안 한류 드라마에 인색했던 일본이 최초로 완성도를 인정한 작품으로 2002년 NHK에 방송되면서 한류가 급물살을 탔다.

10) 〈별을 쏘다〉(2002. 11~2003. 1. SBS, 윤성희 극본, 이장수 연출)

전도연, 조인성, 박상면, 이서진, 홍은희, 조정린, 변정수 출연. 오랜만에 영화에서 돌아온 전도연이 중심에 섰다. 화려하게만 보이는 연예계 속사정과 허실을 들춰냈다. 매니저 직업을 통해 복잡한 인간관계의 어려움을 갈파했다. 연예계 스타를 갈망하는 조인성이 열연하여 이름을 알렸다.

11) 〈파리의 연인〉(2004. 6~8. SBS, 김은숙 강은정 극본, 신우철 손정현 연출)

재벌 2세(박신양)와 불우하고 가난한 유학생(김정은)이 이국땅 파리에서 우연히 만나 벌어지는 이야기다. 대기업 후계자로 정략결혼을 거부한 까칠한 남자는 여자를 가정부로 채용하고 때로는 파티의 연인 대역 노릇까지 요구한다. 남자의 조카(이동건)가 끼어들면서 발랄한 삼각관계가 성립한다.

도시풍 감성 중시, 트렌디 드라마의 허실

한마디로 파토스(pathos)적 드라마의 대두다. 와삭 씹어내는 속 빈 강정의 부서지는 맛이 제격이다. 일시적 감흥과 유희적 재미를 주는 드라마는 '불후의 명작'을 기대하지 않는다. 도시풍 2, 30대를 겨냥한 새로운 상업주의이자 신소비주의다. 트렌디 드라마는 '골빈 여성의 허영심에 아부하는 신기루'라는 비난도 일었다. 더불어 가정생활의 절실함, 사회생활의 고뇌는 반영하지 않고 특별 부유층의 한적한 삶을 예쁘게 포장하여 다수의 서민에게 괴리감을 조성한다는 비판도 따랐다. 그들이 하는 일은 항상 쉽게 타개되고 직장 일은 항상 성공적이다. 그들의 우정, 사랑, 희망, 결혼 같은 것은 신변 1m 내에 있다. 1m 차원에서 언행을 결정한다. 오늘 저녁 만날 사람과 장소 분위기가 관심거리다. 현실을 단순화된 구도로 놓고 유쾌한 처방을 내리는 일과성을 통해 가벼움을 추구하는 경만(輕慢)의 논리가 지배한다.

사회성은 실종된다. 사회성 결락이 더 좋다. 시청자들은 답답한 현실을 떠나 스마트한 젊음의 행보에 빠져든다. 단발머리에 미니스커트, 고급 차(車)와 피자집, 고풍스러운 테라스, 활엽수 화분, 피카소 사촌 같은 그림, 산뜻한 새 뮤직을 함께 즐겼다.

그러나 이런 통속성과 소꿉성을 결합한 트렌디는 2000년에 들어 성행한 로맨틱 코믹 드라마의 장르에 흡수 또는 편입된다.

13. 뒤틀리고 망가져라

- 笑 예능, 시트콤 드라마 20년 세월

'오 박사네 사람들', 'LA 아리랑', '순풍 산부인과' 그리고 '논스톱', '거침없이 하이킥'…….

드라마도 아닌 것이 코미디도 아닌 것이…. 그래서 둘을 합쳐 놓은 듯한 코믹 드라마가 어느 날 반짝 나타나 초저녁 분위기를 잡고 나갔다.

이름하여 '시추에이션 코미디 드라마', 줄여서 '시트콤'이다. 드라마 시각에서 본 시트콤은 별종 아니면 변종이다. 우리말로 경소극(輕笑劇)쯤 될까. 이것이 TV에 상륙한 것은 1990년대 초, 신생 방송사 SBS에 의해서다.

시트콤의 탄생은 새 민방 SBS 드라마의 차별화 정책에 의해 발상하여 종합뉴스 시간대인 8시대의 전초 역할로 설정되었다. 저녁 7시대를 공략하여 프라임 타임으로 연결을 강화하자는 의도다.

후일 시트콤의 연계력은 시간대뿐만 아니라 공개 코미디와 드라마의 경계를 합성하고 90년대와 2000년대까지 10년간 시간대 가교 역할까지 겸했다. 그리고 '저비용 고효율'의 장르로서 독특한 자기 몫을 했다.

50대 중반의 오지명, 시트콤 박사로 거듭나다.

1993년 2월부터 10월까지 SBS에서 방송된 〈오 박사네 사람들〉은 우리나라 최초의 공개 시트콤을 표방한 작품으로 서막을 열었다.

다섯 사람의 작가와 주병대 연출로 오지명, 김수미, 안문숙, 박지영, 박예진, 윤승원, 김윤정, 김흥국, 임예진, 김선우, 신지은 등이 출연했다. 공개 코미디에 가까운 이 무대는 한 회를 아우르는 에피소드보다는 순간순간 꽁트에 가까운 상황으로 웃음을 유도했다. 김수미가 벌이는 추념과 김흥국의 특이한 노래 몸짓이 곁들이는 식으로 새로운 재미에 웃음을 얹혔다.

시트콤의 상징은 고참 탤런트 오지명으로 압축된다.

그가 시트콤을 만난 것은 천운이었다. 연극배우 출신인 그는 우선 날카롭고 음습한 이미지에 54세 나이로 음성도 쉰 소리를 냈다. 심하게 깜박거린 눈 놀림도 때로는 거슬렸다. 시트콤은 이 모든 한계를 단박에 날려 버렸다. 그는 '오 박사'로 변신했고 산부인과 의사로 철저히 '딴 사람'이 되어 거듭났다. 그리고 시트콤의 메시아 겸 지존으로 화신했다.

한국 시트콤 발상은 미국 〈코스비 가족〉의 선행 역할 덕분이었다. 미국 NBC(1984. 9~1990. 4.)에서 장기간 히트한 이 프로그램은 산부인과의 코스비, 변호사 아내, 그리고 4녀 1남의 흑인 가족들이 고정 출연했고 당시 '심슨' 시리즈와 함께 큰 인기를 끌었다. 그 계보는 '왈가닥 루시'나 '도나리드 쇼'에서 '프렌즈', '섹스 앤 시티', '못말리는 유모' 등으로 이어졌다. 코스비 가족은 스튜디오의 일정한 세트 안에 방청객을 모아 놓고 실제 웃음을 그대로 반영했다. 시트콤은 같은 무대, 같은 인물, 다른 에피소드로 묶는다. 그리고 인물 간, 특히 남녀 간의 조합은 상하 축의 핵심이다. 가로 축의 조합은 상황(시추에이션)+장소+유머다. 기본 코드는 스포일드(망가짐), 패러디(뒤틀림) 그리고 디스토트(찌그러짐)이다.

대개 30분 전후의 짤막한 길이만큼 일상주변의 가벼운 생활연기가 주축이다. 장소는 가정, 학교, 직장 등 매일같이 똑같은 무대가 된다. 고정 출연자는 연속 들락날락하면서 당회의 에피소드를 엮어간다. 시트콤은 한 회 기승전결이 명확하고 회별 에피소드가 뚜렷한 엔딩을 가진다. 초창기엔 방청객의 웃음소리를 넣었다. 타 장르보다 웃음이 잦지만, 에피소드 안에서 드라마처럼 희로애락을 담는 것은 마찬가지다.

기존과 서열은 거부된다. 권위와 관행은 타파된다. 전통과 관례는 붕괴한다. 허위와 위선은 폭로되어 웃음을 자아낸다.

겉으론 평온한 중산층 가정의 실태가 한 겹씩 벗겨지면서 적나라한 속내를 드러낸다. 한밤에 부뚜막에 오르다 며느리에 들킨 시아버지나, 몰래 야한 동영상을 보다 손자에게 들킨 할아버지의 표정이 클로즈 업 된다. 시어머니는 며느리 눈치 보기 바쁘다. 남편은 아내의 꾸지람 속에 육아와 가사에 전념한다. 직장 여성인 아내는 야근과 회식으로 늦은 귀가가 다반사다. 이처럼 시트콤이 즐겨 먹는 것은 황당함, 엉뚱함, 헷갈림, 속절없음, 대책없음 등이다.

'수다, 덜렁, 뻘쭘'의 조합, SBS —한국 시트콤을 선도하다

〈오 박사네 사람들〉에서 자신을 얻은 SBS는 그 후속으로 1995년 7월, 김병욱 연출의 〈LA 아리랑〉을 제작하여 1996년 6월까지 1년간 방송한다. 원조 오지명을 비롯하여 박정수, 김세윤, 여운계, 이정섭, 견미리, 이영범 등이 출연하여 교민사회에서 벌어진 천태만상을 주 5회에 걸쳐 냈다.

이어 1998년엔 산부인과 사람들의 일상과 해프닝을 담은 〈순풍산부인과〉(1998. 3~2000. 12.)를 방송했다. 감초격인 오지명을 비롯하여 선우용여, 김찬우, 허영란, 박미선이 출연했다. 송혜교의 데뷔작도 되었다. 시트콤 첫 외주작품으로 순풍을 타고 순항했다. 한때 시청률 30%까지 돌파하자 연장에 연장을 거듭하여 2년 가까이 방송했다.

그 후속은 〈웬만해선 그들을 막을 수 없다〉(2000. 12~2002. 2. 김병욱 연출)로 노주현, 박정수, 권오중, 최윤영, 신구가 출연하여 독특한 3부자의 일상을 그렸다. 등장인물의 죽음까지 묘사하면서 시트콤은 형식이 다를 뿐 드라마처럼 인생 유전(流轉)을 담을 수 있음을 보여 주었다. 시트콤의 외연을 넓히는 작품이었다. 그해 계속해서 SBS는 〈똑바로 살아라〉(2002. 11~2003. 10.)를 냈다. 노주현, 박영규, 이응경, 홍리나, 최정윤, 서민정, 안재환, 노현욱이 출연했다. 정형외과 중심의 두 가족의 충돌을 그린 작품이었다.

2000년대 중반에 들어 계속 〈귀엽거나 미치거나〉(2005. 2~2005. 12.)를 제작했다. 외모와 성격이 판이한 27세의 동갑내기 연애를 그린 것으로 유학에서 귀국한 박경림의 첫 출연에 소유진, 류승수, 박준석,

김수미가 나왔다.

'주간물 60분, 젊은 캐릭터'로 단장하여 SBS의 인기 드라마인 〈파리의 연인〉, 〈발리에서 생긴 일〉을 패러디하고 사회풍자를 반영하는 등 변화를 시도했다. 그러나 10% 전후의 시청률 때문에 조기에 종영했다.

MBC는 송창의 PD가 주도
-청춘 시트콤과 성인 시트콤으로 승부

한편 MBC 시트콤의 도입은 '청춘 시트콤'을 표방한 〈남자 셋, 여자 셋〉으로 예능국의 송창의 PD에 의해 추진되었다. 1996년 10월~1999년 5월까지 오랜 기간 초저녁 띠 프로그램으로 자리했다. 여기엔 신동엽, 우희진, 홍경인, 송승헌, 이제니, 이의정이 출연했다.

SBS가 가족 시트콤에 주력했지만, MBC는 청춘 시트콤으로 차별화했다.

2000년대에 들어 외주작품으로 〈세 친구〉(2000. 2~2001. 4. 송창의 연출)를 냈다. 심야를 겨냥한 '성인 시트콤'으로 정웅인, 박상면, 윤다훈, 이의정, 안문숙, 안연홍이 출연했다. 〈남자 셋 여자 셋〉의 후속 버전이자 30대 남성시각에 편향된 성 담론이라는 비판에도 불구하고 37%의 높은 시청률을 기록하여 MBC 월요일 밤의 효자가 되었다.

2000년 7월에 장기 시리즈 〈논스톱〉을 기획하여 저녁 7시대에 일일극 형태로 편성했다. 일종의 '캠퍼스' 시트콤으로 주 무대는 교정과 동아리 공간, 하숙집, 기숙사 휴게실이다. 2002년 5월까지 계속한 〈논스톱〉은 MBC 전통인 청춘 시트콤을 정착시키면서 5년간 시즌5까지 이어간다. '논스톱을 거쳐야 스타가 수 있다'라는 말대로 조인성, 장나라, 양동근, 박경림, MC몽, 장근석, 한예슬, 현빈, 이승기, 한효주, 진구 등이 여기를 통해 반열에 올랐다.

후속 〈안녕, 프란체스카〉(2005. 9~2006. 2.)는 블랙 코미디와 패러디를 혼합한 최초 가족 '호러 시트콤'을 시도했다. 심혜진, 정려원, 이두일, 박슬기, 신해철, 김수미, 여운계, 박희진, 유태웅, 현영, 이수나가 나와 뱀파이어의 눈을 통해 본 인간사회를 풍자하고, 가족을 가장하고 사는 5인의 모습을 통해서 세대 간 갈등을 다루었다. 〈소울 메이트〉(2006. 3~6.)는 신동욱, 이수경, 최필립, 사강, 오타니 료헤이가 출연, 영혼의 반려자이자 잃어버린 반쪽 찾기의 소재에 주력했다.

2006년부터는 아웃소싱으로 김병욱 연출의 〈하이킥〉 시리즈가 시작되었다. 김 PD는 섬세한 멜로와 미스터리를 도입하여 사회 갈등을 부각하고 죽음까지 들췄다. 첫 작품은 〈거침없이 하이킥〉(2006. 11~2007. 7.)으로 이순재, 나문희, 박해미, 정준하, 김혜성이 출연했다. 이순재는 '야동 순재'의 별칭을 얻었다.

두 번째는 〈지붕뚫고 하이킥〉(2009. 9~2010. 3.)으로 상경한 두 자매가 순재네 집에서 가정부로 들면서 벌어지는 에피소드를 그렸다. 정보석, 최다니엘, 윤시윤, 황정음이 나왔다. 빈부, 학력 격차와 계층 간의 갈등을 취급했고 주인공이 교통사고로 죽는 등 기존 시트콤에 반하는 '역설 시트콤'을 보였다. 방송 후에도 논란을 동반하면서 시트콤의 종말을 예고하는 시그널이 되었다.

〈하이킥, 짧은 다리의 역습〉(2011. 9~2012. 3.)은 마지막 시리즈였다. 거덜 난 사업가이면서 큰소리만 친 아빠, 매사에 울컥하는 자녀들과 88만 원 세대의 허실을 그렸다. 안내상, 윤유선, 윤계상, 서지석, 이종석이 출연했다.

최장수 시트콤, 〈막돼먹은 영애 씨〉 2019년 시즌 17까지

KBS에서 시트콤 형식을 취한 드라마는 일찍이 1987년 주간극(50분)에 6년간 장수한 〈TV 손자병법〉(1987.10~1993.10.)이다. 만년 과장 오현경과 그 부하직원인 서인석, 정종준, 김희라, 김성찬이 고정 출연하여 직장 애환을 코믹하게 그려냈다. 10여 년 뒤인 2004년 말, 김석윤 등 다수 연출 참여로 〈올드 미스 다이어리〉(2004. 11~2005. 11.)를 냈다. 예지원, 지현우, 김지영, 오윤아, 장동직이 출연했다. 이 작품은 〈섹스 앤드 더 시티〉를 연상시킬 만큼 사랑과 결혼에 대한 진지한 접근으로 30대 여성들의 일상에 집중했다. 시트콤보다 드라마 문법에 더 충실한 내용으로 1년간 지속했다.

〈닥치고 패밀리〉(2012. 8~2013. 2.)는 황신혜, 안석환, 박지윤, 다솜, 선우용여가 출연했다. 부유한 집안과 번듯한 직장에도 불구하고 불만과 열등감에 가득 찬 가족들의 여러 에피소드를 그렸다.

신생 채널마다 시트콤에 우선 눈길을 보냈다. 버거운 드라마에 비해 제작비가 저렴하고 스토리가 단출하며, 간단한 배경, 여러 새 얼굴 선택으로 시청자를 일정 기간 붙들어 맬 수 있는 장점 때문이다. 출연

범위는 신인 탤런트, 개그맨, 가수 등 가리지 않았다.

2008년 OBS는 칠순을 바라본 오지명의 마지막 출연작 〈오 포졸〉을 4개월간 방송했다. 조선 시대 다섯 포졸이 관아와 명월관을 배경으로 현대 사회의 부조리를 패러디로 보여준다. 2011년 개국한 종편 4채널 중 MBN은 애초부터 시트콤에 집중했다. 〈왔어 왔어, 제대로 왔어〉, 〈뱀파이어 아이들〉, 〈갈수록 기세등등〉 세 편을 동시에 배치했다. jtbc는 김혜자를 앞세워 〈청담동 살아요〉를 냈다.

〈막돼먹은 영애 씨〉는 2007년 tvN의 개국과 함께 2019년 시즌 17까지 지속한 전무후무한 직장 시트콤이다. 6㎜ 카메라를 이용한 관찰 기법과 내레이션을 도입하여 시즌당 16부작~20부작 형태를 취했다.

뚱뚱하고, 뱃살 많고, 우환 많은, 30대 후반 노처녀의 직장 애환기가 펼쳐지고 세상을 향한 그녀의 대찬 반격이 끊임없다. 12년 최장수의 비결은 영애 씨 역에 화신 되어 한 결로 내공을 쌓아온 김현숙의 존재감 덕분이다.

흙수저의 서러움, 갑질 인간과 대결, 말썽 동료와 마찰, 퇴물 취급, 창업 도전…. 산전수전을 모두 겪고 드디어 결혼, 시즌 17은 〈엄마+아내+워킹 맘〉이 된 영애 씨의 색다른 인생 2막을 보여 준다.

시트콤 생명- 엉뚱함과 황당함, 망가짐과 뒤틀림

시트콤은 탤런트와 시청자들의 기대에 반하는 엉뚱한 배역, 망가지는 캐릭터, 고정 이미지 타파의 무대가 되었다. 그래서 새로운 이미지

변신을 통한 연기자 '재생공장'을 자처했다. 더불어 고정관념 탈피로 연기 폭을 넓히는 계기도 되었다.

원조 오지명을 비롯하여 선우용여, 박영규, 안문숙, 여운계, 박정수, 이순재, 나문희, 노주현, 김갑수, 황신혜, 정보석, 김세윤, 심혜진 등이 여기서 망가진 뒤 새롭게 태어났다. 또한 뉴 페이스 발굴 무대가 되었다. 송혜교, 우희진, 장나라, 황정음, 이제니, 한예슬, 현빈, 이승기, 장근석, 정웅인, 조인성, 박상면, 김찬우가 그 면면이다.

한국형 시트콤 3대 장르는 가족 시트콤, 청춘(학교)시트콤, 직장 시트콤이다. 2013년 tvN에서 '군대 시트콤'(푸른 거탑)을 개발, 2년간 다섯 편을 냈다.

캐릭터의 독특함, 치졸함, 친근함, 엉뚱함 속에서도 인간적 정서를 잊지 않는 것이 한국형 시트콤이다.

시트콤은 작가, 대본, 연출 그리고 캐스팅에 따른 촬영, 녹화, 편집까지 드라마 제작과 똑같은 시스템을 갖고 있으면서도 드라마 대열에 끼지 못한다.

드라마국 아닌 예능국에서 제작하고 있으며 연기 차원도 예능 연기에 가깝기 때문이다. 설상가상 시트콤은 코믹 드라마와 로맨틱 드라마에 밀려 퇴조하고 있다. 단골 설정인 가부장 권위의 붕괴나 남녀 관계의 역전, 그리고 중견 배우의 망가짐은 드라마로 이전 된 지 오래다. 시트콤 계보는 〈막돼먹은 영애 씨〉가 외롭고 유일하게 시즌 18을 기다리고 있다.

14. 청춘을 아프게 하라

- 영원한 청춘의 로망, 청춘 멜로의 위세

청춘의 특권이란 무엇인가. 〈꿈, 열정, 패기〉다. 〈도전, 사랑, 야망〉이 뭉쳐있다. 수필가 민태원은 '청춘은 듣기만 하여도 가슴이 설레는 말이다'라고 예찬했다. 〈방황, 고뇌, 좌절〉도 사려있다. 김난도 교수는 '아프니까 청춘이다….'라고 했다. 가수 나훈아는 '청춘을 돌려다오 젊음을 다오….'로 가버린 청춘을 탄원했다. 청춘은 아름답다. 풋풋한 활력과 넘치는 약동을 누군들 싫어하랴. 실수, 실망, 실의, 실패…. 그래도 좋다. 재기할 여백이 크니까. 미남미녀, 선남선녀란 모두 젊음과 동의어가 아니던가.

꿈과 도전, 사랑과 야망의 교집합, 청춘 드라마는 성장통이 기본

청춘 드라마는 젊은이 특유의 꿈과 희망, 사랑과 우정, 도전과 모험을 소재로 하는 장르다. '청춘'이라는 미성숙기에도 사랑과 인생에 대해 눈을 떠가고 세상을 향해 질풍처럼 달려가고 싶은 욕구가 충만하다. 영화나 소설이 즐겨 다루는 이유다.

우리 청춘 영화의 성황은 1960년대에 신성일, 엄앵란 콤비 작품에 집중된다. '맨발의 청춘'(1964)을 필두로 '청춘 교실' '여자 19세', '떠날 때는 말 없이', '배신', '잃어버린 태양', '동백 아가씨', '적자 인생', '위를 보고 걷자' 등이다.

1960년대는 전쟁 10년 후, 농경사회에서 산업사회로 가는 길목이다. 박정희 정부는 가난을 탈피하려 했고, 수많은 청춘은 출세를 위해 옛 둥지를 떠났다.

해마다 보릿고개는 찾아오고 삼시 세끼도 어려웠다. 젊은이들은 기존에 대한 저항과 현실 불만, 미래 불안이 섞인 시대를 견디었다.

하여 우리 청춘 드라마나 영화는 60년대~70년대의 시대 배경이 가장 큰 비율을 점한다. 대다수 주인공은 '하류 탈피와 신분 상승'을 위해 도회로 진출한다. 흙수저들은 '입신양명'을 위해 편법이나 탈법을 마다하지 않는다. 80년대의 청춘은 독재와의 투쟁으로 민주화에 기울었다. 90년대는 인간다운 삶이 관건이었고 21세기에 들어서는 '공정과 실용'이었다. 오늘날의 청춘은 '한숨~눈물~분노~포기'의 행로가 완연하다. 딱하고 안타까운 청춘들이다.

동서고금의 모든 청춘극은 시대의 트렌드가 읽히는 집단의식이 녹아있다. 대부분 면면이 기존 질서에 반하는 이단아들이며, 시련으로 얼룩진 통과의례를 거치면서 성숙해 간다.

모처럼 나타난 '첫사랑'과 순애보에 시청자 감동 또 감격

1996년에 KBS2 주말연속극으로 방송한 〈첫사랑〉(조소혜 극본, 이응진 연출)은 역대 시청률 사상 1위를 찍었다. (65.8%, 1997년 4월 20일) 애초 50회에서 66회로 두 달간 연장, 8개월을 지속했다. 장기간 높은 시청률 수치로는 〈첫사랑〉을 능가하는 드라마는 아직 없다.

춘천에서 극장 집의 딸인 효경(이승연)과 극장 간판 화가(김인문)의 아들인 찬혁(최수종)은 중학 시절부터 서로 좋아한다. 찬혁은 집안 형편 때문에 미술대학 진학을 포기하고 공무원 시험을 준비한다. 외동딸이 간판장이의 자식과 사귄다는 걸 안 효경의 부모(조경환, 윤미라)는 부하들에게 찬혁을 혼내킨다. 동생 찬우(배용준)는 형을 구하려다 붙잡혀 죽도록 얻어맞는다. 찬혁은 현실의 장벽을 느끼고 서울로 도피한다. 효경은 파리 유학을 떠나고 거기서 만난 재벌 2세인 강석진(박상원)은 그녀에 호감을 느낀다.

자신과 같은 반인 효경을 좋아할 뻔했던 찬우는 그녀의 친형에 대한 일편단심에 감동하여 그 사랑이 맺어지도록 헌신한다. 첫사랑을 운명처럼 생각하는 효경은 유학에서 돌아와 서울로 잠적한 찬혁을 찾아 나선다. 형 때문에 아버지가 극장에서 쫓겨나는 걸 본 찬우는 법대에 갈 생각을 굳힌다. 집안 형편, 형의 좌절, 아버지의 실망, 좀 모자라는 누나(송채환)를 위한 해결책은 곧 자기가 출세하는 것뿐이라고 생각한 것이다. 그리고 열심히 공부 끝에 서울 법대에 합격한다.

서울로 이주한 효경은 기어이 공장에 다니는 찬혁을 찾아가 재회한다. 찬혁도 자신의 운명과 존재 이유는 효경 때문이라고 확신한다. 저간의 사실을 알아낸 효경 부모의 온갖 협박으로 찬혁은 군에 입대하고 교통사고마저 당해 불구의 몸이 된다. 포장마차로 근근이 살림을 꾸려가던 아버지도 쓰러진다. 찬우는 그들의 잔인한 횡포에 분노를 느끼며 드디어 복수를 궁리한다. 그토록 소중한 법관의 꿈을 접고 폭력조직에 들어가 가족이 당해 온 수모와 한을 갚아줄 결의를 다지는데….

이 드라마의 성공 요인은 1970년대 말에서 현대까지를 배경으로 신분의 벽을 뛰어넘는 젊은이들의 순박한 사랑과 형제애에서 찾아야 할 듯하다.

우선 제목 '첫사랑'이 끄는 주목 효과와 기대 심리가 컸다. '맺어지지 않는 첫사랑'의 향방에 대한 시청자의 끈질긴 관심이 드라마에 투영되었다. 여자의 목숨 건 순애보는 현대판 춘향을 연상시켰고, 부모를 하늘같이 섬기는 효자와 딸, 형제간의 뜨거운 우애, 친구 간의 의리와 신뢰가 곳곳에 넘쳤다. 요즘 시대에 역행하여 취한 고전적인 드라마투르기가 먹힌 것이다.

〈모래시계〉에서 정의감 넘친 기자였던 이승연과 대쪽 검사였던 박상원이 거듭났고, 〈질투〉에서 신선한 청춘을 구가한 최수종과 7부 머리 배용준이 형제로 열연했다. 배용준을 좋아하는 부잣집 딸 최지우, 친구 차태현, 이승연의 과외 제자 송혜교가 새 얼굴로 오르면서 화려한 스타탄생을 예고했다.

이렇게 각 인물의 개성이 튼실하고 역할이 딴딴했고 다양한 시간과 공간이 작동했다. 춘천에서 중학 시절에 만난 두 남녀가 서울, 대학,

군대, 달동네를 거쳐 사회인이 될 때까지 많은 사건이 여러 시공간을 오가며 전개되었다.

〈젊은이의 양지〉(1995. KBS2)도 역시 고향과 객지를 오가며 엮는 인생 유전기다. 80년대 후반 서북 광산촌과 서울을 배경으로 출세를 갈구하는 젊은이들의 꿈과 사랑, 야망과 배신을 그렸다. 〈첫사랑〉의 방송 1년 전에 나타나 60%를 넘는 시청률로 탄탄했다.

박인범(김종원)은 출세를 위해 고향 애인 차희(하희라)를 내치고 사장 딸인 석란(박상아)과 약혼한다. 인범의 동생 인호(박상민)는 조직폭력배가 되어 칼부림 끝에 절명한다. 친구 윤배(허준호)는 광부를 접고 권투 챔피언을 노리고 여동생 윤지(이경심)는 영화배우를 꿈꾼다. 차희의 동생 종희(전도연)는 소설 '광부의 딸'로 신춘문예에 당선된다. 작품은 인범의 대학 동기생이자 석란의 오빠인 석주(배용준)를 만나 영화로 제작된다. 차희가 인범의 애를 낳고 이 사실이 알려지자 파혼당한다. 열 명의 밑바닥 청춘들이 저마다 '인생의 양지'를 찾기가 위해 이리 뛰고 저리 부딪치는 생존 전쟁을 보여준다.

〈에덴의 동쪽〉(2008. MBC)은 한마디로 '카인과 아벨'의 후예로 다시 태어난 두 얼굴을 그린다. 1970년대 서울 강남 개발을 둘러싸고 다양한 청춘들이 다사다난 속에 빠진다. 현대판 '에덴의 동쪽'에서 만나 척을 진 동철과 동욱 형제, 그리고 주변과 속세 인간들의 이전투구가 시작된다. 어둠의 자식이 된 소년원 출신 송승헌, 아버지를 죽인 원수(조민기)의 핏줄인 연정훈, 같은 병원서 동시에 태어난 두 남자의 대결은 불가피하다. 여기에 중앙정보부 요원, 카지노 대부, 호텔리어, 언론재벌, 피아니스트, 공단 여직공까지 뒤섞인다. 청춘극장은 혼란으로 얼룩져 간다.

〈자이언트〉(2010. SBS) 여기서도 70년대 신천지 땅 개발과 투기에 저당 잡힌 청춘들이 날뛴다. 정보요원, 국회의원, 건설업자, 시 공무원 등이 얽힌다. '2021 LH사건'과 비슷하게 오버랩 된다. 영특하고 배짱 있고 카리스마에 넘친 남자(이범수)와, 타산과 거래에 탁월한 여자(박진희)가 각각의 야망을 이루기 위해 대립하고 야합도 한다.

출세와 물욕에 쉽게 오염된 빗나간 청춘들의 죄와 벌

〈진실〉(2000. MBC)은 흙수저와 금수저의 양극적인 청춘을 다룬다. 금수저들의 철저한 배신에 '진실'은 소멸한다.

신희(박선영)는 국회의원(정욱)의 딸이고, 그 집 지하에 사는 전교 1 동생 자영(최지우)은 의원 운전사(장용)의 딸이다. 신희 엄마(김창숙)는 딸의 대학진학을 위해 자영에게 대리시험을 요구한다. 돈이 궁한 자영 엄마(김형자)는 이에 응하고 결국 신희는 명문대에 합격하고, 자영은 재수생으로 전락한다. 여기에 남자 친구 승재(손지창)와 신희의 남자 친구 현우(류시원)가 가세하면서 관계가 뒤틀리기 시작한다. 애정 배신, 대리시험 폭로 위협, 겁탈 사주, 상해 교사, 음주사고 후 운전자 바꿔치기, 기억상실, 증거 영상으로 취직 협박, 살인 청부 유도… 등 멀쩡한 선남선녀들이 악녀독남(惡女毒男)으로 변해간다. 상류층 청춘들의 빼도 박도 못하는 비열한 스토리는 최고의 화제작으로 평균 시청률 42%를 유지했다. 더불어 그 해 '최악의 드라마'로 선정되기도 했다.

〈올인〉(2003. SBS)은 맨발의 청춘이다. 뒷골목 출신이 허물을 벗기 위해 청춘을 올인한다. 무엇에, 누구에게 올인할 것인가. 자본주의의 막장 같은 카지노장이 배경이다. 사창가 건달(이병헌)의 분투가 시작된다. 제주도 푸른 바다와 맑은 하늘에 화려한 청춘들의 올인 게임이 교차한다. 양귀비 같은 여주인공(송혜교)의 세련된 매너와 눈빛이 일품이다.

〈천국의 계단〉(2004. SBS)은 오염된 청춘들의 집합체로 '콩쥐 팥쥐'의 틀에 극악의 코드를 보탰다. 평균 시청률이 40%를 웃돌았으나 결코 좋은 화제작은 아니었다. 부유한 집 외동딸 최지우, 아버지의 재혼으로 새엄마 이휘향과 딸 김태희가 들어오면서 애인, 가족, 신분까지 탈탈 뺏기고 인생도 망가진다. 최지우의 애인 권상우는 김태희에 한눈을 팔고 새엄마의 숨겨진 아들 신현준은 최지우에 호감을 느끼면서 막장으로 빠진다. 하룻밤 김태희는 최지우를 차에 치여 기억상실증에 시력까지 잃게 하는데… 그동안 한국 드라마에서 사용했던 모든 클리셰(진부한 구성)가 집합된 드라마였다.

〈발리에서 생긴 일〉(2004. SBS)은 돈만이 유일한 기준인 세상에 진정 찾아야 할 가치는 무엇인지, 발리와 서울을 오가는 네 젊은이의 삶을 통해 짚어본 작품이다. 재벌 2세의 조인성, 가난하지만 똑똑한 소지섭, 졸부 집의 딸 박예진, 또순이 스타일의 하지원이 펼치는 사각 관계가 주축이다.

그런가 하면 〈동백꽃 필 무렵〉(2019. KBS2)은 한 폭의 수채화처럼 해맑다. 소박, 순수, 정감 넘친 아름다운 청춘들이 등장했다. 충청도 한 조그마한 마을, 생맥줏집을 개업한 미혼모 동백(공효진)은 수더분하지만 야무지다. 훈장과 마을 사람들의 텃세, 꼬장꼬장한 손님들…. 근데 자꾸 찾아온 동네 파출소 순경(강하늘)의 우직함과 진솔함이 심상치 않다. 한 많은 과부(고두심)의 징징거림, 야구 스타가 된 옛 남자(김지석), 어린 아들(김강훈)…. 그러나 따뜻한 청춘들의 힘으로 '동백'은 다시 핀다.

사계절별 연작 형태로 엮은 애틋한 청춘 러브스토리

KBS의 윤석호 PD는 4계절에 따른 청춘 스토리를 곱게 지펴냈다. 그 얘기는 '방황, 순애, 운명, 죽음'의 코드를 타고 오랜 울림을 가져왔다.

〈가을동화〉(2000)에서는 이뤄질 수 없는 사랑의 미로를 다뤘다.

신생아실에서 서로 바뀐 준서(송승헌)와 은서(송혜교)는 각자 다른 부모 밑에서 키워지다가 결국은 제자리를 찾아가면서 비극을 낳는다. 이들은 남매에서 남녀 사이로 변하고 사랑을 느끼면서 가족들의 반대에 부딪힌다. 준서의 친구 태석(원빈)이 은서를 좋아하면서 다시 삼각으로 얽힌다. 은서는 백혈병으로 죽게 되고 준서도 교통사고를 당하면서 슬픈 얘기로 변한다.

〈겨울연가〉(2002)는 사랑은 어쩔 수 없는 운명임을 현시해 준다.

유진(최지우)은 첫사랑인 준상(배용준)이 갑자기 죽은 후 상혁(박용하)과 새로운 삶을 시작한다. 어느 날 유진 앞에 준상과 똑같이 생긴 민형이 나타난다. 그는 자신을 각별히 생각하는 유진을 이상하게 여기면서도 점점 끌리게 되고, 민형도 자신이 기억상실증에 걸린 준상이라는 사실을 기억해낸다. 몇 년 후 둘은 한 섬에서 우연한 만남을 통해 옛날을 회복하는데… 한류 열풍을 촉발한 이 작품은 역주행으로 국내에서 앙코르 방송했고 남이섬, 용평스키장은 관광지로 떠올랐다.

〈여름향기〉(2003)에선 사랑은 머리가 아닌 가슴으로 하는 것임을 예시했다. 혜원(손예진)은 심장 이식을 받은 후 우연히 민우(송승헌)를 만나게 된다. 이상하게도 그를 보면 심장이 뛰는 혜원에겐 이미 정혼자 정재(류진)가 있었다. 자신의 심장이 민우의 죽은 여자 친구 것임을 알고 그 감정이 진짜 자신의 것이 아니라고 생각해 민우를 포기하고 정재와 결혼하기로 한다. 결혼식 날 혜원은 쓰러진다. 몇 년 후 만난 민우 모습에 혜원의 가슴은 또다시 뛴다. 그녀의 진짜 마음이 민우에게 반응한 탓일까…. 보성 녹차 밭 배경이 아름다웠다.

〈봄의 왈츠〉(2006)는 현대판 '로미오와 줄리엣'의 아픔을 다루었다.

재하(서도영)는 천재 피아니스트로 부유하게 살고 있지만, 양부모 밑에서 늘 우울하다. 은영(한효주)은 청산도에서 엄마랑 살고 있었으나 어느 날 재하의 아버지 때문에 엄마가 죽게 된다. 은영은 액세서리 공모전에 입상하여 해외 여행길에서 나선다. 여기서 재하를 만나게 된다.

둘은 알게 모르게 서로 끌리기 시작하나 은영은 원수의 자식과 합칠 수 없어 괴로워한다…. 유채꽃 노란색과 클래식 피아노 선율이 어우러졌다.

청춘 드라마의 플랫폼은 의외로 넓고 크다. 어느 드라마 열차든 다 포용할 수 있다. 멀리서 보면 아름답다. 가까이 가면 더 아름답다. 청춘이기 때문이다.

제3장

대형화, 다양화, 전문화, 금기소재로 사회 이슈화

15. 바람을 피워라

- 끝없는 테마, 불륜 드라마 열전

최근 불륜 드라마는 김희애가 이끌고 있다. '불륜녀-김희애'…. 얼핏 맞지 않는 조합이다. 잔잔한 미모, 도도한 품격, 조신함과 진득함이 배어있는 그녀에게 '바람기'의 DNA는 거의 보이지 않는다. 하긴 불륜 자체가 표리부동한 시침 떼기와 기만의 전술이 아니던가. 김희애는 바로 그 의외성을 찔러 놀라운 관음(觀淫) 효과를 배가한다.

그녀는 네 편의 드라마를 통해 '불륜의 판형'을 새롭게 갈아 치웠다.

우선 여자의 행로에 '희생과 인내'를 날려버렸다. 남성의 우위나 독선에 예속되지도 않는다. 징징 울부짖으며 통사정하거나 우격다짐도 없다. 약자의 입장이 아닌 갑(甲)의 위치에서 홀로서기를 외친다.

배역은 전문의사쯤의 수준 높은 커리어 우먼으로 매양 당당하고 의젓하다. 남편의 불륜에 대한 셈법에 치밀한 수읽기로 함정을 파거나 맞불을 놓는다. 상대를 이혼이나 파탄으로 몰아넣지도 않는다. 결혼서약이나 부부 굴레의 관행에 얽매이지 않는다. 자기감정에 솔직하여 상대를 직접 선택하고 유혹한다. 이별도 자신이 주도하고 결단한다.

그녀의 불륜 행장은 천박하지 않다. 오히려 우아하고 뻔뻔하기까지 하다. 여성 시청자가 열광하는 이유다.

〈부부의 세계〉(2020. jtbc)에서 전문의사인 김희애는 남편 외도의 '응징 책'에 고심한다. 남편의 절친을 꾀어 하룻밤 정사로 맞불을 펼 것인가. 남편 홀린 여자를 만나 아작을 낼 것인가, 중학생 아들을 끌어들여 아빠의 외도를 알리고 폭력을 쓰도록 유도할 것인가. 아예 가출하여 시간의 해결에 맡겨버릴 것인가….

무릇 불륜 드라마들이 '단죄와 복수'로서 가족윤리의 회복을 강조한다면, 김희애는 애초부터 가족관계의 복구에는 별 관심이 없는 듯하다. 목전의 배신에 돌아오라고 호소하지 않는다. 고통받는 아내에게 초점을 맞춘 종전 불륜극과는 전혀 다르다. 그는 철저히 '내 삶에서 남편만 도려내기'로 작심한다. 자식까지 도우미로 삼아 상황을 자신에게 유리하게 이끌어 간다.

시청자들도 대부분 그의 냉찬 대응 전략에 감정을 이입했다.

이 작품은 불륜으로 인한 가정파탄의 신파적 접근이나 이혼을 통한 관계의 재정립 같은 마무리가 아니라, 깨진 듯 보여도 여전히 이어져 있는 잔인한 부부의 세계를 탐구했다. 가정의 정상화를 위해 때론 허울뿐인 남편, 아빠도 필요하다는 논리가 이 드라마에서는 맥을 못 췄다. 종반부는 '남자가 필요 없는 삶'을 택하는 선언처럼 보였다. 가부장적 가족제도에 대한 염증, 이혼율의 급증, 탈 결혼, 비혼이란 시대 흐름의 초상이 바로 '부부의 세계'라는 결론이다. 김희애는 전례 없는 캐릭터로 이런 메시지를 알렸다.(중앙일보 2020. 5. 21.)

〈내 남자의 여자〉(2007. SBS)에서 김희애는 화려한 외모에, 남편과 사별한, 거침없는 전문직 의사로 나와 노골적이고 당찬 장면을 쏟아냈다.

천사표인 고교 동창(배종옥)의 남편(김상중)을 빼앗는 '욕받이' 캐릭터였지만, 단순한 악녀라기보다는 자기 욕망에 충실하고 솔직한 여자로 그려졌다.

그녀는 김상중과 1년 동거 끝에 다시 혼자가 된다. 가부장적인 그의 태도를 참지 못하고 이별을 선언한다. 예전 같으면 피해자로만 묘사되던 아내도 당당한 홀로서기에 성공한다. 불륜 커플이 결말에 보여준 단순한 권선징악 스토리에서 벗어났다. 금기를 깨는 '욕망하는 여자'란 존재의 등장에 시청자들도 카타르시스를 느꼈다.

〈밀회〉(2017. jtbc)는 남녀구도를 바꾸었다.

스물한 살 연하남의 배를 발끝으로 툭툭 건드리면서 뱉는 말이다. "…오늘 너를 혼내줄 거야…" 하면서 깊은 스킨십을 유도한다.

40대 기혼여성과 20대 청년이라는 파격적 설정이었다. 상류층 며느리이자 문화재단 기획실장 오혜원(김희애)은 20살 아래의 가난한 천재 피아니스트(유아인)와 사랑에 빠지며 위선적인 삶을 돌아보고 진짜 자기를 찾는다. 부부권태기를 탓하지 않고 오히려 자기 인생을 적극적으로 끌어간다.

〈아내의 자격〉(2013. jtbc)에서도 우아한 '대치동 맘' 김희애가 우연히 만난 동네 치과의사(이성재)와 격정에 빠지며 허울만 좋은 삶에서 벗어나는 모습을 보인다. 여기서 불륜은, 지식인 혹은 중상층의 허위적인 삶을 벗어던지게 하는 주된 동력이 된다. 부와 계급을 대물리는 수단 외에는 별 의미 없는 결혼제도, 여성의 희생 위에 유지되는 가부장적 가족관계의 민낯을 까발리는 장치이기도 하다. 아내의 자격이란 이런 틀을 거부하고 자기 행복을 찾는 권리를 뜻했다. 기혼녀의 불륜이 인간성을 회복하는 구원의 길로 묘사된 것이다.

'불륜의 미화'-워킹맘 황신혜의 동화 같은 혼외 사랑

'욕망과 개인'의 시대가 열린 1990년대. 〈애인〉(1996. MBC)은 전혀 딴판의 불륜 드라마였다. 처음으로 기혼남녀의 '아름다운 불륜'을 그렸다. 남자를 유혹하는 매력적인 전문직 워킹맘 황신혜가 그윽하게 보였다.

아내의 임신, 남편의 방황이 계기였지만 기혼여성이 불륜의 당사자인 것은 처음이었다. 중년 커플의 성애를 빼버리고 사춘기 로맨스 같은 '순수 불륜'이란 판타지를 그렸다, '나도 저들처럼….'의 신드롬을 낳을 만큼 동화 같은 분위기였다. 시청자들은 청춘 못지않게 설레는 이들의 살가운 로맨스에 열광했다. 불륜의 행태가 밝고 아름다웠고 통속성을 걷어낸 절제력이 돋보여 '불륜의 미학'으로 격찬 되기도 했다.

황신혜의 예쁜 머리핀, 유동근의 잉크색 와이셔츠 패션은 물론 극중 데이트 장소까지 인기였다. 드라마는 새 출발을 꿈꾸던 두 사람이 각자의 배우자에게 돌아가는 것으로 마무리됐다. 당시 가정 윤리관을 의식한 결과였다.

〈위기의 남자〉(2002. MBC)에서는 부부 상호 불륜으로 붕괴한 가정을 다룬다. 세 자녀를 둔 동주(김영철), 금희(황신혜) 부부는 서로 엇박자를 낸다. 동주는 직장에 염증을 느끼며 오랫동안 꿈꾼 귀농을 단행한다. 이에 반대한 금희는 홀로서기로 직장을 갖는다. 산골에 홀로 사는 동주에게 첫사랑이었던 연지(배종옥)가 찾아오고, 금희 앞엔 미끈한 유부남 준하(신성우)가 나타난다.

불륜 드라마 금기 소재로 출발, 이후 주말극 단골, 시리즈도 출현

1960~70년대 흑백 TV 시절의 불륜은 한마디로 엄격한 징벌의 대상이었다. 1969년, MBC 일일극 〈개구리 남편〉(김동현 극본, 표재순 연출)은 회사 과장(최불암)과 신입사원(주연)의 빗나간 사랑을 그렸다. 당시 여론의 뭇매를 맞아 100회 만에 서둘러 끝내는 것으로 마감했다. "댁의 남편이 개구리처럼 물에서 살고 뭍에서도 사는 것은 모두 부인의 책임이에요" 마지막 장면에서 불륜녀는 부인(김혜자)에게 이렇게 충고한다. 의외로 당돌하고 뻔뻔한 대사였다. 이 드라마는 안방에 최초로 '불륜의 대중화'를 던져 낸 작품이다.

MBC 초창기 드라마는 불륜 소재로 쏠쏠한 화제를 모았다.

〈계절풍〉(1969)은 40대 부부(문정숙, 최불암)의 권태기에 따른 외도를 다루었다. 〈학부인〉(1971)은 의사 남편(윤일봉)을 가진 아내(김혜자)가 직장에서 상사(최불암)과 눈이 맞고 남편은 미국서 사귄 여인을 데리고 오면서 복잡해진다. 〈돌개바람〉(1971)은 주부 태현실과 박근형의 불륜에 남편 정욱이 관용과 인내로 해결하는 과정을 담았다.

1975년, 두 민방의 일일극인 MBC 〈안녕〉과 TBC 〈아빠〉가 78회, 27회 만에 나란히 도중 하차했다. 대표 여류작가 김수현과 나연숙의 자존심 대결, 양정화-박근형, 염복순-김성원이 각각 경합한 두 작품은 한 결로 여대생과 기혼남의 사랑을 취급하다가 날벼락을 맞았다. '원조교제'라는 새로운 소재는 당시 유신이념과 사회정화 정책에 반하는 무개념 저질 드라마로 낙인찍혀 추방됐다. 일테면 퇴폐의 멍에를 쓴 매도된 불륜이었다.

1987년 MBC 첫 미니시리즈〈불새〉(최인호 원작, 김한영 연출)는 살인으로 비화한 불륜의 말로를 그렸다. 불우한 환경에서 자라난 영후(유인촌)라는 청년이 재벌 2세인 민섭(현석)의 학대에 분노하여 복수를 결심, 민섭의 누이 미란(윤석화)과 약혼녀인 현주(이미숙)와 정을 통하며 퇴폐적인 애정행각에 벌이다가, 결국 미란의 엽총에 사살된다는 이야기다. 방송위는 2회 방송 후 일찌감치 경고 조치를 내렸다.

2003년에 나타난 변정수, 유호정의 〈앞집 여자〉는 불륜의 일상화에 따른 남녀관계를 코믹한 한판의 술래잡기나 숨바꼭질에 비유했다. 나의 엉큼한 분신을 대행해주는 탕남음녀들의 행각이 질펀하게 벌어진다. 마치 식단을 선택하는 일과처럼 보인다. "무거운 테마-가벼운 터치"의 접근 방법은 불륜의 시트콤을 가능케 하는 견본작품격이었다.

〈애정의 조건〉(2004. KBS2)은 이혼 전문 변호사인 이종원이 후배와 바람을 피운다. 그것은 단지 스트레스 해소용이었다. 아내 채시라는 속을 끓이다가 첫사랑인 초등학교 동창생을 만나 옛정을 되살린다. 맞불 불륜으로 부부는 파국을 맞고 이혼한다. 그리고 후일에 재결합을 시도한다.

SBS의 〈조강지처 클럽〉은 애초 60회에서 104회까지 일 년을 넘는 불륜 소재로서(2007. 9~2008. 10.) 최장연장 기록을 남겼다. 집단 불륜이자 가족 불륜으로서 외도의 전염성, 불륜의 윤회설을 엮어냈다. 부자간을 비롯한 남자 출연자 모두가 불륜남이 되자, 조강지처들이 맞바람으로 맞선다. 불륜은 불륜으로서 갚자는 앙갚음은 패러디된다. 불륜의 심각성 아닌 희화화의 역발상이 인기의 촉매가 되었다.

KBS2 〈드라마게임〉의 소재는 가정위기와 부부권태기, 갱년기와 시추기 등 으레 불륜에서 추출하였고 드라마 말미엔 전문가들의 대담과 토론을 담아 '불륜의 솔루션 드라마'를 자처했다.

1999년부터 나온 〈사랑과 전쟁〉은 한마디로 불륜 소재를 집합한 '불륜 박람회'였다. 2014년 여름까지 600여 화를 낸 이 시리즈는 불륜을 '전쟁' 차원에서 다뤘다. 천태만상을 담아 내 '불륜 종합세트' 또는 '치정극 공장'으로 불렸다. OECD 국가 중 이혼율 상위를 점하는 대한민국 부부의 실태를 드라마로 보여주겠다는 의도다. 시청자 사연과 제보, 보도기사, 이혼판례 등을 실화로 재구성한 뒤, 종반엔 역시 전문가의 조언을 통해 해결 방안을 제시했다.

'불륜은 교통사고와 같은 것' −김수현 작가의 '불륜 운명론'

불륜극은 TV 드라마의 원죄 격에 해당한다. 최상의 〈엿보기 효과, 유사체험, 대리만족〉이 동시에 이뤄졌지만 TV가 가정 매체라는 점, 그리고 가정윤리에 정면으로 위배되는 모순을 안는다. 아울러 불륜 행위를 조장한다는 교사죄에서 자유롭지도 못하다. 그러나 불륜 드라마는 재밌다. 그 재미는 원초적 자극으로부터 온다. 불륜은 '지른 죄'보다 '들킨 죄'가 더 큰 게임 틀 속에 있다. 막장이라고 욕을 먹으면서도 인기가 있는 이유다.

불륜은 소재의 문제인가, 표현의 문제인가, 시대와 시류 따라 징벌의 잣대와 시각이 달라지는가. 드라마 반세기에 나타난 불륜은 행태의 다양성 못지않게 반응과 대응도 다양했다.

김수현 작가는 불륜 묘사가 논란에 휘말리자 노골적으로 화를 냈다.

"..불륜을 매도하지도 미화하지도 않았다. 있는 그대로 그렸다. 우리 삶의 한 단면을 봤다고 생각해 달라. 나는 대단한 철학자가 아니다. 그냥 사람의 얘기다. 여자와 남자, 아내와 남편, 그런 여러 사람의 드라마다. 유부남에 젊은 여자가 생기는 것은 (교통) 사고와 같다. 의도해서 오는 게 아니다."

이는 점증된 논란에 작심하고 대응한 김수현 작가의 인터뷰 내용이다. 애당초 부부의 윤리나 속박을 타파했다. 불륜은 환상도 선악의 문제도 아니다. 하여 불륜은 남녀불문하고 하는 것이 아니라 홍역처럼 어느 날 갑자기 당하는 것으로 이를 현명히 극복하는 것도 삶의 일부라고 주장한다.

1988년 10월, 방송심의위원회가 긴급 간담회를 열었다. 드라마 '불륜' 소동을 다스리기 위한 극히 이례적인 일이었다. '선정성과 방송윤리 문제' 명의로 소집한 간담회는 청문회나 다름없었다. 문제작은 김수현 극본, 곽영범 연출의 MBC 미니시리즈 10부작 〈모래성〉이었다. 드라마는 서울 올림픽이 끝나 허탈했던 안방에 유일한 재미와 화제를 던지고 있었다. 부유한 가정의 40대 변호사 남편(박근형)이 30대 노처녀(김청)와 사랑에 빠지고 이에 분노한 아내(김혜자)가 이혼을 결행한다는 내용이다.

'불륜의 사회학'을 다룬 드라마는 높은 시청률과 함께 남녀별 입장에 따라 엇갈린 반응을 보였다. 겉으로 단란한 가정도 어느 날 갑자기 '모래성'이 될 수 있다는 작가의 메시지는 가정을 가진 중년들에 절묘하게 파고들었다.

'불륜' 소재, 방송윤리 위반 사례에 가장 많은 점유율 차지

'불륜'은 '폭력'과 함께 방송심의 위반 건에서 가장 많이 지적된 사례다. 폭력은 표현 강도에서 감시의 눈이 따르고 불륜은 소재 측면에서 주시 대상이 된다.

불륜은 "또 하나의 사랑의 양태"라는 공식에 결코 동의할 수 없음에도 TV 드라마의 유고(有故) 사항 중 '최초', '최다', '최상'의 위치를 점하고 있다.

혼외정사, 혼전임신, 외도, 부정(不貞), 무분별한 남녀관계 등 부적절한 애정행각에 따른 부부파탄과 가정파괴는 모두 여기에 속한다. 인간사에서 불륜이 점하는 욕망의 원초성과 빈도를 상기해 볼 때, 드라마에 불륜 소재가 차지하는 비율은 쉬이 감소하지는 않을 것 같다.

'유부남 대 미혼녀'의 구도는 불륜의 모델에 가까울 만큼 가장 많은 예다. 유부녀 대 미혼남, 기혼남 대 기혼녀의 설정이 다음을 잇는다.

이후는 '바람난 드라마'는 불륜남과 내연녀, 꽃뱀 대 제비족, 앞집 아저씨와 뒷집 아줌마, 원조교제와 친구 남편 뺏기 등 보다 무분별한 관계의 교차 행태로 진화하는 중이다. 여기에 현격한 나이 차이와 빈부 차, 신분 차가 개입되면 그 관계는 한층 더 복잡해진다.

2015년 2월 26일, 간통죄가 위헌으로 판결되어 62년 만에 폐지되었다. '2년 이하 징역'의 처벌 조항이 간통 억제 효과를 보여주지 못했고 개개인의 성생활 영역에 국가가 개입하는 것은 성적(性的) 자기 결정권을 저해하고 사생활의 비밀을 침해한다는 이유다. 여기서 성적 자유권은 성행위 여부와 상대방을 스스로 결정할 수 있는 권리로, 헌법에 보장된 인격권과 행복추구권에 포함된다. 2009년 위헌 결정된 '혼인빙자간음죄'가 디딤돌이 되었다.

반대 목소리도 여전하다. 우리 사회 전반에 성도덕의 하향화를 초래하고 혼인 책임과 가정생활의 소중함은 뒤로 한 채 오로지 사생활의 자유만 앞세워 가족 공동체를 파괴한다는 우려다.

'불륜, 파탄, 이혼'은 한 묶음 속에 있다. 모두 폭발력과 극성이 강한 요소다. 간통죄 폐지는 '가정-사회-국가'라는 인간 삶의 근본적인 공동체를 훼손할 수 있다. 드라마는 기꺼이 그 훼손의 경우를 드러내야 한다. 드라마는 매양 금지된 것을 먹고 살며 금단의 지역을 밟고 산다. 하지 말라는 것을 하지 않으면 성립되기 어렵다. 성적(性的) 자기 결정권이 존중된 만큼 드라마의 극적(劇的) 구성 결정권도 존중돼야 한다. 즉 법의 소멸이 드라마의 재미를 소멸하지는 못한다.

그 간 불륜을 범한 자는 배우자에 이혼 요구를 할 수 없었다(유책주의). 이제는 사실상 화해 불능과 혼인 관계의 파탄을 인정하는 가능성이 커졌다(파탄주의). 방귀 뀐 놈이 큰소리를 칠 수도 있다. 이혼 재판의 경우, 재산분할 비율에 불륜의 잘못이 얼마나 큰지를 고려하지 않기 때문이다. 그러나 간통죄 면죄부가 불륜의 용인과 권장을 뜻하지 않는다. 이제 바람 핀 배우자는 훨씬 많은 위자료를 물게 된다. 불륜 주제 드라마는 위자료 폭탄에 의한 '쩐(錢)의 전쟁터'로 변할 줄 모른다.

16. 만화 속으로 들어가라

- 신 소재주의로서 웹툰까지 삼키다

TV 드라마의 요람기엔 원작(오리지널)이 없었다. 단막 연극을 생중계하거나 단편 소설의 번안극에 의존했다. 드라마가 만화와 본격 인연 맺기까지는 약 30년이 걸렸다. 그만큼 멀리 떨어져 있었다. 만화는 '짧고 가벼우며 유치한 것'이기 때문이다. 그러나 종이(紙) 문화는 전파 문화보다 훨씬 앞서 있었다.

'드라마가 만화와 어깨동무하다.' 아니 '만화에까지 길을 묻는다.'

그게 무엇이 문제인가? 만화면 어떻고 설화나 동화인들 어쩌랴. 이제 드라마는 빗물, 냇물을 가리지 않고 받아들이는 바다가 되었다. 둘의 접목은 어제오늘 일이 아닌 다반사다. 드라마 반세기를 넘은 오늘날 새삼스럽게 '드라마의 잡식성'을 들먹이는 것은 '우스갯거리'를 넘어선 만화의 위상이 훌쩍 커졌음을 방증한다. 그것은 만화 장르와 소재의 다양성, 그리고 노출과 유통의 다원성, 쓰임새와 대상층의 다변화까지를 포함한다.

1967년 '왈순아지매'가 효시, 신문 네 컷 만화에서 캐릭터 차용

애니메이션 개척자 신동헌을 잊을 수 없다. 1960년대 '한잔 크~ 진로 파라다이스'를 노래한 진로 소주의 CF와 장편 애니메이션 '홍길동'(1967)은 선구적인 작품이었다. 70년대 '로봇 태권V'은 극장 영화 흥행의 가능성을 열었다.

최초의 만화원작 드라마는 1967년 TBC에서 방송한 〈왈순아지매〉다. 김성환의 '고바우'(1959. 김승호 주연), 정운경의 '왈순아지매'(1963. 도금봉), 길창덕의 '순악질 여사'(1979. 장미희)가 지명도를 타고 영화로 탄생했다. 유명 일간지에 연재된 4컷 시사만화의 캐릭터는 더 없는 주인공으로 거듭났다.

1967년 강부자를 내세운 TBC의 목요극 〈왈순아지매〉(13회)는 당시 월간 여성지 '여원'에 연재된 인기 만화였다. 1971년엔 이재정 주연의 MBC 일일극(72회)으로 다시 태어났다. 세 번 출현의 힘은 캐릭터의 독특함 때문이었다.

경상도에서 상경한 왈순은 억척 식모(가정부)로서 여성과 서민의 애환을 '심술+참견+직설'로 대변하여 사랑을 받았다. 미국에 '블론디'(1930. ~) 그리고 일본에 '사자에상'(1948. ~)이라는 못 말리는 여성이 있다면 한국엔 '왈순아지매'가 있었다. 거침없는 언변, 때 없는 좌충우돌, 주인과 자녀까지 챙기는 악착스러운 오지랖…. 이는 뭇 여성들에 통쾌함을 안겨주었다.

엄밀히 말해서 신문 만화의 영상화는 주인공의 이름과 성격만을 차용한 것이며 줄거리는 그 이미지를 살려 별도로 구성한 것이다.

참신한 인물과 소재, 탄탄한 스토리, 검증된 독자의 평가….

이는 드라마가 만화를 사는 세 가지 이유다. 이 3요소는 매력을 넘어 기획의 '안전장치'로 통한다. 만화작가의 필수 요소인 감수성과 창의력, 상상력과 문장력은 드라마의 그것과 유사하다. 작품선정 과정의 노고를 줄이고 신(新)소재주의에 답한다. 그래서 대본 작업과 영상화 작업이 용이하고 전체 짜임새와 완결성을 기대할 수 있다.

오리지널은 시간이 걸리고 원작소설은 웬만큼 섭렵했으며 리메이크도 한계가 보인다. 가재는 게 편인가. 비주얼의 흐름과 문법이 비슷한 만화에 눈길을 안 줄 이유는 없다. 만화의 화상(畵像)에 상상을 덧붙이면 드라마 영상으로 쉽게 변환될 수 있는 점도 큰 힘이 된다.

일부 만화의 자체 격상 노력이 결실을 맺었다. 접근성과 친근성을 살리되 가벼움과 유치함을 넘어 사회성과 멜로성을 겸비한 작품이 주목 대상이 되었다. 이들은 만화가 갖는 '비약 왜곡 돌변'을 절제하고 황당무계함을 제거했다. '초현실 탈현실 비현실'도 완화하여 주제를 사회 현실에 관통했다. 진중한 테마, 치밀한 플롯은 나름의 공감 폭을 넓혀 드라마 땅을 적셨다. 특히 전문직 세계를 리얼하게 묘사한 이현세와 허영만은 작가주의를 내세워 체급을 높이고 그 영역을 드라마까지 넓혔다.

본격 점화는 86년 이현세의 '외인구단, 87년 허영만의 '퇴역 전선'

1986년 이현세의 〈공포의 외인구단〉(이장호 감독)은 만화의 본격 영입의 기폭제가 된다. 개봉 당시 서울에서만 28만을 모았다. 스포츠 만화의 세 주인공인 까치와 엄지, 그리고 마동탁이 화제의 중심에 섰다. 출범 5년째를 맞는 프로야구 붐이 지렛대 역할을 했다. 2009년에는 드라마로 리메이크되었다.

TV는 일약 미니시리즈로 상륙한 허영만의 〈퇴역 전선〉(1987. MBC)을 잊을 수 없다. 〈모래시계〉의 '김종학-송지나' 콤비가 이 작품을 통해 처음 만났다.

미니시리즈에 감히 만화를 올리다니

당시 논란과 구설이 따랐다. 내용은 만화 무게를 훨씬 초과한 경제 사회 테마로서 재벌들의 비정한 약육강식을 다룬 기업드라마였다. 탐욕, 음모, 후계자, 도산, 살인, 누명 등 오욕(五慾)이 녹아있는 진중한 리얼리티가 크게 어필했다.

허영만이 갖는 상징성은 크다. '퍼스트 펭귄'(먼저 절벽에서 떨어지면 나머지가 따라 한다)이 되었기 때문이다. 이후 그의 만화는 '안심 선택권'에 흥행 보증 표로 작동한다. '미스터 Q', '아스팔트의 사나이', '식객', '타짜'에서 '각시탈'까지 짙은 사회성을 실은 원작은 드라마로서 격조를 잡기에 충분한 것이었다.

1998년 〈미스터 Q〉의 시청률 45.3%(평균 35.5%)는 역대 만화원작 드라마 사상 최고 기록이다. 2006년에 나온 〈타짜〉는 관객 680만 명을 동원하며 역대 만화원작 영화 가운데 역시 최고 흥행 기록을 세웠다.

1990년대 초반에는 배금택의 '변금련', 한희작의 '러브러브', 강철수의 '돈아 돈아 돈아' 등 농밀한 성인 만화들이 스크린 나들이를 하며 또 다른 흐름을 형성했다. 1990년대는 만화원작 드라마의 가능성을 확인한 시기였다.

이병헌, 엄정화 등 새내기 별들이 대거 출연하여 주목을 받은 이현세의 〈폴리스〉(1994. KBS)와 허영만의 〈아스팔트의 사나이〉(1995. SBS)는 불을 붙인 격이었다. 〈폴리스〉는 경찰과 조폭의 대결을 그렸다. 노태우 대통령의 '범죄와의 전쟁' 정책에 힘입었다. 이어 두 형제의 카레이싱 집념을 그린 〈아스팔트 사나이〉는 자동차 증산과 마이카 붐이 원동력이었다. 패션 회사 젊은이들의 성공과 좌절을 그린 〈미스터 Q〉(1998)는 여성 파워가 드라마의 배경이었다.

이처럼 만화가 드라마에 건너온 동력 중 하나는 당시의 사회문화적 이슈를 반영했기 때문이다. 〈미스터 Q〉는 그해 SBS 연기대상에 김희선을 비롯하여 최우수 남녀연기상에 김민종과 송윤아, 조연상에 권해효 등 수상을 휩쓸었다.

허영만의 만화는 다양한 장르와 소재에 힘입어 2008년 한 해에 SBS에서 세 작품이 방송된 미증유의 기록도 세웠다. 최고 한식집 운암정 대령숙수 자리를 놓고 세 남자와 요리 대결을 엮은 〈식객〉, 도박으로 인생역전을 꿈꾸는 주역들의 엇갈림을 다룬 〈타짜〉, 그리고 아래윗집 이웃의 세 커플의 결혼생활과 우여곡절을 그린 〈사랑해〉가 그것이다.

순정 만화도 들어섰다. 1996년 김수정의 〈일곱 개의 숟가락〉(MBC)은 한 지붕 아래 부모 없는 5형제의 따뜻한 가족애를 통해 결손가정과 소외 청소년에게 희망을 안겼다. 1999년 황미나의 〈우리는 길잃은 작은 새를 보았다〉(KBS)는 버려진 세 고아가 한 가정에 입양하여 겪게 되는 훈훈한 얘기를 다뤘다.

2000년대 만화원작 드라마 편수 늘고, 일본만화 수용도 대폭

2000년대에 들어 드라마 제작 주체가 외주제작사로 바뀌는 제도의 변화로 새로운 국면을 맞는다. 제작사들은 방송사로부터 안정적인 편성을 보장받고 투자자와 판매처를 확보하기 위해 기획 단계부터 치열한 경쟁을 펼쳤다. 이에 따라 대중에게 검증된 소재를 발굴하는 데 혈안이 됐다. 만화원작이 하나의 트렌드로 어필한 것은 당연한 결과다. 그것은 '사건'이 아니라 '일상'이 됐다. 판권 경쟁도 새롭게 대두되었다.

2003년, 방학기의 〈조선 여형사 다모〉(MBC)는 원작의 튼실한 스토리를 기반으로 새 얼굴 이서진을 내세워 '다모 페인'이라는 신드롬까지 냈다. 극 중 대사인 "아프냐? 나도 아프다"는 그해 유행어로 떠올랐다. 이 원작은 서사구조만 남기고 인물은 모조리 변형되어 새로운 멜로라인을 이끄는 퓨전 사극으로 거듭났다.

2004년, 원수연의 〈풀하우스〉(KBS)는 원작과 드라마의 괴리감에도 불구하고 평균 시청률 31.9%를 보였다. 주연배우로 기용된 한류스타 (비, 송혜교)의 힘을 입어 대만과 태국에서 큰 반응을 이끌었다.

2005년, 강희우의 〈불량주부〉(SBS)는 짙은 사회성을 내세워 화제를 모았고, 〈쩐의 전쟁〉(2007. SBS), 〈열혈장사꾼〉(2009. KBS), 〈대물〉(2010. SBS)은 모두 박인권 작가가 황금만능을 꼬집은 경제 테마로 각광을 받았다. 스포츠 칸의 연재만화 〈온 에어〉는 방송계의 이면을 폭로했다.

2006년, 박소희의 〈궁〉(MBC)은 입헌군주제라는 설정 하에 조선왕조와 현실을 드나드는 '타임슬립' 기법으로 주목을 끌어 평균 시청률 22.6%를 기록했고 일본에 수출 만화로 출판되어 100만 부가 팔렸다.

36부 대형 사극도 등장했다. 김진의 〈바람의 나라〉(2008. KBS2)는 우리 역사상 가장 넓은 영토를 소유한 고구려 3대째 왕 대무신(송일국)왕의 일대기를 그렸다.

2009년, 정혜나의 〈탐나는도다〉(MBC)는 제주에 표류한 영국 청년, 귀양 온 한양선비, 그리고 해녀와의 로맨스를 그렸다. 고우영의 〈돌아온 일지매〉(MBC)도 가세했다.

새 시대의 특징은 우선 편수의 증가를 비롯하여 사극 만화의 본격화, 한류를 주도한 청춘 멜로, 그리고 일본만화의 상륙이다. 2010년대는 '만화 대국'인 일본 작품이 대거 유입되어 드라마 문호를 확장하고 공급원을 넓히는 데 일조했다. 우리 만화계에서 썩 반가운 일은 아니었지만, 일본만화는 스토리, 캐릭터, 스타일의 다양성은 물론 시장

규모에서 압도적이었다. 1995년의 예를 들면 만화책과 만화잡지 총 판매 부수는 23억 권에 이르며 일본 인구 한 명당 1년에 15권 읽는 셈이었다. 또한, 애니메이션과 더불어 CD, 캐릭터 상품, 문구류, 게임, 뮤지컬, 드라마, 영화, 소설, 원작 수출까지 파급되어 '원소스멀티유즈'의 효자 모델이 되었다.

아이 엠 샘(2007. KBS), 꽃보다 남자(2009. KBS)를 위시하여 장난스런 키스(2010. MBC), 공부의 신(2010. KBS), 아름다운 그대에게(2012. SBS), 닥터 진(2012. MBC), 예쁜남자(2013. KBS), 야왕(2013. SBS), 이웃집 꽃미남(2013. tvN), 내일도 칸타빌레(2014. KBS), 라이어 게임(2014. tvN) 등이 일본만화 원작 드라마다. 지상파 외에 전문 채널이 늘어나면서 수요가 커졌다. 주목해야 하는 부분은 일본만화를 재해석한 작품들이 화려한 출연진과 세련미를 자랑하면서 쏠쏠히 성공을 거뒀다는 점이다.

〈꽃보다 남자〉는 네 명 꽃미남들의 열풍을 불며 평균 시청률 33%를 기록했다. 해외 판매도 거침이 없었다. 일본, 중국, 동남아는 물론 중동, 남미, 유럽 등 지구촌 여러 곳에 수출됐다. 〈공부의 신〉은 '대학 입시 지옥'이란 공통의 사회 현상이 작동한 덕분이었다. 〈닥터 진〉은 〈궁〉처럼 2백 년의 전의 상황을 현대와 융합하는 '타임 슬립' 장치로 영상 구성과 스토리 흐름을 새롭게 했다.

대부분의 만화 드라마는 원작과 적지 않은 차이를 보였다. 계약이 끝나기 무섭게 제작자는 새 캐릭터를 추가하고, 인간관계를 변주하고, 대결 구도를 강화했다.

PC, 모바일 등 다매체 시대에 웹툰 드라마 크게 부상

백마 탄 왕자가 아닌 택시 탄 기사가 나타났다. 정의가 실종된 이 세상에 억울한 피해자를 대신하여 복수해주는 택시 기사(이제훈)다. 혜성처럼 나타난 기사는 사립 탐정을 겸하여 악을 물리친다. 치매 초기의 칠순 노인(박인환)이 발레를 배우겠다고 우겨댄다. 23살의 발레리노(송강)는 기가 막힌다. 뭐? 나이가 어때서…. 너무 진지하고 간절하다. 그래 해보자….

2021년 4월에 나타난 〈모범택시〉(SBS)와 〈나빌레라〉(tvN)는 화끈한 얼굴과 소재를 띄우고 있다. 두 드라마는 모두 웹툰이 원작이다….

전문 채널의 첫 드라마인 신영우의 〈키드 갱〉(2007. OCN)은 조폭들의 인간적인 측면을 코믹하게 묘사하여 크게 떴고, 2014년 이종범의 〈닥터 프로스트〉는 심리 수사극을 시도했다. 〈후유증〉, 〈연애 세포〉 등도 웹 드라마의 보폭을 넓히는 데 일조했다.

2014년은 대세를 주도한 해다. 윤태호의 웹툰 〈미생〉(tvN)은 웹툰의 가치를 각인시키는 대표작이 되었다. 한 무역회사의 신입사원 장그래(임시완)의 치열한 조직 적응기를 그린 20부작이다. 회사 내에서 교차하는 샐러리맨들의 불안과 희비를 다큐식으로 묘사한 구성 연출이 주효했다. 강소라, 이성민, 강하늘, 변요한이 함께 스타로 떠올랐다. 원작은 2012년 초 포털사이트 '다음'에 연재하여 그해 가을에 9권을 완간, 50만 부를 돌파하고 2년 후 2014년 말에 100만 부를 찍어 국내 만화계에 새 지평을 열었다.

2015년 들어 지상파도 가세한다. 뱀파이어 선비인 이준기의 밤의 로맨스를 그린 〈밤을 걷는 선비〉(MBC), 한 남자의 두 인격과 사랑에 빠진 한 여자의 삼각관계를 다룬 판타지 〈지킬과 나〉(SBS)가 그렇다. 〈송곳〉(jtbc)은 대형마트를 무대로 비정규직 노동자들이 차별대우에 투쟁하는 모습을 그렸다.

이후 웹툰 드라마는 단연 tvN에서 주도한다. 2016년 한 여대생의 남자 관심법을 코믹 터치한 〈치즈인더트랩〉, 2018년 자유분방한 여비서(박민영)를 앞세운 오피스 해학극 〈김비서가 왜 그럴까〉는 색다른 반응을 끌어냈다. 〈계약 우정, 85년생, 연애혁명, 쌍갑포차, 경이로운 소문, 여신 강림, 스위트홈, 편의점 샛별이, 간 떨어지는 동거….〉등 모두 제목만 봐도 웹툰의 내음이 물씬 풍긴다.

활자 매체의 급격한 퇴조도 한몫했다. 지하철에서도 책 읽는 사람을 찾아보기 힘들다. 소설도 날이 갈수록 독자 수가 감소하고 있다. 반면 만화는 웹툰을 통해 계속해서 저변을 넓혀가는 중이다.

다채널 환경이 정착하면서 드라마의 표현형식이나 유통창구가 다양해지는 것이 웹 만화의 드라마화를 가속하는 동력이 되고 있다. N스크린(PC, 태블릿, 스마트폰 등)과 모바일 사회가 활성화할수록 드라마는 TV에만 가둘 수 없게 되었다. 만화 역시 '종이' 위에만 묶어둘 수 없는 세상이다. 웹 드라마는 오히려 만화의 짧고 가벼운 '스낵 컬처'의 특성을 즐기고 있는 모양새다.

17. 전문직, 전문인을 내세워라

- 전문직 드라마의 무게와 품격

한 분야의 전문가가 주연한 드라마를 그냥 전문직 드라마로 일컫는다.

의사, 약사, 변호사, 검사, 판사, 형사, 회계사, 박사, 요리사, 심리분석가, 정치가, 사업가, 기업가, 소설가, 탐험가…등 전문 직종인이 주연한 드라마는 1990년대 후반에 들어 본격화되었다.

사(士), 사(師), 가(家)자 돌림의 엘리트가 등장하면 드라마 운신이 진지하고 심오해진다. 평생 내공과 경륜을 바탕으로 이름과 명예를 건 사람들이 나온 드라마에는 지나친 허구나 픽션이 함부로 개입하지 못한다. 감성보다는 논리와 이성에 호소하는 실용 드라마가 된다. 작가를 비롯한 제작진은 면밀한 사전 취재와 폭넓은 연구가 전제된다. 그들의 세계와 공간, 그들을 지배하는 의식과 가치, 구사하는 전문용어, 그들만의 애환과 고민 등은 냉엄한 현실과 사실에 근저 한다.

우리 전문직 드라마는 '병원과 법정' 소재에 편향되어 있다. 주역들은 의사, 검사, 변호사…. 모두 자타 공인의 엘리트층이다. '질병, 범죄, 전쟁'은 인류학의 전모 그 자체다. 모두 생명, 죽음과 맞물려 있어

절박함과 심각함을 더하고 있다. 미국과 일본 드라마도 비슷한 구조
다.

최초의 전문직 드라마는 1975년 김무생이 주연한 MBC의 〈집념〉
이었다. 허준의 '동의보감'의 주요 대목을 구체화하였다. 한의사로서
의 면모, 맥을 짚어가는 진단과 침 뜸 처방은 실체의 재현이었다. 자
막처리로 한방에 의한 병리와 치유를 알렸다. 경희대 한의과에서 한
의학의 가치를 높인 공로로 감사패를 받았다. 이윽고 1976년 MBC의
〈홍 변호사〉(박근형)는 불철주야 억울한 자와 약자를 돕는 사회 정의감
을 부각했다. 최초의 법정극의 형태를 취하여 검사, 판사를 동반했다.
그의 뒤를 이은 고두심의 〈박봉숙 변호사〉(1994. SBS)도 역시 실제 사례
를 통한 법창야화 형식을 취했다.

메디컬 드라마의 본격화는 1994년 MBC 〈종합병원〉에서

메디컬 드라마의 첫선은 1980년 9월에 시작한 KBS의 일요 아침
극 〈소망〉(116회)을 들 수 있다. 종합 병원장 부부, 각층 전공의와 수련
의, 간호사, 환자들의 교차를 통해 생명의 존엄성과 의사의 사명감을
강조하면서 전문직 드라마로 틀을 갖추었다.

90년대 첫 기수는 1994년 MBC의 〈종합병원〉이다. 이재룡, 신은
경, 전도연, 구본승 등 젊은 전문의들의 일과 사랑이 선선히 다가왔
다. 이후 병원을 배경하여 의사와 환자들과 각종 인간 군상들이 펼치
는 메디컬 드라마가 속출했다. 1997년 장동건, 이영애, 손창민 주연

의 MBC 〈의가 형제〉에 이어 1998년 안재욱, 김희선, 차태현, 김정은의 〈해바라기〉는 모두 성공을 거뒀다.

2000년 SBS도 감우성, 김상경, 이승연, 한고은, 주연의 〈메디컬센터〉를 방송했다. 2007년 MBC의 〈하얀거탑〉은 대학병원을 배경으로 운영권과 승계권을 둘러싼 권력 암투, 전문의들의 신분 상승을 위한 인생 승부, 그리고 주인공의 끝없는 질주와 종말을 그렸다. 김명민, 이선균, 차인표, 송선미, 김보경이 열연했다.

2007년엔 전문직 드라마가 풍성했다. SBS에서는 지방의대 출신 흉부외과 레지던트 봉달희와 동료들의 수련기를 그린 〈외과 의사 봉달희〉를 냈다. 이범수, 이요원, 오윤아가 출연했다. MBC에서도 흉부외과를 무대로 지성, 김민정, 조재현, 정호근이 출연한 〈뉴하트〉를 방송했다. 이정재, 최지우의 〈에어시티〉는 인천공항을 배경으로 위조범, 밀수출범, 마약범들을 색출하는 공항 직원의 밤낮을 그렸다.

2008년 MBC 〈종합병원 2〉는 차태현, 김정은, 이재룡이 출연하여 14년 전 전작의 영광을 재현했다. 2010년 SBS 〈산부인과〉는 장서희, 고주원, 서지석, 송중기 출연으로 산부인과에서 벌어진 각가지 에피소드와 세태를 묘사했다.

2011년 SBS의 〈싸인〉은 사인(死因)분석 전담인 국립과학 수사 검시 반을 중심으로 하여 최초로 법의학에 의한 메디컬 수사극을 시도했다. 박신양, 전광렬, 김아중, 엄지원, 정겨운의 출연이었다. 같은 해 KBS의 〈브레인〉은 뇌질환전문 신경외과를 주 무대로 설정했다. 신하균, 정진영, 최정원, 조동혁이 출연했다.

2012년 MBC의 〈골든타임〉은 이선균, 황정음, 이성민, 송선미가 출연하여 중증외상 환자와 긴박한 시간 싸움을 벌이는 의사들의 고뇌를 그렸다.

2013년 8월에 나타난 KBS의 〈굿닥터〉는 대학병원 소아외과가 배경이다. 주원, 문채원, 주상욱, 천호진, 나영희 등이 출연했다. 이 포맷은 미국으로 수출되어 버전 3까지 제작되었다.

메디컬 드라마의 계보는 종합편성 채널까지 이어졌다. 2013년 jtbc의 〈세상의 끝〉은 원인이 규명되지 않은 괴질 퇴치를 다뤘다. OCN의 〈더 바이러스〉는 감염에서 사망까지 불과 사흘 걸리는 치명적인 바이러스를 추적하는 특수 대책반의 고뇌를 담았다.

한석규가 주연한 〈낭만닥터 김사부〉(2016. SBS)는 시골 한 돌담병원을 무대로 천재적 수완을 가진 외과의와 젊은 동료를 중심으로 벌어지는 '별의별 일'을 엮는다. 반응이 좋아 2020년에 시즌 2를 방송했다.

〈병원선〉(2017. MBC)은 일군의 남녀 의사들이 병원선을 타고 섬마을을 돌면서 소외된 환자를 치료하는 과정을 통해 지역과 교감하고 소통한다.

하얀 제복의 의사들과 간호사들 그리고 환자들의 집합소인 병원은 결코 한가로운 곳이 아니다. 생과 사의 경계에서 분초를 다투는 의사들의 외로운 분투, 경각에 갇힌 환자의 모습은 드라마보다 더한 긴박함이 묻어난다.

드라마에 나온 병상(病狀)은 이미 픽션이 아닌 실제다. 병상 묘사에 따른 시청자의 동일화와 환치 심리가 강하게 작용한다. 각가지 질병이나 환부 치료에 대한 정보와 대리경험을 수렴한다. 불현듯 미래에 닥칠 유사환경을 간접적으로 체험하는 것이다. 최근 고질병, 난치병 치료는 물론, 고령화와 건강복지의 정착으로 병원은 가깝게 다가오고 있다. 메디컬 드라마의 생명력은 길고 오래 갈 전망이다.

강직 검사에서 '나쁜 검사'로, 고독한 변호사와 '속물 변호사'

2010년~2011년 이른바 '스폰서 검사', '벤츠 검사'의 출현 이후 검사 이미지는 왈칵 무너졌다. 채동욱 검찰총장의 혼외자녀 논란, 세월호 주범 유병언 체포의 실패도 설상가상이었다. 반면 드라마에는 물실호기의 호재로 떠올랐다. 〈모래시계〉(1995)의 대쪽 강우석 검사는 옛날이야기가 되었다. 획일적인 묘사가 풀리자 대부분 청렴 강직한 검사의 이미지는 사라졌다. 뇌물검사, 정치검사, 속물 검사, 부패검사…등 '시커먼 검사상'을 내세운 드라마가 다투어 속출했다.

〈검사 프린세스〉(2010. SBS) 4차원 말괄량이 여검사가 검찰 조직 내에서 여러 사건과 부딪치면서 성숙해가는 과정을 경쾌하게 튕겨냈다.
〈돈의 화신〉(2013. SBS) 돈의 마력에 무너지는 법과 인륜을 속속 고발했다. 은밀한 로비와 커넥션으로 얼룩진 인간들, 심지어 중앙지검 특수부 검사도 돈 앞에서 흔들린다.

〈펀치〉(2014. SBS) 한마디로 속물 검사들의 사악한 거래 명세서다. 시한부 6개월 선고를 받은 대검찰청 박 검사의 마지막 생애는 온갖 편법과 타협으로 얼룩진다. 여기에 일군의 남녀 검사들이 자기 입신출세를 위해 은밀하고 복잡한 수 싸움을 시작한다.

〈참 좋은 날〉(2014. KBS2) '개천용'의 상징인 한 남자가 검사로 성공한 뒤 평범한 인간 회귀를 자청한다. 15년 만에 귀향한 그는 가족과 사랑의 귀중함, 이웃의 따뜻함이 훨씬 좋다. '공명정대'의 사회는 '가화만사성'에서 비롯된다는 얘기다.

〈오만과 편견〉(2014. MBC) '돈, 힘, 죄' 없는 사람들을 위해 헌신하는 루저 검사들의 고군분투를 다뤘다. 평검사, 차장검사, 검찰국장, 여수사관 등의 층층시하에서 부딪치는 의견이 어지럽다. 오만과 편견이 지배하는 사회는 사라질 것인가?

〈복면검사〉(2015. KBS2) 애당초 검사라는 신분과 규율을 무시하고 주먹으로 일을 해결하는 한 남자의 완력을 통해 법치 사회의 허실을 드러낸다.

〈동네변호사 조들호〉(2016. KBS) 장래가 촉망되는 검사 조들호(박신양)가 검찰의 비리를 고발한 괘씸죄로 쫓겨난 뒤, 한 동네 변호사로 전향하여 좌충우돌하면서 '사람답게 사는 법'을 보여준다. 시청 호응도가 높아 2019년 시즌2까지 냈다. 〈피고인〉(2017. SBS) 딸과 아내를 죽인

누명을 쓰고 사형수가 된 검사가 누명을 벗기 위해 인생을 건다. 〈파수꾼〉(2017. MBC)은 흙수저 출신 검사가 출세를 위해 갖은 변신과 계략으로 버텨가는 행태를 통해 검찰 내부의 치부를 그렸다.

〈무법 변호사〉(2018. tvN) 무법(無法)에서 무법(武法)으로 화신한 남자의 얘기다. 낮에는 주먹질, 밤에는 코피 나는 고시 공부로 마침내 전과자에서 변호사가 되어 사회 거악을 소탕해가는 법정 활극을 제안했다.

〈검법 남녀〉(2018. MBC) 피해자를 부검하는 괴짜 법의학자와 가해자를 수사하는 초짜 검사의 특별한 공조체제를 다뤘다. 2019년에 속편까지 나왔다.

〈검사 내전〉(2019. jtbc) 전직 검사의 고백적 에세이를 바탕으로 지역에서 샐러리맨으로 살아가는 '직장인 검사들'의 소박한 일상을 그렸다.

〈하이에나〉(2020. SBS) 검사와 대척점에 선 변호사들의 '하이에나' 같은 생존 투쟁기, 이른바 1% 상류층의 권익을 보호하려고 비열한 치다꺼리를 마다치 않는 변호사들의 민낯과 추악한 이면을 그린다.

〈비밀의 숲〉(2020. tvN) 10년 차 외로운 검사와 행동파 여형사가 내부에 은폐된 스폰서 비밀사건을 파헤쳐 간다. 수사권 독립을 외치는 여형사 (배두나)와 검사(조승우) 대결이 신박하게 부딪친다.

〈로스쿨〉(2021. jtbc) 명문 로스쿨 학생들과 교수들이 전례 없는 사건에 얽혀들면서 현실 속의 살벌한 생존게임으로 땀과 눈물을 흘린다. 예비 법조인들의 진정한 법 정신과 정의를 깨달아가는 과정이 긴박하게 펼쳐진다.

요리사 또는 셰프, 전문직 캐릭터로 등장

당신이 먹는 게 바로 당신이다.

요리사가 전문직 대열에 끼었다. 일찍이 2002년 〈대장금〉은 한식의 세계화에 이바지했다. '섞고 비비고 삭히는' 한식의 특성을 제시하고 음식에 음양오행과 절기를 조화하여 식문화의 가치를 높였다. 이제 K푸드는 한류 문화의 핵심을 이루고 있다. 그뿐만 아니라 요리 드라마 기획에 원활한 통로를 마련해 주었다. 2011년 종편 4채널이 출범하면서 이른바 '쿡방, 먹방' 프로그램의 노출빈도가 커지면서 요리 드라마 제작을 가속했다.

정준, 손예진의 〈맛있는 청혼〉(2001. MBC)은 홍콩반점을 무대로 중화요리에 대한 청춘 열정을 그렸다. 한채영의 〈온리유〉(2005. SBS)는 식당 주방장 도우미로 출발, 연회 플래너와 파스타 가게 꿈을 이룬 히로인의 도전기다.

김래원, 남상미의 〈식객〉(2008. SBS)은 최고 음식점 운암정의 대령숙수(待令熟手, 남성 요리사) 자리를 둘러싼 세 남자의 자존 대결이다.

공효진, 이선균의 〈파스타〉(2010. MBC)는 이탈리아 레스토랑의 일류 요리사를 꿈꾸는 청춘 성장기로 셰프의 열풍을 몰고 왔다.

〈제빵왕 김탁구〉(2010. KBS)는 온갖 역경을 이겨내고 제빵왕이 되어 가업 계승에 성공한 주인공은 파리바게뜨의 허영인 회장을 모티브로 했다고 한다.

송일국, 박진희의 〈발효 가족〉(2011. jtbc)은 한식당 배경으로 발효식품인 다양한 김치 개발을 주제로 했다.

'먹는 게 하늘이다'(食爲天)-성유리, 서현진의 〈신들의 만찬〉(2012. MBC)은 한식당의 두 여성의 전통요리 대결을 그렸다. 박선영, 한재석의 〈불후의 명작〉(2012. 채널A)은 3대째 설렁탕 집을 중심으로 요리 명장의 후계와 비법 전수를 둘러싼 갈등을 그렸다. SBS 김승우 셰프의 〈심야식당〉은 찾아온 손님과 음식에 의한 힐링을 주제로 하고 있다. 토요일 자정에 시작하여 드라마 내용과 동등한 시간대의 유지로 현실감을 높였다. 〈기름진 멜로〉(2018. SBS)는 중화요리의 화끈한 세 남녀 셰프의 불꽃 같은 맛 경합과 사랑을 다뤘다.

1인 가구의 먹방으로 음식, 사랑, 추억을 한데 버무려 청춘남녀의 힐링을 노린 tvN의 〈식샤를 합시다〉는 2013년에 시작하여 2018년에 시즌 3을 냈다.

이처럼 '음식 드라마'는 2000년대 이후에 블루칩으로 등장했다. 음식 장르는 한식이 대세다. 양식은 이탈리아의 '파스타'가 급부상했다. 드라마는 '요리+연애'를 주축으로 유명 음식점의 후계 다툼을 둘러싼 라이벌 구도가 주류를 이루었다.

일본은 '여행+온천+현지 요리'의 3합으로 50년대 TV 초창기부터 연착륙했다. 현지 요리는 기행 프로의 기본이며 요리 드라마, 영화, 만화까지 합하면 매년 100편을 헤아린다. 골동품 수집가로 지방 맛집을 혼자서 순례하는 〈고독한 미식가〉는 시즌 7을 맞아 2018년 봄, 마침내 한국에 상륙했다. 주인공(마츠시게 유다카)는 전주비빔밥과 떡볶이의 빨간 맛에 혀를 내둘렀고 청국장과 돼지갈비의 깊은 맛에 고개를 끄덕였다.(J채널 방송 중)

방송 PD, 공무원, 지휘자. 국회의원, 프로야구 매니저, 다양해진 전문직

〈카이스트〉(1999. SBS)는 과학 한국을 이끌어갈 최고 인재와 글로벌 엘리트를 양성하는 국립 특수대학으로 재적 학생 수 4천 명이 넘는다. 로봇을 발명하는 전자, 전산 학도를 포함, 자연과학, 생명과학 등을 연구하는 젊은 남녀 열 명의 숙원과 우정을 그렸다.

〈온에어〉(2008. SBS)은 방송 전문 직군을 망라했다. 드라마 PD, 작가, 제작국장, 스타 배우, 제작사 매니저, CF 감독 등의 주도권 경쟁이 뜨겁다.

〈시티홀〉(2009. SBS)은 시청 산하에서 섭생하는 공무원들 생태계를 들췄다. 시장, 부시장, 4급~9급 공무원, 시의원, 전 국회의장 등이 복잡하게 얽힌다.

〈베토벤 바이러스〉(2008. MBC)는 오케스트라 지휘자와 단원들에 초점을 맞췄다. 악명 높은 완벽주의 지휘자 김명민, 그리고 관현악 연주 단원들이 지고의 소리를 만들기 위해 고심하는 일과를 그렸다.

〈어셈블리〉(2015. KBS)는 다선의원 대 초선의원의 대결을 중심으로 국회와 국회의원의 세계를 적나라하게 파헤쳤다. 이른바 정치판의 한복판인 총선의 선거 전략과 권모술수, 인간과 권력의 얄팍한 함수관계를 묘사했다.

〈프로듀사〉(2015. KBS)는 방송사 예능국을 무대로 리얼리티 PD, 가요담당 PD, 새내기 PD의 생리와 충돌을 솔직 담백하게 폭로했다.

〈스토브리그〉(2019. SBS)는 프로야구 이면의 세계로 시선을 옮겼다. 꼴찌 팀을 상위 팀으로 올리려는 비시즌 전략이 뜨겁다. 입장과 견해가 다른 '구단주, 사장, 단장, 감독'의 4파전이 깔리고 19승 투수, 베테랑 포수, 슬러거 타자, 호타준족의 내야수 등이 서로 자기 몫을 주장한다. 여기에 선수 선발과 트레이드를 둘러싸고 스카우터, 수석코치, 전력분석, 운영팀장의 발언권이 강하게 드러난다. 공개된 실상은 시합보다 더 치열하고 비정하다.

18. 로맨스에 코미디를 입혀라

- 슈가 코팅 로맨틱 코미디 드라마, 초창기부터 성행

세상이 심란하고 팍팍한데 드라마까지 무겁고 골치 아프면 되겠나! 적어도 서민들을 위무하고 달달하게 소통시키는 것이 으뜸 가치가 아니겠는가. 하여 드라마는 우선 '눈을 즐겁게, 마음을 가볍게, 지금을 신나게' 해야 한다. 당도 높은 드라마를 누가 타박할 건가. 이게 '로콤(로맨틱 코미디)'의 존재 이유다.

로콤은 1960년대 TBC 초창기부터 1978년까지 방송작가 유호(1921~2019.)에 의해 '명랑 드라마'로서 창성되고 정착했다.

'TV 드라마가 별거냐? 매번 즐거움과 행복감을 주면 되는 거지….'

큰 그림, 무거운 내용, 심각한 문제를 담은 것은 극장 영화에 맡겨두고 안방에서는 작고 가볍게 보면서 기쁘고 즐겁게 해주는 내용이면 족하지 않은가.

'신라의 달밤', '전우야 잘자라', '떠날때는 말 없이', '전선야곡' 등 장중한 가요를 작사한 그였지만 드라마만큼은 한사코 '경쾌 발랄' 노선을 유지했다.

그의 철학은 일관적이었다. 이른바 '유호 놀이'로 연속된 '명랑극'은 1966년부터 70년까지 TBC의 〈일요 극장〉에 둥지를 틀어 로콤 포맷을 정착시켰다.

맞벌이부부, 내멋에산다, 치맛바람, 정두고가지마, 일요부인, 짚신신고왔네, 별일없소, 시거든떫지나말지, 혼인줄이막혔나봐, 너무하셨어, 님은 먼곳에, 새봄에 식구하나늘었네, 큰딸, 그건그려, 시집갈때까지는…등 올망졸망 구어체로 띄운 제목은 듣기만 해도 로콤의 향기가 솔솔 묻어났다. 70년부터 '일요 극장'은 아예 〈유호 극장〉으로 개명하여, 나팔바지, 꿈은 좋았는데, 봄나들이 등 '명랑 노선'의 계보를 이었다.

딸, 세자매, 왔구려, 사슴아가씨, 세나의 집, 비둘기자매, 하얀장미 등 일일극 역시 마찬가지로 밝고 따뜻했다. 70년 8시에 낸 〈딸〉은 329회로 3백 회를 넘은 첫 일일극이 됐다.

1974~76년 KBS에서 집필한 형님아우님, 골목안사람들, 개미의 집, 전천후사나이, 1977년에 MBC에서 방송한 봄처녀오셨네, 왜그러지 등도 '유호 놀이'엔 변함이 없었다.

가요도 코믹가요
– 왕서방연서, 빈대떡신사, 잘했군잘했어, 세상은 요지경

로콤 드라마의 연원은 코믹가요와 유머영화에서 비롯한다. 힘들고 어려운 시기에도 웃음과 위안을 찾으려는 우리 민족 특유의 심성이다.

코믹가요는 해방 전부터 오늘까지 전 시대에 걸쳐 나타난다. 1930년대 말에 유행한 김정구의 '왕서방 연서'는 비단장사 왕서방이 명월에게 반해서 번 돈을 몽땅 털어 넣고도 띵호아를 연발하며, 박향림의 '오빠는 풍각쟁이야'는 맛있는 반찬 뺏어 먹는 심술쟁이 오빠를 투정한다.

1950년대 한복남의 '빈대떡 신사'는 유산 다 들어먹고 마지막 양복까지 잡혀도 기생집만 찾는 새빨간 건달을 꾸짖는 노래다. 돈이 없어 뒷문으로 도망가다 잡혀 매를 맞느니 차라리 빈대떡이나 부쳐 먹으랬다.

1962년 라디오 연속극인 〈열두 냥짜리 인생〉의 주제가는 노동자들의 구전 가요를 채보하여 만든 것으로 품팔이 인생들이 애환 속에서도 낭만을 찾으려는 타령이 질펀하다. 하루 품삯은 열두 냥인데 임 보는 데는 스무 냥이다. 엥헤야, 엥헤야~ 너 좋고 나 좋고… 그래도 좋단다.

코미디언 서영춘이 부른 '시골영감 서울구경'은 세상에 에누리 없는 장사가 어디 있냐며 차표 값을 깎아 달라고 졸라댄다. 김상국의 '쾌지나 칭칭나네'는 어떠한 가사를 붙여 불러도 신나는 흥취를 북돋운다.

1970년대는 코믹송은 기타를 든 듀엣 서수남, 하청일의 전유물이 된다. '팔도유람', '동물농장', '싱글벙글 웃어주세요', '노총각 사연', '한번 만나줘요' 등 밝고 경쾌한 분위기를 주도했다.

민요풍에 문답식으로 풀어낸 하춘하의 '잘했군 잘했어', 최희준의 '우리 애인은 올드미스', '월급봉투', '미스터곰', 김상희의 '대머리총각', 김용만의 '회전의자'도 이 부류에 속한다. 토장국 같은 구수함을 실은 김상범의 '오뚜기인생'은 서민들의 칠전팔기 희망을 대신했다.

1992년 탤런트 신신애가 부른 '세상은 요지경'은 가짜가 판치는 세상에 대한 냉소와 풍자를 담아 막춤으로 열풍을 일으켰다. 1994년, 김혜연은 '서울 대전 대구 부산'으로 '~찍고 찍는 송'을 냈다. 2014년 오승근의 '내 나이가 어때서'와 2015년 이애란의 '백세인생'은 특히 노년층의 감성을 사로잡아 크게 환영받았다.

영화는 50년대부터 등장한 코미디언들이 이끌었다. '청춘쌍곡선', '공처가', '오부자', '홀쭉이와 뚱뚱이', '사람 팔자 알 수 없다', '한 번만 봐주세요', '부전자전', '실례했습니다', '홀쭉이와 뚱뚱이 논산 훈련소에 가다' 그리고 60년대에 '오형제', '청춘일번지', '마이동풍' 등인데 양석천, 양훈, 김희갑, 서영춘, 백금녀, 구봉서 등이 그 얼굴들이다. 거장 신상옥 감독도 김승호를 앞세운 로콤영화를 시도하여 성공했다. '로맨스 빠빠'는 2남 3녀의 아버지와 가족들이 서로를 응원하며 위기를 슬기롭게 헤쳐가는 홈드라마다. '로맨스그레이'는 남편들의 바람기로 화가 난 본처들과 내연녀들의 일대 격전을 코믹하게 묘사했다.

tvN, 개국부터 로콤 드라마로 승부수 던져 성공

2006년에 개국한 tvN의 드라마는 대체로 〈유연, 발랄, 코믹〉 전략을 취했다. 지상파 드라마가 정식(定食) 정장(正裝) 차림이라면 tvN은 패스트푸드에 캐주얼 차림으로 차별화하여 달콤함, 부드러움, 포근함의 맛을 포시했다.

개국 첫 드라마인 네 남자와 한 여자의 성적(性的) 담론을 유쾌하게 다룬 〈하이에나〉부터 그랬다. 처녀 귀신을 빙의하여 사랑의 소동극을 벌인 박보영의 〈오 나의 귀신님〉은 2015년 화제의 10대 드라마에 들었다.

꽃미남 시리즈인 '꽃미남 라면가게'(2011), '닥치고 꽃미남밴드'(2012), '이웃집 꽃미남'(2013)도 여기에 속한다.

2012년의 '결혼의 꼼수', '21세기 가족', '일년에 열두 남자', '마보이', 2013년의 '연애조작단', '우와한 녀', '후아유', 2014년의 '고교처세왕', '마녀의 연애', '연애말고 결혼', '잉여공주', 그리고 2015년에 방송한 '하트투하트', '호구의 사랑', '구여친클럽', '응급남녀', '풍선껌' 등으로 소위 달콤한 연애극을 쏟아냈다.

최지우의 〈두번째 스무살〉(2015. 8~10.)도 20대로 돌아가 꿈을 이루는 '에이징 판타지'를 앞세워 화제를 몰았다. 어린 나이에 덜컥 엄마로 38세가 되어버린 히로인이 늦깎이 대학생이 되어 청춘을 되찾는 얘기다. 그녀의 모습에 인생 2막을 시작하려는 40대 전후의 중년들의 공감대가 많이 늘어나 평균 시청률 8.6%, 최고 10%까지 올랐다.

로콤은 드라마의 연육제(軟肉劑), 부담 없는 일진일퇴의 연성극

2018년 가을, MBC 수목극 〈내 뒤의 테리우스〉는 국가정보원의 암약을 그린 내용이다. 블랙 요원 소지섭의 언행은 의외로 나긋나긋하다. 국정원 배경의 심각 노선과 무거운 주제에 아랑곳없이 로콤이라는 연육제로 달콤 쌉쌀하게 풀어내어 뼈와 근육, 피부까지 부드럽게 했다. 2014년 여름 SBS의 〈너희들은 포위됐다〉 역시 경찰서가 배경이다. 女 서장을 비롯하여 일곱 남녀 형사들의 언행은 로콤 지역으로 건너와 모두 강퍅함과 심각함을 걷어냈다.

〈명랑소녀 성공기〉(2002. SBS) 불행한 부모를 구하고자 서울로 올라와 부잣집 가정부가 된 한 시골 소녀(장나라)의 분투기를 엮었다. 소녀는 씩씩하고 상냥하게 일하면서 스스로 인생의 전환점을 만든다.

〈옥탑방 고양이〉(2003. MBC) 매사에 적극적이고 활달한 바람둥이(김래원)와 콧대 높은 여자(정다빈)의 밀당을 유쾌하게 그린다.

〈프라하의 연인〉(2005. SBS)은 〈파리의 연인〉(2004) 번외 작으로 대통령의 딸인 외교관(전도연)과 재벌 2세인 옛 애인(김민준), 고아출신 유학생(윤세아)와 그 연인 경찰(김주혁)이 프라하에서 조우하면서 벌이는 러브스토리다.

〈내 이름은 김삼순〉(2005. MBC) 엽기 발랄한 서른 살의 뚱녀(김선아)는 제과 기술자로 자긍심이 대단한 노처녀다. 그녀의 일과 사랑은 누구보다 야무지다.

〈마이걸〉(2005. SBS) 귀여운 수다꾼(이다해)과 댄디보이(이동욱), 낙천적인 바람둥이, 여자 프로 테니스 선수 등이 서로들 우쭐대며 부딪친다.

〈내조의 여왕〉(2009. MBC) 빛나는 외모와 매력을 지닌 여왕(김남주)이 의대 재학 중인 애송이 남자와 결혼하면서 상황은 역전된다. 인내심, 적응력, 담력, 사교성… 뭐 하나 똑 부러지게 없는 남편에 대한 길들이기가 시작된다.

〈매리는 외박중〉(2010. KBS2) 인생관이 전혀 다른 남녀가 각각 이중결혼으로 이중생활을 하면서 빚어지는 일들을 경쾌하게 풀어 매겼다.

〈시크릿가든〉(2010. SBS) 스턴트우먼(하지원)과 백화점 사장인 백만장자(현빈)의 영혼이 서로 바뀌면서 벌어지는 로맨스 판타지다.

〈로맨스가 필요해〉(2011. tvN) 호텔 컨시어지, 패션 스타일리스트, 세련미를 자랑하는 변호사는 모두 33살의 동갑내기다. 당돌, 변덕, 대담, 솔직한 세 여자의 일과 사랑, 우정과 성공을 아기자기 엮었다. 2014년 시즌 3까지 냈다.

〈신사의 품격〉(2012. SBS) 성공과 좌절, 사랑과 이별을 겪은 40대의 네 꽃중년(장동건, 김수로, 김민종 등)의 인생 2막을 달콤 쌉쌀하게 묘사한다.

〈넝쿨째 굴러온 당신〉(2012. KBS2) 완벽한 커리어 우먼(김남주)과 완전한 외과 의사(유준상)의 결혼생활은 시끄럽다. 양가 부모들의 일진일퇴와 친인척들의 사사건건 참견이 간단치 않다. 시할머니(강부자)까지 끼어들어 갖가지 쇳소리와 불협화음을 뿜어낸다.

〈괜찮아 사랑이야〉(2014. SBS) 30대 초반의 추리 소설가(조인성)와 정신과 의사(공효진)의 상호 '정신 분열…' 공방을 둘러 싼 진단과 처방이 달콤하다.

〈연애의 발견〉(2014. KBS2) 남자와 헤어지고 새 사람과 연애를 시작한 여자 앞에 옛 남친이 과거를 반성하고 다시 나타나면서 일이 꼬인다. 예측불허의 삼각관계가 전개된다.

〈연애말고 결혼〉(2014. tvN) 억지 결혼을 강요받는 남자가 백화점 판매원 아가씨를 가짜 애인으로 내세워 위기를 탈출하지만 일은 엉뚱하게 빗나간다.

〈킬미힐미〉(2015. MBC) 일곱 개의 무지갯빛 인격을 가진 재벌 3세(지성)와 그의 주치의가 된 1년 차 레지던트(황정음)와의 밀당을 그렸다.

〈또 오해영〉(2016. tvN) 오해영이란 같은 이름의 두 여자와 그 사이에서 자기 미래를 저울질하는 남자의 속셈이 엉큼 발랄하게 전개된다.

〈톱스타 유백이〉(2018. tvN) 톱스타 가수가 외딴 섬에서 해녀 깡순이

(전소민)를 만나 부딪치는 해프닝과 엇박자를 그렸다.

〈밥 잘 사주는 예쁜 누나〉(2018. jtbc) 커피회사 대리(손예진)와 게임회사 아트 디렉터-그냥저냥 사이에서 진짜 사랑하고 진짜 애인이 되는 이야기다.

〈왜그래 풍상씨〉(2019. KBS2) 40대 장남(유준상)은 '동생바보'다. 신용불량자 룸펜, 조직의 주먹, 냉정한 대학병원 여의사, 자격지심과 열등감만 남은 막내 여동생…그러나 이 네 동생을 주야장천 돌보는 맏이 풍상의 인생은 바람 잘 날이 없다.

〈슬기로운 의사생활〉(2020. tvN) 이른바 99학번 남녀 의사들의 인생 퍼레이드다. 천재 의사, 악바리 흉부의과의, 부처님 같은 소아외과의, 자칭 아웃사이더 산부인과의, 빵빵 자존심의 신경외과의…20년 지기인 이들의 우정과 인생이 울긋불긋하다.

〈사생결단 로맨스〉(2018. MBC)도 한 병원의 내과, 외과 의사들의 사생결단 승부와 집념을 로맨틱하게 그렸다.

로콤은 정통 드라마를 슬쩍 비틀고 나온 장르로서 특히 2000년대 들어 성행했다. 문예사조의 흐름에서 엄격한 고전주의에 반기를 들고 나선 낭만주의의 발상과 비슷하다.

자유롭고, 분방하게 연성화된 에피소드가 중심이다. 그것은 페미니즘에 기저 한다. 대부분의 집필은 여성 작가의 몫이 되고 있다. 등장하는 여성은 남성보다 훨씬 개방적이고 약동적이다. 취향과 열정, 워라밸을 중시한다. 청순가련형이나 순종형보다는 자기주장형, 자기실현형이 핵심을 이룬다. 이른바 육식녀(肉食女) 대 초식남(草食男)의 구조다. 자기감정에 충실한 티격태격과 아옹다옹은 섬세하게 얽혀가지만 결국 해피엔딩으로 마감한다. 로콤은 자체 발광성이 크다. 부담 없는 시청과 엿보기 효과의 덕분인지 후속편이 많고 시청률도 좋은 편이다.

19. 왕 중 왕을 올려라

- 사극의 히트 메이커 '4君 6王'

2015년 10월 초, 사극 〈육룡이 나르샤〉가 SBS의 월화드라마로 떴다. KBS의 대하극 〈정도전〉이 끝난 지 일 년 만에다. 두 드라마는 모두 이성계의 조선 건국을 담은 이야기다. 태조 성계 역엔 천호진과 유동근이 각각 들어섰다.

한편 2014년 TV 미니시리즈 〈비밀의 문〉에 이어 2015년 가을엔 영화 〈사도〉가 관객몰이에 박차를 가했다. 두 작품 모두 영조와 사도의 부자 갈등을 그린 내용이다. TV 속 영조는 한석규, 영화는 송강호다. 한 해를 머다 않고 나타난 태조와 영조는 알고 보니 드라마가 꾸준히 선호하는 인물로 열 손가락으로 헤일만큼 최다 출현을 기록 중이다.

1995년 이후 약 20년 동안, 태조는 '용의눈물'(김무생), '신돈'(이진우) '대왕세종'(정두홍), '신의'(오재무), '대풍수'(지진희), '정도전'(유동근)에 이어 일곱 번째로 현전했다. 〈개국〉(1983)을 비롯하여 흑백 TV 시절을 포함하여 1990년 이전까지 이미 다섯 번 등장을 합하면 열두 번 출현한 셈이다.

영조는 '동이'(이형석), '대왕의 길'(박근형), '이산'(이순재), '무사 백동수'(전국환), '어사 박문수'(조민기), '성균관 스캔들'(조성하), '정조 암살미스터리 8일'(김성겸), '비밀의 문'(한석규) 등 여덟 번이나 강림했다.

두 임금은 차기 왕의 연쇄 출연을 동반했다. 태조는 항상 태종(방원)을 달고 나왔고 영조는 늘 사도세자와 정조를 끌고 나왔다. 드라마의 정반합과 종결 부분에서 반짝 주역은 항상 태종과 정조의 몫이었다. 둘은 선대왕의 덕을 톡톡히 보고 있는 셈이다.

드라마가 꾸준히 선호하는 임금은 태조, 영조, 광해 순

조선왕조 27 왕 중, 드라마 출현 왕은 부익부의 편식증을 보였다. 태조, 영조 외에도 다섯 작품 이상 출연한 임금은 여덟이나 된다.

역사극의 우등생으로 꼽히는 수양대군(세조), 연산군, 광해군의 3군(君)은 포악함과 왕권유전의 극단성이 뚜렷하여 '불패 신화'의 소재로 꼽혀왔다.

세조는 왕위 찬탈자로서 '한명회', '대왕세종', '왕과 나' 등에서 군림했다. 폭군의 상징인 연산군은 '장녹수', '왕과 비' 등 각각 다섯 작품에서 일그러진 용안을 내밀었다. 최근 3년간 급부상한 광해군은 네 번이나 몰아쳐 나왔다. 더불어 폐모살제(廢母殺弟)의 일방적인 흉군(凶君) 이미지를 완전히 털어냈다. 한반도 정세의 흐름과 국가 리더십에 관한 새로운 해석의 아이콘이 된 까닭이다. 14대 선조는 허준과 임진왜란, 이순신에 힘입어 줄곧 한심한 표정을 띄워냈다. 19대 숙종은 장희빈 소재 덕분에 덩달아 다복 출연을 누렸다.

반정(反正)의 추대 효과로 '바늘과 실'처럼 따라 나온 임금도 적지 않다.

중종은 연산군의 추방으로, 인조는 광해군 축출로 각각 동반 출연하여 세상을 바꾼 메시아가 되었다. 문종과 단종은 세조의 찬탈 과정에서 요절과 비명으로 사라져 슬픈 왕의 초상을 대표했다. 26대 고종은 명성황후와 대원군과 한 묶음이 되어 외침의 환난 속에 편한 날이 없는 불운한 모습을 보였다.

'대원군'과 '명성황후'는 다수 드라마의 주연이었고 고종은 매양 조연이었다.

그런가 하면 단 한 번도 주목받지 못한 왕도 있다. 1800년부터 약 50년간에 이르는 23대 순조와 24대 헌종이다.

19세기 초입의 이 시대를 따져보면 서구 문명이 밀려오는 내우외환의 소용돌이 속이었다. 순조는 10세, 헌종은 8세에 각각 등극했지만, 대비들의 수렴청정에 갇혀 오금을 펴지 못했다. 사건이 없는 것은 아니었다. 홍경래의 난, 정약용의 실학 대두, 안동 김씨의 세도정치, 천주교의 박해, 그리고 풍양 조씨의 가세, 유교 이념의 붕괴, 기해사옥과 김대건의 순교 등이 두 임금 시대에 일어났다.

태조와 영조가 각별한 관심을 받은 것은 곰곰 짚어봐야 할 대목이다. 두 왕은 3백 년 터울에도 불구하고 공통점이 많다. 이성계는 여러 아들이 서로 죽고 죽이는 골육상쟁의 원인을 제공했고 영조는 아들을 뒤주 안에 가둬 죽여 존속살인의 잔혹함을 보였다.

권력은 부자와 형제도 나눌 수 없다는 점을 예증했다. 부자유친은 커녕 부자 상극으로 치달았다. 모두 훌륭한 제왕임엔 틀림없으나 좋은 아버지는 못되었다. 성계는 두 왕조의 흥망 사이에서 결단의 나날을 보내야 했고 영조는 난마처럼 얽힌 당파 사이에서 자기 위상을 지키느라 힘든 세월을 보냈다.

찬란한 왕업에 반해 후계자 승계와 자식경영엔 완전히 실패했다.

특히 '아버지와 아들' 관계에서 비롯된 갈등은 천륜을 넘어 죽음을 부른 극단성을 보였다. 그들의 행로는 파란 많은 가족사로서 일테면 궁궐 판 '막장 홈드라마'를 상기하고 있다.

두 임금의 생애를 보면 드라마가 착목할 수 있는 요소가 너무 많다.

이성계 심벌은 혁명아, 풍운아, 승리자로서 신세계 창출이다. 일찍이 1976년 KBS의 〈왕도〉(신봉승 극본)과 1983년 〈개국〉(이은성 극본)에서 나타난 이성계의 코드는 '군사 쿠데타와 정권탈취'다. 드라마는 박정희, 전두환 정권 탄생의 시대적 당위성을 보강한다. 역사의 맥락으로 '혁명과 우상'의 개연성을 미화하는 것을 피하기 어려웠다.

영조와 사도세자는 대부분 가해자와 피해자 관점에서 관계설정을 취했다.

1979년, 최불암·유인촌·김영란의 〈안국동아씨〉, 1988년, 이순재·최수종·최명길의 〈한중록〉, 김성겸·정보석·하희라의 〈하늘아 하늘아〉는 '냉혹한 아버지 대 가련한 아들'의 설정으로 일관했다.

'아버지와 아들' 관계를 죽음으로 가른 존속 비극

영조는 후기 조선을 중흥한 현군이다.

무인 호걸 격인 태조에 비해 영조는 전형적인 문인이자 노련한 권력 조율자다. 태조가 왕조의 최초 자리에서 통치의 터를 닦았다면 영조는 재위 52년의 최장수 기록과 82세 최고령의 복을 누렸다. 수즉욕야(壽則辱也)라-오래 살면 못 볼 꼴을 본다는 뜻이다. 그래선지 아들과는 주검으로 사이를 가를 만큼 날을 세웠다. 영조는 10살 들어 경연과 서책을 멀리하고 싸움질에 기울어진 아들 때문에 밤잠을 설쳤다. 세자를 어르고 보채면서 17년을 앓았지만 끝내는 허무한 참극으로 마감했다.

애비에겐 방원과 사도는 '이단자'와 '배신자'였다. 증오를 넘어 전생의 원수처럼 제거해야 할 대상이었다. 자식 이기는 부모 없다는 속설도 보였다. 부자 반목과 형제 살해-이 대목은 드라마가 집요하게 매달리는 부분이다.

두 임금은 초기에 정체성 문제로 속을 끓였다.

성계는 씨도 뿌리도 알 수 없는 변방 무사로 왕재가 될 수 없다는 시선을 의식했다. 그래서 억불숭유정책, 농본주의, 한양 천도 등 격을 파한 패러다임 변화로 약점을 보완코자 했다.

영조 역시 '씨도 모를 무수리의 자식'이니 '용상에서 내쳐야 한다.'는 태생적 약점을 의식했다. 배다른 선왕인 경종의 독살 의혹에도 휘말렸다. 그래서 탕평책에 전심했다. 경종 1년에 일어난 '신임사화'도

걸림돌이었다. 당시 여당 격인 소론이 야당인 노론의 주요 인사를 대거 숙청한 사건이다. 불과 2년 후 노론의 반격 덕분에 자신이 등극함으로써 여야는 역전된다. 후유증은 전국적으로 나타난다. 이인좌의 난, 나주괘서사건 등은 그의 정통성을 노골적으로 거부한 내란이었다.

후계자 정책은 부자(父子) 사이를 '막장'으로 몬다.

태조와 더불어 영조도 수차례의 선위(禪位) 전략을 구사했다. 선위란 살아있는 동안 스스로 왕좌를 물려주는 것이다. 조선조에 다섯 번쯤 있었다. 태조가 정종에게, 정종이 태종에게 했다. 모두 왕자의 난에 따른 불가피한 수습책이었다. 그리고 단종이 세조에게, 고종이 순종에게 각각 선위했다. 이것 역시 자발성이 없는 '강제와 협박'으로 행해진 것으로 진정한 양위는 아니었다.

영조의 선위 소동은 노회한 정치 전술이었다.

실제로 왕위를 물려주는 것이 아니라 이를 통해서 누가 자기에 불충하며 딴생각을 품고 있는지를 파악하고자 했다. 그것은 사도세자와 그를 따르는 무리의 속내를 저울질해 보는 장치였다. 신권의 제압과 국면전환을 통해 왕권을 공고화하는 무서운 책략인 셈이다. 따라서 세자와 대신들은 석고대죄를 통해서라도 목숨 걸고 선위를 거두어 달라는 간청을 하게 된다.

사도의 패륜을 고하는 '비행 10조' 등 상소가 계속되었다. 음행, 광기, 살인에서 역모의 의혹까지 포함되었다. 영조는 세자에 자결을 명하지만 듣지 않는다. 42세에 얻은 늦둥이를 평민으로 강등시키고 뒤

주 안에 가두어 9일 만에 굶어 죽게 하는 엽기적 사건을 연출한다. 정치 9단의 임금도 노론의 파당 위세에 함몰되어 27세 아들의 꽃다운 청춘을 꺾어버렸다.

'네 존재 자체가 역모다' '종사의 대의를 위해 처벌했노라.' 그러나 '생각(思)할수록 슬프(悼)구나….' 하여 사도(思悼)로 이름 지어준 애비의 뒤늦은 탄식은 일관성이 없어 보인다.

세월 따라 시절이 하 수상하니 5백 년 역사와 왕들을 자꾸 불러내어 복잡다단한 옛날을 다시 쪼아내 본다. 정계와 기업에서 개인에 이르기까지 상황은 비슷하고 되풀이된다. 태조와 영조는 오늘 상황의 문답 풀이에 '단초와 해답'을 주는 대왕으로 행세하고 있는 것이다.

세자 16년, 재위 15년, 유배 18년
– 4백 년 만에 신화로 거듭난 광해

조선 15대 임금 광해가 무슨 일로 몰아쳐 오는가. 2015년 1월에 끝난 KBS2의 〈왕의 얼굴〉에 이어 2월부터 시작된 KBS1의 〈징비록〉, 그리고 4월 MBC의 〈화정〉까지 석 달 새, 세 번씩 심상치 않은 연속 행보를 거듭했다.

그의 출현은 지난 20년간 역대 임금의 드라마 출현 중 무려 아홉 번에 이른다. 영조의 등장 횟수에 버금간 최다 기록이다. 광해군은 폭군 연산군과 더불어 악군(惡君)으로서 별로 좋은 기억이 없다. 오죽하면 둘 다 묘호(廟號)를 받지 못했을까. 묘호란 태조, 세종처럼 국상 후

종묘에 안치될 때 붙여지는 임금 이름이다. 그럼에도 불구하고 광해는 최근 3년간 완전 대세로 군림하고 있다. 4백 년 만의 이례적인 동시다발적 출현은 왜일까?

광해는 1995년 이후 급부상한다. 4백 년 만에 '열 가지 얼굴'로 거듭나왔다.

1995년 KBS2의 〈서궁〉에서 광해군(김규철)은 똑똑하고 냉철한 성격으로서 예민하고 사려 깊은 인간형이었다. 1999년 MBC의 〈허준〉에서 광해(김승수)는 선조의 죽음으로 귀양 간 어의 허준을 돕고 동의보감을 저술하는데 신뢰를 보낸다. 2003년 SBS의 〈왕의 여자〉에서는 외로운 남자 광해(지성)와 상궁 김개시(박선영)의 러브스토리를 다루었다.

2004년 KBS1의 〈불멸의 이순신〉에서는 자기 콤플렉스를 극복하고 충무공을 후원하는 용감한 세자(이준)로 역할 했다. 2012년 영화 〈광해-왕이 된 남자〉(이병헌)는 정적의 끊임없는 살해 위협을 벗어나기 위해 가짜 왕을 내세워 자신의 정체성을 지키는 얘기다. 2013년 MBC 야사극 〈불의 여신-정이〉에선 한 여인을 못 잊는 왕자(이상윤)의 사랑과 방황을 그렸다.

2015년 〈왕의 얼굴〉(서인국)에선 선조의 홀대 속에서도 왕재의 필연성을 일깨울 만큼 결단력 있고 총명한 얼굴을 보인다. 〈징비록〉(노영학)은 임진왜란 속에서 백성과 함께 고군분투하는 강단성과 덕망을 겸비했다. 〈화정〉의 광해(차승원)는 독이 든 약밥을 먹고 신음하는 아버지의 최후를 방관한다. 미필적 고의에 의한 살인 방조는 물론 야사다. 마침내 비운의 세자는 33세로 등극하여 야심 찬 제왕으로 군림한다.

광해 드라마의 다섯 공통점은 〈부자반목, 형제갈등, 정체성 불안, 생명위협, 당파싸움〉이다. 임진왜란은 광해의 진면목을 엿볼 수 있는 중요한 배경이다. 67세의 생애는 전혀 다른 세 얼굴의 시절로 확연하게 나뉜다. 왕세자 시절 16년, 재위 15년, 유배 생활 18년으로 3분 된 그의 50년은 천당과 지옥을 오가는 양극성을 동반했다. 최장의 세자 기간, 재위 기간보다 더 긴 귀양 생활은 유례없는 불운함 그 자체였다.

선조에겐 14명의 자식이 있었으나 계비 인목에게서 얻은 늦둥이 영창대군을 제외하면 모두 후궁 소생이었다. 광해도 서자이자 임해군 다음의 차남으로 적장자 순위에서 한참 떨어져 있었다. 하여 주변으로부터 끊임없는 정통성 시비가 따랐다. 그의 세자 책봉은 왜란을 맞아 불투명한 정국의 보전과 민심 안정을 위해 내려진 임시방편 책이었다.

우선 결정권자인 선조의 냉대와 불신이 노골화되었다. 라이벌은 즐비했다. 20년 차 아우 신성군의 득세, 30년 어린 영창의 탄생, 그들의 생모와 측근들의 견제, 이미 난폭한 성격으로 실덕한 친형 임해군도 딴생각을 품고 있었다. 그의 책봉을 둘러싼 동·서인들의 암투는 필사적이었고 지지파(대북)와 반대파(소북)로 쪼개져 상쟁을 거듭했다. 설상가상 명나라는 광해군을 조선왕으로 추인하지 않았다. 광해는 이런 현실을 묵묵히 수용했고 생존을 위해 부단히 좌고우면했다.

때를 얻기 위한 16년간 인고의 세월과 7년 왜란은 세자의 명운을 시험하는 혹독한 대가를 요구했다. 그는 반정으로 하루아침에 보위에 오른 중종이나 인조와 비교될 수도 없고, 후사가 없어 정략적으로 선택된 성종, 영조, 철종, 고종 등과는 근본적으로 다른 임금이었다.

그는 의주까지 피난한 왕권의 일부 권한을 부여받아 분조(分朝)로 활동했다. 전장 선봉에서 당당히 항전했고 왜군에게 포로가 되어 죽을 고비도 넘겼다. 강원도와 함경도에서 성공적으로 의병을 모병하고 전라도에서 군량을 조달했다. 그는 결코 공짜로 된 왕은 아니었다.

등극 당시 국제상황은 명이 기울고 후금이 일어나는 전환기였다. 그의 배명친금(排明親金) 정책은 각료들의 찬반 속에서도 '광해 방식'을 관철한다. 양국 사이에서 신중한 저울질은 세자 시절에 단련된 양면 전략이다.

'눈치 외교'로 불렸지만, 그것은 생존을 위한 불가피한 현실외교였다.

후금의 포로가 된 강홍립 장군의 위장 투항도 명의 입장을 살린 광해의 중립외교의 대표적인 전략이다. 세제개혁인 대동법은 서민에 도움을 주고 가진 자에 부담 지우는 제도다. 토지 보유에 비례하여 쌀을 내도록 하여 땅이 많은 부유층에 심한 반발을 샀다. 그는 여론과 실행 방법을 둘러싸고 고민에 빠진다.

소실된 '신증동국여지승람'과 '용비어천가'를 재간했고 허균에 '홍길동전'을 출간토록 했다.

재위 15년은 파란곡절이었다. 왜란 때 타버린 창덕궁과 경희궁 등 복원 공사는 왕권 정립의 명분으로 강력히 추진한다. 이는 재정 핍박과 민생고에 부딪혀 엄청난 반발을 샀다. 반대파는 무수히 숙청했다. 친형 임해군도 제거했고 인목대비와 영창에 대한 잔인한 패륜으로 사림 층은 완전히 등을 돌렸다. 그에 대한 극단적인 긍정과 부정 평가가 엇갈렸다.

왜놈에 짓밟히고 되놈에 유린당한 청춘

광해의 생애(1575~1641)는 건국 3백 년 만에 겹쳐 온 두 차례의 왜란과 호란의 한복판에 있었다. 소싯적엔 임진, 정유재란을 온몸으로 겪었고 유배 때는 병자, 정묘호란을 당했다. 재위 시는 명과 청나라의 부침이 엇갈린 격변기였다. 한마디로 '왜놈과 되놈'에 짓밟힌 지독히도 불운한 청춘이었다. 광해의 말년은 처절한 비극과 결합된다.

이귀, 김류, 최명길, 김자점 등 서인 일파는 조카 능양군을 세워 그를 쫓아냈다. 이른바 인조반정은 백 년 전 연산군을 추방한 중종반정과 흡사했다.

형 임해와 동생 영창, 능창을 죽인 곳인 강화도에 자신도 유배되었다. 위리안치 속의 그의 행적은 강원도 귀양지에서 사약을 받고 운명한 단종이나 화병으로 명을 채근한 연산과 사뭇 다르다.

병약한 어머니를 일찍 여의었고 외조부는 임란 때 전사했다. 48세에 당한 폐위와 함께 처남 유희분과 유희발은 참수당한다. 유배지 탈출에 실패한 아들(폐세자)과 며느리는 자결하고 부인 유 씨는 울화병으로 숨을 거둔다.

반년도 못되어 벌어진 총체적 가족비극을 광해는 알지 못한다. 병자호란이 일자 혹여 '꺼진 불씨'를 우려한 조정은 그를 다시 제주도로 내친다. 그가 생을 마감한 곳이다. 낯선 섬에 갇혀 울분과 통렬함을 삭여낸 18년간의 질긴 여생은 상기할 만하다.

흉군(凶君)이냐, 독군(毒君)이냐, 아니면 어리석은 혼군(昏君)이냐?

그러나 그는 종전 괴팍한 이미지와 부정적인 선입견은 탈색하고 오히려 난국을 헤치는 현군(賢君)으로서 걸출한 면모를 드리우고 있다.

'너희가 나 광해를 알아…?' 드라마는 한술 떠서 부드러운 카리스마와 인간적인 풍미를 겸한 최고 통치자로서 정색하고 있다. 17세기 통치자의 재평가가 새삼스럽게 부각되는 이유는 작금 현실의 유사성에서 찾을 수 있다. 방대한 예산과 국력을 동원한 궁궐재건 사업은 4대강 사업을 연상시킨다. 그의 실리외교는 미국과 중국 사이에서 국익과 안보를 가늠해야 하는 우리의 모습을 투영한다. 대동법은 연금개혁이나 의료보험 개선과 비슷한 딜레마다.

드라마는 왜 광해를 연달아 불러냈을까? 역사 인물에 대한 차별화된 시각과 평가의 반전 욕구인가. 현실과 유사성에 따른 소재의 흡인력 때문인가?

20. 형제자매로 얽어라

- 치열+강렬, 현대판 카인과 아벨의 초상

〈카인과 아벨〉(2009. SBS)은 아예 그 현대판 버전을 자처했다. 형 신현준과 동생 소지섭은 첫사랑이 같은 여인(채정안)이다. 게다가 병원 상속권이 동생에 기울자 다정했던 사이는 둘도 없는 원수로 변해간다.

자녀는 전생에 원수요 형제는 현생에 라이벌이라는 역설은 드라마를 위한 의도적 장치만은 아니다. 친고죄나 존속살해가 연달고 형제간의 갈등이 고소 고발로 이어지는 예는 드라마보다 더 만연된 세태다.

특히 인류 최초의 살인행위로 동생 아벨을 죽인 형 카인의 비극, 그 후에도 야곱은 콩죽 한 그릇에 형의 장자권을 빼앗고, 요셉의 형제들이 그를 시기하여 노예로 팔아버리는 등 형제가 대립하는 이야기는 창세기부터 시작된다.

'동물의 세계'에서 나타난 둥지의 생태학은 더 노골적이다. 어미 새가 준 먹이를 먼저 먹기 위해 노란 입을 쫙쫙 벌리는 새끼들의 투쟁을 보면 이미 형제는 태생적인 경쟁자다. 서로를 밀치고 깨나지 않는 알은 둥지 밖으로 밀어 떨어뜨리는 비정함도 목격된다.

이 똑같은 패턴에 인간 역시 예외일 수 없다. 연유를 따져보면 모든 원인은 권력에 대한 투쟁이다. 자신에게 돌아올 몫을 축내고 권위에 도전하는 첫 상대는 다름 아닌 형제요 자매다. 이래서 '형제는 타인의 시작'이자 '옆방의 기생충'이라는 속담도 있다. 형제는 태생의 연차와 위계가 있을 뿐 동격동열(同格同列)이다. 직계 아닌 방계 혈족으로 부모와 성씨만 같은 남이라는 개념이다. 사이 나쁜 형제는 평생의 적이 되고 사이가 좋으면 인생의 벗이 된다.

놀부 흥부처럼 악형선제(惡兄善弟)의 틀은 옛 얘기다. 이후는 그와 역설정이 주류다. 형만 한 아우 없다. 형은 매사에 논리적, 모범적이며 책임감과 세밀함을 보인다. 동생은 즉흥적, 저돌적이며 자유분방하다. 형의 여자는 또 다르다. 매사에 감성적, 외향적이며 활동적이다. 동생의 여자는 내성적, 순종적이다. 이렇게 인물 간 요철을 이루는 게 드라마의 알고리즘이 됐다. 그들은 서로가 견제자, 방해자요 경합자, 반목자의 입장에 선다.

형제와 자매간에 벌어진 대조적인 삶은 다양한 인생을 비교 반추하면서 강한 흡인력을 발휘한다. 각각의 시청자 입장을 투영하는 엇갈린 공감대를 형성하면서 말이다.

존속살인, 시기와 질투, 죄와 벌로 갈라선 지독한 형제대립

형제극에 가장 먼저 떠오른 외국 작품은 도스토옙스키의 〈카라마조프가의 형제들〉이다. 세습 귀족 출신의 아버지 표도르는 방탕하고 호색적인 고리대금업자다. 그와 세 여자에서 태어난 4명의 이복형제가 복잡하게 얽힌다. 인간의 야수성, 탐욕성, 악마성, 파괴성이 노골적으로 드러난다.

장교 출신 장남 드미트리는 어떠한 죄악도 거침없이 범하는 물욕주의자다. 차남 이반은 냉정, 합리, 병약한 엘리트로 형과 연적이 된다. 삼남 알료샤는 네 살에 어머니를 잃고 아버지 학대 속에서 수도원 성자가 된다. 백치 어머니를 아버지가 겁탈하여 태어난 4남은 오로지 애정과 돈에 굶주린 모사꾼으로 사생아 차별의 원한 끝에 아버지를 죽이고 장남에 살인죄를 씌운다. 이처럼 지독한 형제갈등을 비롯하여 원죄와 존속살인, 욕망과 번뇌, 색욕과 물욕, 죄와 벌 등이 모두 녹아있다.

외화 제임스 딘의 〈에덴의 동쪽〉(1957)도 빠질 수 없다. 아버지에 대한 애증으로 형제가 결국 갈라서는 얘기다. 그레고리 펙의 〈백주의 결투〉(1946)는 한 여자를 두고 동생이 형을 대낮에 살해한다.

〈레인맨〉(1989)은 가정불화로 가출한 동생(톰 크루즈)은 아버지가 형(더스틴 호프만)에게 엄청난 유산을 물려주고 떠난 사실을 알게 된다. 자폐증 환자인 얼간이 형을 구슬려 자기 몫을 찾기 위한 동생의 간교한 게임이 시작된다.

드라마로선 TBC가 1978년 방송하여 폭발적인 인기를 끌었던 미 ABC 미니시리즈 〈야망의 계절〉(Richman, Poorman)이다. 어윈 쇼의 베스트셀러로서 조다쉬 형제의 판이한 인생역정을 대비했다. 빈틈없고 철저한 엘리트인 형(피터 스트라우스), 싸움만 일삼고 잡초처럼 자라온 동생(닉 놀테)을 통해 미국 사회가 겪었던 가치 혼란과 도덕 부재를 고발했다. 이 작품은 김수현 작가의 '사랑과 야망'의 모티브가 되었다.

영화 〈군번없는 용사〉(1966)에서 형(신영균)은 국군 유격대장, 동생(신성일)은 인민군 보위부 장교로 격돌한다. 누군가 한 사람은 죽어야 한다.

〈서울 1945〉(2006. KBS1)에서 형은 친일파 반민족주의자지만, 동생은 사회주의자 독립 운동가이다. 〈각시탈〉(2012. KBS2)에서 형(신현준)은 인력거를 끄는 독립투사다. 동생(주원)은 각시탈을 쓰고 암약하는 친일파 종로서 경찰이다. 둘은 서로를 모른 채 쫓고 쫓기다가 마침내 동생이 쏜 총에 형이 죽는다.

안타까운 실화도 있다. 2019년 가을, 전주에서 로또 1등을 맞은 형은 식당을 차리고 남매들에게도 골고루 나눠줬다. 막내에겐 집도 사주었다, 사업이 부진해지자 막내의 집을 담보로 은행 빚을 썼다. 장사는 살아나지 않았고 동생에게 빚 독촉에 시달렸다. 말다툼은 동생 살해로 끝이 났다.

누가 뭐래도 형제자매극의 백미는 김수현이 쓴 〈사랑과 진실〉, 〈사랑과 야망〉의 두 작품이다. 1980년대 중반에 등장한 투 톱 드라마의 공통점은 60년대 중반부터 30년간으로 이어진 현대사가 배경이다.

〈사랑과 진실〉(1984. MBC, 박철 연출)은 자신의 삶을 착실하게 만들어가는 언니와, 부와 명예를 얻기 위해 허망한 꿈을 좇는 동생의 상반된 인생관을 대조했다. 전형적인 콩쥐 팥쥐 구조다.

효선(정애리)은 부잣집 태생을 모른 채 유모를 어머니로 믿고 자란다. 매사에 침착, 이지적이며 독립성 강하다. 미선(원미경)은 잘난 언니 때문에 열등감에 시달리면서도 신데렐라 꿈을 버리지 못한다. 어머니의 교통사고를 계기로 언니의 출생 비밀을 알게 되자, 마침내 발동한 욕심과 거짓말로 언니를 제치고 자기가 진짜 딸임을 주장하여 신분을 세탁한다. 이윽고 재벌 2세(이덕화)와 결혼, 호화 생활을 하지만 이를 수상히 여긴 효선의 생모(김윤경) 추궁으로 결국 가짜임이 드러난다. 과거를 알아챈 남편도 설상가상 회사 부도가 나면서 그녀의 화려한 인생은 한순간에 무너진다. 가출한 미선은 언니에 자신의 과오를 고백하면서 죽음으로서 용서를 빈다….

해외 유학으로 박사가 된 모범생 효선, 그러나 온갖 위선과 기만으로 남의 행복까지 빼앗은 미선의 변신에 시청자들은 더욱 큰 매력을 느꼈다. 56부 종영이 임박하자 "미선을 죽이지 말라", "해피엔딩으로 끝내라…"등 시청자 요구가 빗발쳤다. 최종회는 공전의 시청률(MBC 집계 70%)을 기록했고 방송 후에도 '효선이냐 미선이냐'의 논쟁은 한동안 계속되었다.

〈사랑과 야망〉(1987~88. MBC, 곽영범, 최종수 연출)은 사랑과 야망의 쟁취를 둘러싸고 판이한 성격인 두 형제의 성공과 좌절을 그린다. 3년 전의 자매극 〈사랑과 진실〉과 함께 80년대 최고 시청률을 기록한 두 주말극은 산업화에 맞춰 전개되는 가족 갈등, 청춘들의 사랑과 출세 등이 어우러져 당대의 화제작으로 눈길을 잡았다.

소도시의 한 방앗간 집 형제가 주축이다. 형 태준(남성훈)은 반듯하고 논리적이며 매사에 원칙과 질서를 존중한다. 동생 태수(이덕화)는 틀에 얽매이지 않은 마초다. 항상 주먹과 행동이 앞선다. 둘은 매번 부딪친다. 태준은 서울 유학 후 법관의 꿈을 접고 회사에 취직한다. 소꿉친구 미자(차화연)를 사랑하지만, 그녀는 배우로 출세하여 영화감독과 결혼하여 승승장구한다. 태수는 여기저기 분방한 사업가로 꿈을 키우지만, 번번이 실패한다. 그를 좋아한 정자(안명숙)와 남매를 두었으나 과수원집 젊은 청상 은환(김청)에게 쏠리기 시작한다. 6개월째를 맞아 최고 시청률(자체 조사 76%)을 찍었다. 우형현제(愚兄賢弟)의 관념을 털어냈다. '효선 미선' 자매처럼 '태준 태수' 형제의 엇갈린 인생 평전은 계속 후일담을 불렀다.

18년 후 2006년(2월~11월), SBS가 81부로 리메이크했다. 제목, 극본(김수현), 연출(곽영범)까지 동일했으나 출연자는 조민기, 이훈, 그리고 한고은, 이민영이 나왔다. 평균 시청률 27% 획득했다.

형제자매 극은 홈드라마에서 '부부극'과 더불어 파생된 포맷으로 80년대 이후 각 채널의 일일극과 주말극에서 '다형제, 다자매'의 집단 구조를 이루고 있다.

형제님 왜들 이러세요! 자매님 무슨 짓들이에요!

'흥부놀부전'은 형제갈등의 고전이다. 역사 속 형제는 늘 골육상쟁이다.

태종 이방원이 배다른 두 동생을 참살하는 '왕자의 난', 임해, 광해,

영창대군의 반목, 소현세자와 봉림대군의 갈등, 양녕과 효녕, 충녕(세종)의 3형제 대립도 팽팽했다.

　재벌도 예외가 없었다. 3형제의 각개전투 속에서 이맹희가 이건희에 낸 장남 지분 청구 소송은 삼성그룹을 긴장시켰다. 현대의 정몽구와 몽헌의 동상이몽, 롯데가의 신격호와 신춘호의 형제 의절, 일본파 신동주와 국내파 신동빈의 충돌은 드라마보다 훨씬 치열했다. 경영 승계권을 각각 둘러싼 대한항공과 한국타이어의 남매 분쟁, 대통령의 딸 근혜와 근영의 불화, DJ의 동교동 사저와 유산을 둘러싼 홍업과 홍걸의 마찰은 결국 법정까지 갔다.

　드라마는 '다형제'의 갈등이 대세를 이루어 높은 반응을 획득했다.

　〈형〉(1991. 11~92. 12. KBS2)은 전쟁고아가 된 형제의 성장기를 다뤘다. 소년기는 거지 신세로 전전한 동훈, 동식 형제의 비루한 생활, 그러나 후반에 형(주현)과 동생(김영철)의 형제애는 깨진다. 부모 노릇까지 겸한 눈물겨운 형의 뒷바라지로 동생은 대학에 진학하고 재벌 집의 사위가 되지만 형의 은혜를 잊고 인간성마저 잃어간다.

　〈형제의 강〉(1996. 10~97. 4. SBS)은 3형제의 파란 많은 30년 가족사다. 이기적인 엘리트 장남(김주승), 배운 것 없이 거칠게 사는 마음 따뜻한 둘째(박상민), 그림 천재이지만 가정형편과 신체장애로 젊은 나이에 슬픈 결말을 맞는 막내(김정현)의 세 형제는 서로를 증오하고 불신한다.

　〈그대 그리고 나〉(1997~98. MBC)는 퇴역 마도로스(최불암) 슬하의 3형제가 기둥이다. 묵직하고 가부장적 장남인 박상원, 부잣집 딸만 노리는 마초 차인표, 조용한 문제아자 배다른 동생 송승헌이 각자의 인생을 꾸린다.

〈솔약국집 아들들〉(2009. KBS2), 순수하고 과묵한 장남 손현주, 외모와 매너를 갖춘 일류대 출신의 차남 이필모, 방송 기자로 걸어 다니는 인터넷 격인 3남 한상진, 여자처럼 곱고 예쁜 늦둥이 지창욱, 이들 솔약국 집 4형제를 중심으로 사랑과 결혼 그리고 이웃에 관한 얘기를 담았다.

〈수상한 삼형제〉(2009. 10~2010. 6. KBS2), 유유자적한 고물상인 장남(안내상), 왕성한 사업가 차남(오대규), 경찰에 입문한 삼남(최준혁)이 물과 기름처럼 문제의 3형제로 나온다.

〈제빵왕 김탁구〉(2010. KBS. 30부), 기업 회장의 장남(윤시윤)과 배다른 차남(주원)이 서로 경영권을 다투면서 제빵계의 신화를 일구는 과정을 담았다.

'장화 홍련'형보다 '콩쥐 팥쥐'형이 지배하는 자매 스토리

세기의 명화 〈바람과 함께 사라지다〉의 스카렛 오하라(비비안 리)는 연인 애슐리를 언니에게 뺏기자 대번에 쟁탈전을 시도한다. 드라마 속의 자매는 장화 홍련형보다 콩쥐 팥쥐형이 많다. 심술과 앙탈을 부리는 쪽은 매양 동생이다. 어릴 적엔 부모 사랑과 남자 끌기로 각을 세우지만, 결혼 후엔 남편 따라, 자녀 따라 의외의 반전을 보인다.

〈폭풍의 계절〉(1993. MBC), 고아로 숙부에 입양된 언니 홍주(김희애), 자기중심적인 꾸러기 동생 진희(최진실)의 사촌 자매 스토리다. 여고 시절의 싸움꾼, 성년기의 사랑과 방황, 그리고 결혼을 거쳐 엄마가 되기까지의 긴 여정을 통과한다. 홍주의 첫사랑 현우(임성민)를 두고 진희와 엇갈린다. 자매가 벌이는 불꽃 대결은 매회 볼거리와 화제를 불렀다.

〈장밋빛 인생〉(2005. KBS), 억척 언니 맹순(최진실)과 악착 동생 맹영(이태란)의 얘기다. 뽀글뽀글한 머리 맹순은 시한부 삶에도 눈물 모르는 '억척 아줌마'로 거듭났다. 맹영은 사랑의 배신을 응징해가는 악착스러운 복수의 여인이다.

〈딸 부잣집〉(1994. 9~95. 4. KBS2), 홀아비 의사(김세윤)의 다섯 딸과 그 가족들이 엮어가는 건강하고 밝은 이야기다. 가족윤리와 개성존중, 세대 간의 조화를 모색하는 진지한 주제도 깔았다. 다섯은 이휘향, 하유미, 전혜진, 변소정, 이아현이 맡았다.

〈네자매 이야기〉(2001. MBC), 유명 병원장의 네 딸이 제 갈 길을 간다. 희생적이고 책임감 강한 큰딸(황수정)은 세 동생과 배다른 언니다. 냉철 담백한 외과의 지망생 차녀(채림), 이기심이 강한 명문대 작곡과

생 3녀(안연홍), 심장병을 안고 있는 대학 초년생 막내(박예진)의 4색 파노라마가 펼쳐진다.

〈소문난 칠공주〉(2006. KBS2), 맘씨만 한없이 좋은 맏언니 나덕칠(김혜선), 육사 졸업 장교인 차녀 나설칠(이태란), 질투와 시기심이 가득한 나미칠(최정원), 선머슴 같은 재수생 나종칠(신지수)…그들은 '칠'자 항렬의 성질대로 바람 잘 날 없다. 시청률 40%대를 넘자 50부 예정이 80부까지 갔다.

〈세 자매〉(2010. SBS), 윗세대 세 자매 장장애(정재순), 순애(박원숙), 지애(견미리) 그리고 아랫세대 세 자매 김은영(명세빈), 은실(양미라), 은주(조안)… 두 그룹을 교차시켜 울퉁불퉁 여섯 여인의 기구한 흑역사를 썼다.

네 자매의 얘기를 담은 〈작은 아씨들〉(Little Women)은 1933년에서 2020년까지 여섯 차례나 리메이크 되었다. 1949년 제2작을 보자. 자존심과 결단력이 강한 맏언니 자넷 리, 작가 지망생인 왈가닥 준 앨리슨, 감수성 예민한 피아니스트 마가릿 오브라이언, 공주병에 걸린 깍쟁이 막내 리즈 테일러(당시 17살). 네 자매는 아옹다옹하면서도 서로를 이해하고 존중하며 화목하는 자매애를 보인다. '불행한 왕비보다 행복한 하녀가 되라'는 엄마의 철학에 충실한 그들은 시종 잔잔한 미소, 저미는 슬픔, 조용한 감동을 전한다. 2004년에 한국판〈작은 아씨들〉(SBS)이 나타났다. 배우, 작가, 음악가, 화가를 각각 꿈꾸는 네 자매 역은 박예진, 유선, 박은혜, 이윤미가 분장했다.

부모 애정, 가정주도, 상속권, 가업 승계 등 형제자매를 둘러싼 의무와 권리는 모순 속에 있다. 형은 아버지처럼 대하고 동생은 아들처럼 대하고 친구는 형제처럼 대하라…. 그렇다면 만사는 형통이지만 드라마는 자꾸 반대로 간다.

21. 금기 소재를 들춰라

-성배(聖盃) 아니면 독배(毒盃)

TV 드라마에 있어 '금기 소재'란 따로 있는 것이 아니다. 대부분 시대환경과 상황이 만들어 낸다. 그때는 안 되고 지금은 된다. 예컨대 광주 항쟁의 묘사는 전두환, 노태우 정부 땐 감히 입에도 못 올렸지만, 지금은 그냥 현대사의 소재에 불과하다. 1983년, 〈조선왕조 500년〉 시리즈 초반에서 이성계의 역성혁명과 건국과정은 허용됐지만, 왕자의 난을 주도한 이방원의 친위 쿠데타 장면은 용납되지 않았다. 서울 올림픽 이듬해인 1989년, 5·18주제 다큐멘터리 〈광주는 말한다〉(KBS 남성우 연출), 〈어머니의 노래〉(MBC 김윤영 연출)는 갖은 위협과 압박을 무릅쓰고 간신히 전파를 탔다.

박정희 정부 때 〈홍길동, 일지매, 임꺽정〉은 터부시되었다. 세 인물은 사회주의와 민중봉기의 위험을 깔고 있기 때문이다. 지금 생각하면 코미디다.

금기 소재에 대한 해석(죄목)은 시대 따라 상황 따라 너줄너줄 했다.

가장 많고 애매한 죄목은 〈국민화합 저해, 사회불안 조성, 계층 간 갈등 조장〉이었다. 역사 및 사실 왜곡, 공서양속 훼손, 공권력 불신,

청소년에 악영향, 국가안보 저촉, 퇴폐 조장, 편향 편파 조성, 종교모독, 특정인(지역) 비하 등 '귀걸이 코걸이' 식이 대부분이었다.

금기 소재의 첫 항목은 '불륜'이었다. 그것은 극장 영화에서나 가능한 소재였다. 1969년 MBC 일일극 〈개구리 남편〉은 유부남 과장(최불암)과 신입사원(주연)의 빗나간 사랑을 그렸다. 여론의 따가운 뭇매와 청와대 영부인(육영수)의 격분을 샀다. 드라마는 100회 만에 에둘러 끝내는 것으로 마감했다.

1975년 MBC 일일극 〈안녕〉과 TBC 〈아빠〉는 78회, 27회로 각각 도중에 하차했다. 둘은 한 결로 여대생과 기혼남을 취급했다. 이른바 '원조교제'라는 새로운 소재는 당시 유신이념과 사회정화 정책에 반하는 퇴폐 드라마로 낙인찍혀 날벼락을 맞았다. TV 드라마와 가정윤리의 관계가 엄혹했던 시절이었다.

농심 자극 〈전원일기〉,
사회 고발 〈우리동네〉, 〈넌픽션극장〉 요절

흔히 수확의 계절에 풍작과 공급과잉으로 배추나 무밭을 갈아엎는 장면을 목격하곤 한다. 농작물을 공짜로 내놓아도 유통과 운반비를 감당하지 못한다. 차라리 밭을 갈아엎고 보상을 받는 편이 더 낫다.

1982년 가을, 속칭 '양파 사건'을 다룬 〈전원일기〉의 '괜찮아요' 편은 전두환 정부를 흔들었다. 전국 농가는 양파경작 초과로 밭에서 작물이 썩어가고 가격이 무너지는 가운데 설상가상 전남 함평군 한 농민의 자살까지 목격되었다. 당국을 자극한 것은 한 농민이 구덩이를 파고 양파를 묻어버리면서 원망과 격분을 쏟아낸 대목이었다.

이 장면은 '드라마마저 농정 실책을 공격하고 전 농민의 사기를 일거에 무너뜨린 있을 수 없는 죄'로 비화하여 농수산부를 비롯한 다섯 군데의 기관에서 일제히 뭇매를 들고 나섰다. 작가(김정수)와 연출(김한영)에게 신원조회와 행적조사, 그리고 며칠간 거처가 제한되었고 기획 의도를 추궁당했다. 제작진의 배후에 혹여 온건치 못한 집단과의 접촉 여부까지 체크되었다.

당시 마늘 파동, 고추 파동, 우유 파동, 배추 파동 등 농민 생계에 직결된 농수산물 파동은 여전히 조심스러운 대목이며 이것을 드라마의 소재로 채택했을 때 그 추인 효과는 놀랄 만한 것이었다. 열악한 농가 현실에 불을 지른 양파 사건은 불행한 농촌 현실의 단면으로 공개하여 '큰 파동'으로 번졌다.

1990년 1월 초, KBS1의 〈우리동네〉는 방송 6개월 만에 '갑자기 종영'을 맞았다. '시청률 저조'라는 폐지 이유는 별 설득력이 없어 보였다.

MBC 〈전원일기〉와 10년 후발의 대항마인 만큼 차별화된 주제와 방향이 과제였고 그것은 농촌문제에 대한 정면 돌파로 나타났다. 급격한 산업화, 도시화로 인해 정신적으로 방황하고 각박하게 살아가는 일부 농민과 농촌 실상을 공개하겠다는 의도다. 목가적인 '전원일기'와는 달리 농촌 현실에 각을 세우고 날을 세운 '독한' 드라마를 냈다.

추곡 수매, 농산물 수입개방, 대학생 농활, 농기계 문제, 땅 투기 바람, 선거 열풍, 노총각 결혼문제, 농가 인력난 등 저간에 농촌이 고질적으로 앓아 온 문제들을 정공법으로 파헤쳤다. 소재 하나하나가 강한 주제성을 띠면서 '모난 드라마'가 되어 결국은 명을 재촉했다.

농촌 드라마는 농민 문학인가, 농촌 문제극인가? 농심을 껴안고 동행하기는커녕 왜 건들고 흔들어 대나…? 이것은 참으로 '불편한 진실'이자 농민 갈등과 사회분열을 증폭시킨 '괘씸한 드라마'가 되었다. 대안과 해결책도 없이 농촌의 환부를 함부로 들추지 말라는 메시지였다. 〈전원일기〉의 '양파 사건'을 상기해보면 〈우리동네〉에 닥친 '갑작스러운 종영'은 미운 오리 새끼의 예정된 제거로밖에 볼 수 없었다.

1988년 5월 서울 올림픽 4개월 앞두고 '올바른 시각, 진실한 취재, 삶에 대한 애정'을 모토로 야심 차게 출발한 KBS의 〈넌픽션극장〉은 한해살이로 그쳤다.

- 신체 불구인 다섯 모녀의 삶을 통해 사회 통념을 고발한 '가족사진'
- 고문과 허위자백으로 진범으로 조작된 김시훈 사건의 '굴레'
- 핵가족 추세를 통해 현대판 고려장을 부각한 '신혼여행에서 생긴 일'
- 고아 출신 홀대와 미혼모의 심각성을 다룬 '당신의 에덴'
- 취업 3개월 만에 수은중독으로 사망한 15세 소년의 비극 '송면이의 서울행'
- 인신매매단에 납치되어 인격 파멸자로 전락한 주부의 실화 '오욕의 덫'
- 허술한 도로상태와 복잡한 교통구조로 피해자, 가해자가 뒤섞인 '아빠의 신호등'

- 5공 시절 필화사건에 연루되어 고문 끝에 목숨을 잃은 박정만 시인의 비극을 담은 '서러운 땅'
- 철거민, 재개발 정책으로 도시 빈민의 표류를 끄집어낸 '철수의 꿈' 등이 방송되었다.

사회의 구조적 모순에 대항하는 서민들의 척박한 삶과 소외계층의 묘사로 드라마의 분위기는 무겁고 우울했다. 특히 '서러운 땅', '아빠의 신호등', '철수의 꿈' 등은 치유되기 어려운 현실 소재를 정면에서 파헤쳐 논란을 키웠다. 대통령(노태우) 중간평가를 앞두고 당국은 이런 사회 고발극, 폭로극에 은밀한 조치를 종용했다. 이 시리즈의 분투기는 분루기로 마감되었다.

불편 불안한 소재
- 수양의 '계유정난'과 신군부의 '12·12 쿠데타'

정치 소재는 대개 실명극(實名劇)으로 넌픽션 성격을 띠기 때문에, 시청자는 이를 실화로서 인지하고 내면화한다. 그리고 현 정권의 권력구조를 반면교사적으로 수용한다. 하여 당대 위정자를 〈불길, 불안, 불편〉하게 한다.

당사자가 아니더라도 권력의 속살과 민낯이 공개되고 권력자의 술수와 행적이 평가되며 가려진 내막이 폭로되기 때문이다. 미상불 비참하게 종료되는 권력의 말로도 목격하고 싶지 않다. 자신을 빗댄 것

같은 불쾌한 긴장감과 자격지심의 발로다. 특히 독재정권은 이런 드라마에 민감하게 반응했다. 하여 권력의 치부가 묘사된 드라마는 한결로 수난을 당했다. 그 형태는 담당자 징계, 연출자 교체, 조기 종영, 작품 폐지까지였다

1980년 3월 MBC의 일일극 〈고운님 여의옵고〉와 4월 KBS의 〈파천무〉는 공교롭게도 똑같이 계유정난의 비극인 단종의 폐위와 수양대군의 왕위 찬탈을 다룬 작품이었다. 두 작품은 '12·12 쿠데타'로 정권을 탈취한 신군부를 자극하기에 충분했다.

두 사건의 공통점은 무고한 다수를 희생하고 정권을 탈취한 역사적 맥락을 강하게 시사하고 있는 것이었다. 정승화 육참총장 불법 납치, 노재현 국방부 장관 강제연행, 장태완 수경사령관과 정병주 특전사령관의 제거, 광주 항쟁의 무력진압, 최규하 대통령 사퇴 압력, 전두환의 대권 장악…. 등 일련의 하극상 시나리오가 자행되는 동안 두 드라마는 절찬리 방송 중이었다.

사실(史實)과 현실은 불편한 관계로 맞물렸다. 드라마는 찬탈자의 야욕에 따른 가해자와 피해자, 선악과 시비 구조로 대비된 집권 수순을 생생히 환기했다. 그것은 신군부에 '켕기는 얘기'와 '불편한 내용'이 될 수밖에 없었다. 결국 일요사극 〈파천무〉는 방송 3개월 만에 막을 내렸다. 그 와중에 〈고운님 여의옵고〉는 그해 8월까지 124회를 채우고 무사히 종료했다. 방송 중에 끊임없이 받아 온 조기 종영의 압력을 비롯한 제작진에 미쳐온 직간접적인 위협에도 불구하고서다. KBS의 〈파천무〉의 희생으로 MBC의 〈고운님..〉은 구제받은 셈이 되었다. 신

군부는 두 드라마를 모두 없애버렸을 때 그 역풍과 뒷감당이 두려웠던 것이다. 이는 정치 상황에 의해 좌우되는 드라마의 운명적인 쇠락을 극명히 보여준 예로 남는다.

1970년 가을, MBC 일일극 〈박마리아〉는 28회 만에 도중 폐지되었다.

윤여정이 주연한 이 작품은 4·19 당시 이기붕 부통령의 부인 박마리아의 일대기로 10년 전 세상 기억이 채 가시기 전에 비명에 간 실존 인물 묘사의 어려움을 예고했다. 이화여대 동창회장, 대한부인회장, YWCA 회장을 거쳐 아들 이강석을 이승만 대통령 양자로 입적시킨 뒤 정치와 선거를 전횡한 주인공은 자유당의 몰락과 함께 끝내 일가족 집단자살로 생을 마감한다.

한운사 작가는 정권에 얽혀 수상한 짓을 하면 인간이 어떻게 되는가를 보여주고 싶었다고 밝혔다. 박정희 혁명정권은 박마리아를 너무 미화하여 권력 구조의 속성이 적나라하게 드러나는 것이 생리적으로 부담스러웠다.

〈제1공화국〉, 정치 드라마의 수난 1호, 10년 후 〈땅〉도 16회로 중단

1981년, MBC의 〈제1공화국〉은 해방 후부터 자유당 12년 통치 말기까지 일련의 정치적 사건을 일 회 시추에이션으로 짚어 현대사의 중추 부분을 극화했다. 학생시위와 혁명, 자유당의 붕괴와 말로, 대통령의 추방, 정객들의 치부와 술수 그리고 정치깡패들의 유착관계 등이 적나라하게 묘사되었다.

이승만과 김구를 필두로 30년 전의 정치 이면사가 TV에서 재현되는 사실만으로 남성 시청자의 관심과 장·노년층의 기대 욕구가 충만했다.

그러나 이 드라마는 작가(김기팔), 연출자(고석만)가 모처에 소환되어 기획 의도를 신문 당하고 마침내 연출자가 12회 만에 바뀌고(이연헌 20회까지 연출) 다시 환원되는 데까지 혹독한 시련을 겪게 된다. 82년 2월 11일, 39화를 끝으로 하이라이트인 4·19 이후 내용은 중지되었다.

드라마는 희소가치를 확대했지만, 정체성이 약한 전두환 정권은 매우 불편했다. 이런저런 혼란상을 TV로 극화하는 것은 국민화합과 정국안정에 득이 될 것이 없다는 것이었다. 당시 정치 드라마는 시기상조론과 위해론에도 불구하고 작금의 정치 현실에 대한 깊숙한 성찰을 촉구했다.

〈제1공화국〉은 5공화국 서두의 절묘한 타이밍에 방송되어 정치 드라마의 명제와 지침을 예시했다. 이에 대한 제2의 도전은 7년 후인 1989년에 같은 연출자에 의해 제작된 〈제2공화국〉에서 재차 실감하게 된다.

정치 소재는 어떤 형태로든 '야화와 비화'의 폭로에 따른 해석이 가해진다. 숨겨진 사실에 대한 공개, 잊혀진 사실에 대한 재구성은 당해 집단과 상대 집단, 그것과 이해득실이 엇갈린 관련자의 액세스가 얽혀 있어 그 평가와 해석은 적어도 50년 이후에야 타당하다는 소리도 들렸다. 그것은 '역사는 반복된다'는 불편한 사실에 관한 확인이었다.

〈땅〉(김기팔 극본, 고석만 연출)은 인생관이 다른 세 남자의 굴곡된 삶을 교차하여 격동의 현대사를 조명했다. MBC 50회 야심작으로 기획되어 1991년 1월 6일에 출발했다. 연초부터 시청률 30%를 획득하며 돌풍을 일으켰으나 4월 말, 16회 만에 결국 폐지되었다.

전두환의 백담사 연설 장면부터 3당 통합, 법안 날치기 통과, 남북 총리 회담, 노태우 대통령의 모스코바 방문 등 뉴스 필름을 띄운 것부터 당국을 긴장시켰다. 정계, 재계의 치부를 드러내고 VIP들의 밤의 행각을 폭로하여 충격을 안겼다. 방송위원회는 '빈부갈등 조장 죄'로 사과 명령과 함께 연출자와 제작국장에게 근신 10일 처분을 내렸다. 제작 이사와 사장(최창봉)도 정무수석으로부터 심한 질책을 받았다.

회사는 4월 들어 조기중단을 검토했고 작가는 집필 의지를 접었다. 노조는 방송통제 의혹을 들어 노태우 정권에 반발했고, 오지명, 길용우, 최낙천 등 출연자 서른 명은 정치 소재를 다룬다는 이유만으로 방송 중지는 있을 수 없다고 항의했다. 각계는 조기 종영 철회를 주장했고 주요 일간지와 전문지도 연일 이런 사실을 대서특필했다.

해방 후 6공화국까지 순탄한 정권 교체를 경험해 보지 못한 우리 헌정사에서 정치 드라마는 드라마 이상의 사실을 함축하고 있고 못다한 증언, 증인이 생존해 있으며 민감한 국면도 함께 잠재해 있다. 여기에 정치적 역량이 크게 성숙한 것도 아니어서 드라마와 정치의 접목은 여전한 과제로 남았다.

5·18 항쟁, 삼청교육대, 제주 4.3 사건. 구체적 묘사 감행

현대사의 가장 '아픈 부분'인 5·18 광주항쟁의 공개는 TV 드라마로서는 처음 시도였다. 1995년 SBS의 〈모래시계〉(김종학 연출)에서 3회 (6. 7. 8부)에 걸쳐 본격적으로 출현했다.

주먹세계를 청산하고 귀향한 후배 진수의 요청으로 광주에 간 태수(최민수)가 시민군에 합세할 때까지, 그리고 진압군으로 투입된 우석(박상원)과 서로 대결 국면으로 돌변할 때까지의 항쟁 상황을 들춰냈다.

진압 작전에 참여한 부사관 두 명과 사병에게 어렵게 증언을 청취하고 진상위원회와 5·18유족회로부터 진실의 일각을 취재했다. 일단의 공수부대원들이 폭력으로 시민을 연행하는 뉴스 필름을 삽입하여 주목을 끈 후, 바로 그 현장에서 촬영하여 장소의 일치성을 살렸다. 민주화 항쟁은 당시 문민정부임에도 불구하고 지상파에서 수용하기 버거운 소재였다. SBS는 3년 차 신생 방송사의 이미지 업을 위해 그 정도의 리스크는 각오하겠다는 일념이었다. 뜻은 관철되었으나 예상대로 외풍은 거세게 불어 닥쳤다.

국방부는 방송사에 정훈 관계자를 보내 군(軍)의 진압장면 삭제를 요청했다. 새 시대에 들어 군의 위상과 역할이 변한만큼 지나치게 자극적인 모습을 묘사하는 것은 군에 대한 인식에 부정적인 영향을 끼칠 우려가 있다는 것이다.

'삼청교육대'는 5공화국 초기의 대표적인 인권침해 사례로 꼽힌다. 신군부는 1980년 5월, 비상계엄하에서 국보위(1980. 5.)를 설치하고 국정을 장악했다. 폭력범과 사회문란사범의 소탕 명분을 걸고 1981년 초까지 많은 사람을 영장 없이 체포했다. 그리고 군부대 연병장에서 가혹한 집체 훈련으로 육체적 고통을 가했다. 1988년 국방부 국정감사에서 현장 사망자 52명, 후유증 사망자 97명, 정신장애 등 상해자 2678명이 발생했음을 보고하였다.

〈모래시계〉의 11부에서 13부까지 3회에 걸쳐 순화 교육 A급 수감자 중심의 내부 진상을 공개했다. 통나무 어깨 들기와 진흙탕 철조망 통과의 지옥훈련을 통해 교육대 현장이 생생히 묘사된다. 심신 허약한 김 노인의 자살, 교관에 대들다 죽도록 얻어맞는 태수의 상처를 통해서 그곳의 무지몽매함을 표현했다. 군뿐 아니라 5공화국 주요 인사들의 심기를 거스른 장면이었다.

'5공화국 고발이 인기 요인 85%', '현대사 성역(聖域)에 호기심 폭발' 이것은 〈모래시계〉의 사회조사에서 한 일간지가 띄운 큰 제목이었다.

가장 인상 깊은 장면으로는 광주 민주화 운동을 필두로(37.5%), 삼청교육대(23.2%), 사랑과 우정(13.4%), 조폭들의 싸움(7.3%), 정치세력들의 부패상(4.8%)을 꼽았다. 광주 항쟁과 삼청교육대 공개 부분이 60.7%를 차지했다. (중앙일보 1995. 2. 9,)

1948년 4월 3일, 남로당 제주도당 무장대는 남한의 단독선거, 단독정부 반대를 내걸고 봉기하기 시작했다. 1954년 9월 한라산이 전면 개방될 때까지 경찰과의 공방은 6년간 이어졌다. 그간 발생한 무장대와 토벌대 간의 충돌과정에서 수많은 주민이 희생됐다. 10월 여순사건, 6·25까지 연동되었다.

기껏해야 '폭동' 아니면 '사건'으로만 덮여진 4·3 실체를 1991년 〈여명의 눈동자〉(MBC)에서 폭로했다. '공비'라고 불리던 사람들 대부분이 겁에 질린 민간인들인 점, 국방경비대와 무장대의 협상을 깨려는 경찰의 방해 공작, 미군 측에서 흘러나온 '초토화 작전', 도민들이 6·25 당시 정부의 예비검속과 보도연맹 학살 와중에 희생되었다는 정황까지도 언급했다.

4·3의 구성에 가장 어려운 것은 자료 부족이었다. 기존 자료는 대부분 극우 또는 극좌의 입장이어서 정확성을 취하기 어려웠다. 다행히 현지 '제민일보'의 4·3 연구 특별취재팀과 4·3 연구회에서 상당한 객관적 자료를 받았다. 그런데도 '좌익 드라마'로 찍히기도 했다. 우익의 잔학함을 부각했지만 좌익의 잔인성은 축소 묘사했다는 일부 비판 때문이었다. 사건은 50년이 넘도록 베일에 묻혀 있다가 2000년 1월 '제주 4·3사건 진상규명 및 희생자 명예회복을 위한 특별법'이 제정 공포되고 위원회(위원장 국무총리)가 발족하여 진상조사에 착수했다. 드라마로서 공개는 정부가 공식화하기 9년 전이었다. 유해발굴은 오늘도 계속되고 있다.

촘촘한 그물
– 금지 인물, 금지 장면, 금지 언어, 금지 표현…

〈판자촌, 거지, 리어카, 지게꾼, 군인〉, 이 다섯은 영상에 담지 마라…

소위 '1977 지침'으로 내려온 이 배경은 비루한 자화상이 국민의 사기를 저해한다는 이유보다 북한에 오용될 소지를 더 우려했다.

1979년 KBS 〈희망〉은 '방송 불가' 판정을 받고 이유황 PD도 징계 처분됐다. 1965년 한일협정 조약에 '원폭 피해자의 비참한 문제, 후유증을 다루지 않는다'라는 조항을 위반해서다. 내용은 피폭 조선 청년이 귀국해서 새 삶을 열어 가는 내용이다.

1982년 MBC는 대하 드라마로서 황석영 원작 〈장길산〉을 잡아 8회분까지 집필을 완료했으나 당국으로부터 '인물, 소재 부적절' 통보를 받고 야심 기획을 접어야 했다.

1994년 KBS 〈무당〉은 이 시대의 마지막 무당(이상아)의 이야기다. '지금이 어느 때인데 공영방송이 무당 드라마를 하느냐?.'는 KBS 이사회의 반발 때문에 드라마는 조기에 종영했다.

1977년 TBC 〈외동딸〉은 대한간호사협회 강력 항의를 받았다. 신생아실에서 간호사 실수로 영아가 뒤바뀐 설정 때문이었다. '도저히 있을 수 없는 일.'로 규탄했다.

1990년 MBC 〈춤추는 가얏고〉는 대학 국악과 학생들의 집단 항의에 시달렸다. 가야금을 기생 놀음에 연결시키는 설정, 연주 후 돈을 받는 장면 등 퇴폐 향락적인 인상을 주어 국학도를 모욕했다는 것이다.

1996년 KBS 〈신고합니다〉는 육군 장병들의 일상 그린 내용이었으나 2회분 잘려나갔다. 복장 불량, 경례 불량, 태도 불량 등 장병 행동수칙에 어긋난 언행 장면을 포함하여 군을 지나치게 희화했다는 이유다.

1972년 TBC 〈돼지〉는 하루아침에 '방송 중지' 벼락을 맞았다. '남반부에서 볼만한 드라마는 돼지 뿐이디요.' 그해 남북회담에서 북측 대표가 날린 한마디 칭찬 때문이었다. 돼지는 양반집의 머슴(김순철) 이름이었다.

1992년 MBC 〈분노의 왕국〉, 주인공의 상상 속에 일본왕 즉위식 때 암살을 시도하는 장면을 냈다. 이튿날 일본대사관 측이 즉각 항의하고 양국 외교 문제로 비화되었다.

2017년 MBC 〈죽어야 사는 남자〉는 이슬람교의 모독죄를 썼다. 히잡을 쓴 여성들의 비키니 차림, 경전 쿠란 옆에 발을 올려놓은 포스터 내용, 아침 식탁에 금기된 음주 장면 등이 문제가 되었다. 항의를 받자 사과문을 내고 '다시 보기'에 장면을 삭제했다.

금기시된 대사, 제목, 이름 때문에 드라마의 명운이 바뀌는 예도 있었다.

1987년 KBS 〈사모곡〉은 '중이 고기 맛을 알면 절간에 빈대도 남아나지 않는다더니…'의 한 줄의 대사 때문에 조계종의 큰 스님들의 노여움을 사 연출자(이윤선 PD)는 타 부서로 쫓겨났다.

1979년 TBC 〈해오라기〉에서 등장한 노래 가사 중 '학교 종이 땡땡땡… 선생님이 돈 봉투 기다리신다.'는 교육연합회의 항의를 받아

혼쭐이 났다.

1992년 MBC 〈한지붕 세가족〉에서 '넌 왜 맨 날 삼천포로 빠지냐'는 푸념에 해당 시민의 항의를 받고 사과했다.

1992년 MBC 〈사랑이 뭐길래〉 '집배원들의 태만으로 배달 사고가 잦아..'의 힌마디 때문에 관련 부처(당시 체신부)가 화를 냈다.

1982년 MBC 〈눈물이 보일까봐〉의 제목은 눈물을 머금고 〈어제 그리고 내일〉로 개명했다. 당시 5공 출범에 '눈물'이란 부정적인 단어가 혹여 누가 될까 봐 지레 겁을 먹은 것이다.

2013년 KBS 〈최고다 이순신〉의 이순신은 극 중 여주인공(아이유) 이름이다. '독도나 지켜라', '야! 100원짜리야!' 등 대사가 성웅을 비하한 듯하여 거센 항의를 받았다.

2013년 SBS 〈돈의 화신〉은 법보다 돈의 힘을 믿는 비리검사 이름이 하필 이차돈(강지환)이었다. 최초의 불교 순교자와 같은 이름을 사용한 저의를 추궁받았다.

22. 세상을 바꾸고 역사도 바꿔라

- 대하(大河) 드라마의 세월

작은 화면, 짧게 쪼개진 시간에 '큰 드라마, 긴 드라마'를 본다. 큰 내용에는 역사가 굽이치고 세상이 바뀌며 인생은 반전한다. 긴 길이와 횟수로서 일 년에서 3년까지도 간다. 대형투자, 역점제작에 기념비적 작품이 된다. 방송사의 자존과 사운을 걸기도 한다. 우린 이것을 '대하(大河) 드라마'로 부른다. 정관사처럼 붙여 쓰는 이 어휘는 KBS가 1980년 일요일 밤 8시에 60분 장기 드라마를 기획하면서 처음으로 썼다.

대하는 큰 강을 뜻한다. 방대한 길이를 시간개념으로 환치해보면 반세기 이상의 것으로, 유장하게 흐르는 강물보다는 세찬 격류와 파랑을 보는 쪽이다. 외세와 내분으로 이념과 가치가 변하고, 운명의 갈림이 기저를 이룬다. 고난 속에서 세상이 소용돌이치고 시대의 수레바퀴가 굵은 획을 그어간다.

대하는 평화 시대, 태평 시절에 잉태되지 않는다. 그래서 배경은 국가의 흥망, 전쟁과 혁명, 정변이 된다. 장엄한 '스케일(규모), 스펙터클

(서사), 스토리(인물)'가 기본이다. 대하극의 동사는 "새 역사, 새 세상, 새 인생'으로서 탈바꿈이다. 그 주역은 역사의 수레바퀴를 돌리는 위인들, 그 바퀴에 희생된 민초들, 혹은 시대의 물굽이에 휩쓸린 일가족이 된다. '큼직한 과거'를 다시 통찰하고 '그때 사건'을 재조명한다는 뜻에서 그것은 심대한 역사극 또는 심오한 시대극이다. 역사극의 범주는 고대사부터 수용하고 시대극은 조선조 말에서 개화기, 일제 강점 시기를 전후하여 해방, 6·25 동란에 이르는 약 100년 전후의 길목을 보고 있다.

KBS 대하 드라마의 17년 세월
– 한 해 한 작품, 민족의 대서사시 표방

1977년 봄 개편에 KBS는 일요사극 〈맥〉(脈)을 신설하고 역사 속의 인물을 한 사람씩 극화하는 시리즈를 내놓았다. 이는 1980년에 출범한 대하 드라마의 터전이 된다. 당시 미국 ABC의 미니시리즈 〈뿌리〉 선풍과 18년째를 맞는 일본 NHK 대하 드라마를 벤치마킹했다. NHK는 '민족의 대서사시'의 슬로건을 내걸고 〈한 해, 한 작품, 50회 전후, 일요일 저녁 8시 방송〉의 원칙에 따라 새 드라마로 정월을 여는 보세(報歲) 겸 연력(年歷) 드라마를 표방했다.

'서울의 봄'을 맞이한 80년 4월, 대하 드라마 제1화는 단종애사와 수양의 찬탈 욕을 다룬 '파천무'로 화려한 막을 올렸다. 2화 '대명'은 병자호란과 효종의 북벌 의지를, 3화 '풍운'은 대원군과 격동의 조선조 말을 그렸다. 4화 '개국'은 이성계의 왕조 창업을, 5화 '독립문'은 동학혁명에서 경술국치까지 조선 개화기 지식인들의 양면성과 민초들의 저항을 교합했다.

광복 40주를 맞아 6화 '새벽'은 해방 전이야 정국의 분단과 이데올로기 문제를 취했고 7화 '노다지'는 구한말~한국 동란까지 양반가 3대의 운명적인 내림을 통해 시대의 아픔을 그렸다. 8화 '이화'는 구한말 부호의 종이 된 양반댁 규수 이화와 젊은 선각자들의 삶을, 9화 '토지'는 박경리 장편을 3년에 걸쳐(87. 10~89. 8) 방송했다.

10화 '역사는 흐른다'는 개화기 독립 운동가, 신여성, 현실주의자의 삼각 국가관이 충돌했고, 90년 11화 '여명의 그날'은 해방 전후 혼란기에 독립 운동가, 우국지사 출신의 양대 진영의 갈등과 분열을 그렸다.

12화 '왕도'는 세도정치의 거두 홍국영의 전횡과 개혁 의지를, 12화 '바람꽃은 시들지 않는다'라는 대한제국 탄생에서 현대까지 80년간 명문가 혈통인 여교수의 삶을 통해 여인의 수난사를 압축했다.

14화 '삼국기'는 김춘추, 김유신, 연개소문, 계백, 의자왕 등 고·신·백 삼국의 주역들의 통치술을 통해 고대사를 조망했다. 93년 4월~94년 4월까지 방송된 15화 '먼동'은 구한말에서 3·1운동까지 한 양반가의 파란 굴곡의 삶을 묘사했다.

15년을 맞은 즈음 대하 드라마는 피로가 누적되면서 일관성을 잃는다. 제작 시스템의 운용, 과도한 제작비를 비롯하여 시청 효과에 따른 지속 여부가 논의되었다. 1년 공백 후, 95년 광복 50주를 맞아 5월부터 9월까지 16부작 〈김구〉를 대하 그릇에 담았다. 이윽고 역시 조선조 말 선각자들의 우국충정을 그린 100부작 〈찬란한 여명〉(95. 10~96. 11)을 끝으로 대하 드라마는 기본 틀과 초심의 행보를 접게 된다.

1980년 4월부터 1996년 11월까지 17년간은 '대하 드라마의 세월'이었다.

평균 일 년에 한 작품씩 17화를 냈다. 짧게는 5개월('이화'), 길게는 3년째('토지')였다. 그 세월은 수난투성이였다. 주요인물의 행적 시비, 이념논란, 스태프 교체, 청문회 소환, 조기 종영, 도중 폐지 등 시련을 겪었다.

1화 '파천무'부터 시작되었다. 수양의 왕위 찬탈의 소재가 마침 12.12 하극상으로 정권을 잡은 5공 인사들의 불편한 심기를 자극했다. 이 기묘한 상황과 맞물려 불가불 드라마는 도중 요절했다.

'새벽'은 남로당 박헌영의 묘사가 논란이 되어 작가와 연출가가 통째로 교체되었다. '여명의 그날'은 박정희의 행적 오류와 김일성의 왜곡 묘사를 둘러싸고 방송위원회 청문회까지 비화되어 도중 폐지되는 아픔을 겪었다.

유일하게 고대사를 취급한 최상식 연출의 '삼국기'(92년)는 편당 5천만 원의 거액투자로 3국 별 순번 제작의 형식을 취했고 '토지'는 서울 올림픽을 앞둔 야심작으로 연부 제작(4부) 형태를 취했다. 히로인 서희 역에 새 얼굴 최수지를 발탁하여 화제를 모았다.

시대별 소재는 조선조가 네 작품, 구한말 전후의 100년을 다룬 것이 열두 작품으로 압도적이었다. 1880년 이후부터 조명한 근·현대사의 편중은 여러 가지를 시사한다. 여기서 추출된 기호학적 의미는 〈조국, 독립, 자존, 생존, 광복〉이다, 이는 오늘날 분단 현실 아래의 논리로 이어져 〈민족, 통일, 이념, 화합〉으로 맞물려 간다. 이런 사실은 '대하'라는 이름으로 주제와 인물의 획일화를 부를 소지도 컸다.

80년대 〈조선왕조 500년〉, 90년대 〈용의 눈물〉, 2천년대 〈왕건〉,〈주몽〉

조선왕조는 1392년에 개국하여 1910년 합방까지 518년을 이어온 한민족 최후의 왕조다. MBC의 〈조선왕조 500년〉(신봉승 극본, 이병훈 연출) 시리즈는 5.6공 정부의 한복판인 1983년 3월에 시작하여 90년 말까지 갔다.

1화 '추동궁마마'는 이성계(김무생), 방원(이정길)을 중심으로 하여 왕조의 건국 전야를 다뤘다. 2화 '뿌리깊은 나무'는 세종(한인수)의 치세를 그렸다. 3화 '설중매'는 세조(남성우)를 중심으로 하여 칠삭동이 한 명회(정진), 인수대비(고두심), 연산군(임영규), 장녹수(이미숙)가 팽팽히 맞서 절정을 이루었다.

4화 '풍란'은 중종(최상훈)과 조광조(유인촌)를 비롯하여, 윤형원(한인수)과 정난정(김영란), 문정왕후(김혜자)가 얽혔다. 5화 '임진왜란'은 선조(현석)와 이순신(김무생)이 주역을 했고, 6화 '회천문'은 광해(이희도)의 등극에서 폐위까지를, 7화 '남한산성'은 인조(유인촌)가 겪은 정묘, 병자호란과 삼전도의 굴욕을 그렸다. 후반부는 박종철 고문치사 사건과 6월 민주화 항쟁으로 열 달간 불의의 휴방을 당했다.(87. 2~12) 하멜 표류기와 예송(禮訟)논쟁을 다룬 효종, 현종 조의 얘기는 잘려 버렸다.

88년 1월에 속개된 8화 '인현왕후'는 숙종(강석우), 장희빈(전인화), 인현왕후(박순애)의 삼각관계를, 9화 '한중록'은 영조(김성원)와 사도(최수종), 세손(전호진), 혜경궁 홍씨(최명길)의 비애를 담았다. 10화 '파문'은 정조(김용건) 때 천주교 유입과 박해를, 대원군(임동진), 고종(김흥석) 명성황후(김희애)의 11화 '대원군' 편은 마지막 왕조의 소멸과 대한제국의 탄생을 보았다.

11화까지 총 제작 횟수는 538부, 조선조 518년의 역사를 538회의 드라마로 엮었으니 왕조 1년을 약 1편씩의 드라마에 담은 셈이다. 400권 가까이 되는 번역판 '조선왕조실록'의 개요를 파악하고 성쇠 부침을 추적하는 것 자체가 길고 험난한 작업이었다.

방송 기간은 8년으로 대하 드라마 단일품으로서는 최장 기록이다. 횟수로서 538회나 바뀐 역사와 변한 세상을 보였으니 이 또한 대역사(大役事)다. 총 제작 시간이 558시간, 사용한 테프의 길이만도 약 2,500km, 연인원 20만 명 동원, 말 수만도 3천 마리가 넘었다.

시대 상황 묘사에 따라 많은 호응도 얻었고 격렬한 비판도 받았다.

제3화 '설중매' 때는 수양대군의 평가 문제로, 4화 '풍란' 때는 조광조의 행적 시비로, 5화 '임진왜란' 때는 승병 활동의 묘사 부족이라고 불교계에서 거센 비난도 받았다. 대다수 시청자는 드라마를 '역사 그 자체'로 인식하고 때로는 구성상 필요해서 삽입한 픽션까지도 실제 상황으로 믿어버린 사실도 확인되었다. 당대에 이런 빅 콘텐츠는 다시 나타나기 어려울 것이다. 본 시리즈 전 회분은 현 국립중앙도서관에 소장되어 있다.

〈용의 눈물〉(159부, 이환경 극본, 김재형 연출)은 조선 건국에서 3대 태종까지 50년 세월을 3년 방송(1996. 11~1998. 5.)에 압축했다.

전반부는 혼란 속 고려 말의 평정과 조선왕조의 탄생 과정을 그렸고 후반부는 방원(유동근)의 왕위 등극에 따른 부자 갈등과 형제 반목을 취했다.

태조 이성계(김무생)는 건국 신화의 스토리와 판타지를 모두 함축하는 매력적 인물이다. 사극의 기본인 '무인 야인 거인'의 이미지를 충분히 갖추고 있다.

애초 100회에서 59부가 늘어났음에도 지루함 없는 긴장과 격조를 유지했다. 후반부 방원의 행적이 태조 못지않게 극적이었기 때문이다. 아버지와 16년의 실랑이, 1, 2차 왕자의 난, 스무 살 어린 이복동생 방석과 개국공신 정도전(김흥기)의 척살, 방과(2대 정종)를 보위에서 밀어내고 형제들을 차례로 제거, 재위 7년 만의 아버지를 상왕으로 추방하는 골육상쟁이 이어졌다. 등극을 도운 처남들을 처형하고 살점 같은 장수들을 숙청하는 그의 생존 전략은 비정하다. 슬하 4대군 중 장자 양녕을 내치고 3남 충녕(세종)을 왕세자로 점지하는 용단은 피비린내 도륙전보다 훨씬 냉혹하다.

이 드라마는 이회창 후보를 제치고 15대 대통령으로 당선된 김대중을 보면서 국가 수장이 갖춰야 할 덕목과 리더십의 중요성을 직간접으로 시사했다.

KBS 〈왕과 비〉(1998. 6~2000. 3. 186부)는 3년간 두 세기를 걸쳐 방송된다. 관통 인물은 세조의 며느리, 성종의 어머니, 연산의 할머니인 인수대비(채시라)다. 문정왕후(중종), 명성황후(고종)와 더불어 조선 '3대 독녀'에 속한다. 67년의 생애, 문종부터 연산 조까지 무려 여섯 왕조를 수렴한 인수대비의 독단 정치와 고독한 삶을 그렸다.

KBS2의 〈명성황후〉(2001. 5~02. 7. 124부) 역시 20세기 초 일본, 청, 러시아 등 열강 외세에 휩쓸려 서서히 몰락해가는 왕조의 최후를 조응했다.

KBS 〈태조 왕건〉(2000. 4~2002. 2.)은 조선조 일변도의 소재에서 벗어나 10세기 초로 훌쩍 멀리 날아갔다. 200부가 넘는 '3년 드라마'에 고려왕국이 탄생하기까지 과정을 담았다. 통일 신라 말 세 호걸의 용호상박이 볼거리다. 면밀한 포용력과 리더십의 왕건(최수종), 돈키호테처럼 괄괄한 견훤(서인석), 관심법(觀心法)으로 난세를 제압해가는 애꾸눈 궁예(김영철)의 대결은 영락없는 한반도판 '삼국지'였다. 고려 건국은 '통일'을 키워드로 남북통일의 당위성과 방향까지 시사한 듯했다.

〈무인시대〉(2003. 2~04. 8. 158화)는 이 땅에 문·무(文武)가 극한 대립을 보이고 살육전을 벌일 때를 집어냈다. 본격적인 무인 정변을 다룬 주제가 돋보였다. 문신 우월주의와 무신 차별, 기강이 문란해진 왕권에 대항하여 정권을 잡은 무인들의 전횡 통치, 그리고 사치와 향락에 함몰되는 말로를 그렸다. 18대 의종, 19대 명종, 20대 신종, 21대 희종, 22대 강종은 쫓겨나거나 죽임을 당하고 곳곳에 민란은 계속된다. 무인 이의방 집권기부터 정중부, 경대승, 이의민, 최충헌의 집권기까지 약 50년 흑 역사(1170년~1219년)를 그렸다.

MBC 〈주몽〉(2006. 5~07. 3. 81부) 역시 고구려 건국 주역인 주몽(송일국)의 신화 같은 영웅담과 전설 같은 사랑 얘기를 담았다.

KBS 〈대조영〉(2006. 9~07. 12.)은 발해국 건국의 주인공이 된 고구려 유장 대조영(최수종)의 일대기다. 통일 신라 이후 만주에서 연해주에 이르는 광활한 땅에서 약 200년 왕국을 지속했다. 한반도 밖의 북쪽 넓은 땅은 지금 봐도 가슴이 설렌다.

MBC 〈선덕여왕〉(2009. 5~12. 62부)은 이 땅에 최초로 여왕이 탄생하는 페미니즘 판타지였다. 총명, 용맹, 결단력 좋은 덕만 공주가 마침내 신라 27대 보위에 오르기까지의 서라벌에 몰아친 광풍을 다뤘다. 고현정의 무르익은 연기가 돋보였고 박근혜 시대의 도래를 예고한 서곡으로서 충분한 역할도 했다.

2014년 〈정도전〉(50부, 6개월간)은 여말선초(麗末鮮初)의 이성계의 1급 참모인 정도전(조재현)의 지략을 그렸다. 2015년 〈징비록〉(50부, 6개월간)은 임진왜란의 교훈을 적시한 서애 류성룡(김상중)의 국가관을 담았다. 2016년은 세종 때 첨단 과학자 〈장영실〉(24부, 석 달간)을 내세워 전문인(송일국)의 고뇌를 그렸다. 6년 전 KBS의 대하는 이렇게 연속 세 작품으로 맥을 이어가는 듯했으나 그것으로 또 끝났다.

현대사의 핵심-해방 전후에서 6·25까지 격동의 10년

〈억새풀〉(김기팔 극본, 고석만 연출)은 광복 40주년 MBC 대하 드라마로서 1985년 6월~12월까지(57회) 7개월간 방송했다. '윤씨 집안'의 여인 3대를 통해 서민 100년사를 조명했다. 여성이 주체가 되어 여성의 시각으로 현대사를 관통한 점이 새로웠다.

100년 전 인천 개항 즈음에 집안을 일으킨 시할머니(문정숙), 3·1운동 직후 시집온 시어머니(김용림), 1940년대 태평양 전쟁 때 보름 만에 학도병에 끌려간 남편(길용우)을 기다리며 생과부로 반평생을 살아온 며느리(허윤정), 그리고 그의 딸(황신혜)이 주축이다. 일본 유학에서 좌절하고 절름발이로 사는 지식인(최낙천)과 독립군의 자손으로 학교조차 못 다닌 엿장수(박규채)가 또 다른 얼굴이다.

우리에게 광복은 분단인가, 좌우갈등인가, 외세 침입인가, 친일파 득세인가…. 드라마 〈억새풀〉은 끝없이 '오늘날'을 외쳐댄다. 역사는 통곡하고 세상은 한 맺히고 인생은 오늘을 잃어버렸다. 마지막 장면에 엿장수는 서울 명동 한복판에 손수레를 끌고 가며 "85년 오늘날 ~ 우리는 성공작이다!"라는 고함을 통해 광복 40년의 의미를 물었다. 백성을 상징한 억새풀은 '세월은 바뀌어도, 세상은 변하지도 않았다.'라는 역설을 우회적으로 강변하고 있다.

1989년 KBS는 이병주 원작 〈지리산〉을 8부작 6·25 특집극에 실었다. 냉전 이데올로기에 희생된 민초들의 허무한 생을 담았다. TV 드라마에 최초로 남부군을 중심으로 한 빨치산 모습을 본격 묘사했고 국군의 양민 학살 장면도 냈다. 1986년 '부적절 소재'로 말소된 지 3년 후에야 빛을 보게 된 것이다.

91년에 방송된 MBC 〈여명의 눈동자〉(36부) 김성종의 동명 소설로서 일제부터 동란까지 10년 격동의 파노라마를 담았다. 위안부로 끌려간 여옥(채시라)은 오욕을 견디며 해방을 맞고, 학도병에 징집된 대치(최재성)는 팔로군을 거쳐 인민군에 편입된다. 하림(박상원)은 관동군에서 탈출하여 국군 토벌대에 가담한다. 6·25가 터지자 이 세 청춘은 눈 덮인 지리산에서 조우하지만 여옥과 대치는 총상을 입고 쓰러진다. 이 역시 〈일제-광복-동란-분단〉에 짓밟힌 현대사의 상황적인 비극을 담고 있다.

　대하 드라마의 목적은 '역사와 인간의 성찰'에 있다. 흥미와 재미를 주는 오락 사극과는 발상부터 다르다. '볼거리, 배울 거리, 남길 거리'를 줘야 한다. 그 때문에 제작자는 진중하게 접근하고 시청자는 진지하게 수용한다.

제4장

시즌제와 막장극, 퓨전과 탈현실 소재

23. 재벌에 반(反)하라

- 재벌계와 재벌주의를 속속 해부하다

"도대체 드라마 속의 재벌은 왜 항상 독불장군으로만 묘사되는가?"

"도대체 이기적이고 오만방자한 인간형을 재벌가에서 찾지 않으면 가난하고 힘없는 무지렁이 서민에서 찾으란 말인가?"

드라마에 나타난 재벌에 대한 이미지는 극명한 가치 양분으로 나타난다. 인간성 측면에서 역동적이며 갈등 방향이 튼실하다. 어쨌든 재벌의 행적이 한 편의 드라마가 될 수 있는 이유다. 문제는 재벌에 대한 인물 설정과 상황 전개의 획일성이다. 드라마 속에 〈과욕, 야욕, 탐욕〉을 모르는 재벌, 〈오만, 거만, 자만〉하지 않는 재벌이 있었던가. 즉 재벌은 대부분 네거티브 이미지로 포장된다는 점이다.

자수성가(自手成家) 칠전팔기(七顚八起) 파란만장(波瀾萬丈) 주야불철(晝夜不撤) 고군분투(孤軍奮鬪)… 이는 재벌 묘사의 긍정적인 측면이다.

황금만능(黃金萬能) 약육강식(弱肉强食) 독점독식(獨占獨食) 음모술수(陰謀術數) 골육상쟁(骨肉相爭)… 이는 부정적인 이미지다.

TV 드라마에서 드러난 재벌가의 특성과 양태

문제는 또 있다. 이런 인물 설정이 드라마의 클리셰(뻔한 답습의 반복)가 되어 내용의 균형과 다양성을 해치고 있다는 점이다. 예컨대 재벌녀는 항상 팜므파탈(惡女役), 재벌남은 옴므파탈(惡男役)로 설정되는 획일성을 지적하는 것이다.

- 드라마는 기업 그 자체보다 기업인, 기업가의 사생활묘사에 치중한다.
- 반기업 정서를 조장하는 3인의 주역은 재벌 당사자, 부인, 그리고 2세다. 회장님은 자만의 화신이다. 사모님은 교만하고 아드님은 거만하다.
- 드라마는 통상 대기업엔 비판적이고 소기업엔 우호적이다.
- 다큐멘터리에서 재벌의 설정은 대개 긍정적이다.
  예) KBS의 〈신화창조의 비밀〉, MBC의 〈성공시대〉
- 반기업 드라마는 진지한 멜로극, 친기업 드라마는 따분한 교훈극이 된다.
- 드라마 속의 재벌에겐 항상 숨겨진 세 가지, '과거, 여자, 핏줄'이다.
- '연예인과 재벌 2세'의 스캔들은 재벌에 대한 냉소주의를 가속한다.
- '무죄판결'에서 '병보석, 사면, 복권'은 재벌의 특권처럼 간주되어 보통사람들에 게는 박탈감을 더한다. 무전유죄(無錢有罪)를 반증하기 때문이다.
- 3벌 사회, 즉 '족벌, 학벌, 재벌'에서 자유로울 수 없는 것이 한국 사회다.
- 재벌 사돈, 재벌 사위, 재벌 며느리가 항상 부럽고 시샘의 눈총을 받는 것은 드라마에서나 현실에서나 똑같다.
- 코미디 프로그램에서 재벌은 희화화된다. 90년대 〈유머1번지〉의 '회장님' 코너에서 고집불통의 왕 회장(김형곤)의 '잘돼야 할 텐데'에 맞선 참모

들의 '잘될 리가 있나'의 패러디 대사는 상당 기간 인기를 끌었다.

– 시청자의 재벌에 대한 감성적 패러디는 "씹고 뜯고 맛 보고 즐기고"이다
(잇몸 치료제 광고 문안). 드라마가 재벌을 '씹고 뜯어'주면 시청자는 '맛보고
즐기는' 편이다.

반세기가 넘는 기간에 축적된 재벌에 대한 일반 인식은 차갑다. 우
선 '편법과 비리' 그리고 '유착과 특혜'의 집단 이미지가 강하다. '불법
과 탈법', '투기와 폭리'의 집단인 셈이다. 기업인 성향으로는 '전횡과
독선', '오만과 횡포', '위선과 냉혹', '군림과 방탕', '도덕 불감증'을
들 수 있다.

치부수단으로 '부정축재', '탈세탈루', '분식회계', '노동 착취', '매
점매석', '편법상속', '담합 야합', '뇌물밀수', '외화유출'을 들 수 있
다. 경영방식으로는 '황제경영', '세습경영', '족벌체제', '문어발 확
장', '정략결혼', '비자금 로비', '해외 도피', '환경오염' 등이다.

이런 부정적 인식은 국민 10명 중 7명이 갖고 있는 일반적인 정서
다. 부자가 돈을 버는 데 있어 "부정적인 방법으로 축적했을 것"이라
는 대답(70.9%)이 "정당한 방법으로 노력했을 것"이란 대답(29.1%)보다
훨씬 많은 것도 엄연한 우리의 현실 인식이다.(대한상공회의소, 현대경제연구
소 공동조사 발표, 2007. 6. 15.)

70년대 〈데릴사위〉 〈청실홍실〉, 80년대부터 재벌 반(反) 정서 본격화

"근면, 자조, 증산" 정책과 수출주도형 성장경제에 치중해 온 60~70년대는 대기업들이 주역이 되어 국가발전의 초석을 다졌다. 특정 기업에의 특혜와 특권 부여는 불가피한 시대적 상황으로 간주되었다.

그러나 1980년대에 들어 소득분배를 둘러싼 경제 질서가 줄곧 파행되면서 그에 따른 갈등이 사회적 문제로 표출되었다. 여기에 정경유착을 둘러싼 큼직한 사건들이 끊임없이 이어졌다. 부동산, 증권 등의 과열 현상도 졸부의 속출과 부의 편재를 재촉했다. 80년대에 '정치드라마'(공화국 시리즈)에 이어 '기업드라마', '경제드라마'가 대두한 것은 결코 우연이 아니며 시민사회와 더불어 반기업 정서가 비례하여 가속되었다.

1973년 TBC의 토요드라마 〈데릴사위〉는 백억 대 자산을 가진 그룹 총수(주선태)와 외동딸(안인숙), 그리고 사윗감으로 용감히 도전한 남자(홍성우)의 얘기다. 이 작품은 데릴사위로서 재벌가에 편입하여 신분상승과 부를 동시에 쟁취하려는 한 남자의 결혼관을 통해 부의 절대 가치를 부각했다. 국민소득 1천 달러 전후, TV 수상기 1백만 대를 갓 넘은 시대, 그 당시 재벌은 공적(公的), 경제적 엘리트 집단으로 열외(列外)에 있었다. 더불어 부귀영화와 호의호식의 상징으로 선망되었다.

1977년 TBC 주말극인 〈청실홍실〉은 1956년의 라디오 인기 드라마를 극화한 것이었는데 부잣집 외동딸(정윤희)과 가난한 딸(장미희)을 둘러싼 한 남자(김세윤)의 삼각관계를 그렸다. 이 작품은 빈부 구도에 두 히로인을 대입시키면서 은연중 부(富)에 대한 저항감, 증오감을 조장했고 빈(貧)에 대한 연민과 동정심을 유도했다. 이를테면 '부잣집 반 정서'를 투영한 것이다.

입지전 대 치부전(致富傳), '야망의 세월' 대 '고난의 세월'

5공화국 초기인 1982년 들어 두 방송사가 띄워낸 역점 드라마의 소재는 약속한 듯 기업과 창업주에 집중되었다. 남성 시청자의 입맛도 당겼다.

KBS는 월화드라마로 '현대 입지전' 시리즈를 기획, 오늘날 기업의 롤 모델이 될 수 있는 입지적인 기업인상을 하나씩 묘사했다. 고독한 횃불-유일한(유한양행 설립) 편을 제1화로, 오뚝이 인생-전택보(천우사 창업), 외고집 철공-김삼만(경운기 개발), 무등산 신사-현준호(일본강점기 호남은행 창설), 수레바퀴 한세상-김철호(삼천리 자전거, 기아산업 창시), 그리고 후속으로 근대 독립자본의 형성과정을 그린 〈개성상인〉, 끈질긴 생명력으로 서민 자본의 기틀을 마련한 〈북청물장수〉, 조선말 보부상들의 민족기업의 태동 과정을 그린 〈객주〉 등이 84년 6월까지 이어졌다.

한편 MBC는 KBS와 시각을 달리했다.
3월부터 "경제드라마"의 이름으로 나타난 〈거부실록〉시리즈는 거부(巨富)의 성취과정과 행적을 다큐드라마로 제작한 것으로 제2화 '공주갑부 김갑순'에서 부동산 투기를 공개했다. 김갑순 역으로 나온 탤런트 박규채의 반복 대사인 "민나 도로보데스!"(모두가 도둑놈들…!)는 당시 정계와 재계를 싸잡아 매도한 '불편한 진실'로 비유되었다. '장영자 사건' 직후의 상황을 상징한 이 대사는 한층 시니컬하게 대중에 회자되었다.

이어 83년 3월에 "기업드라마"를 표방한 후속작품인 〈야망의 25시〉를 냈다. 당대 재벌들의 낮과 밤을 다큐 형식에 실어 그들의 독특한 개성과 야심, 시대에 적응하며 부(富)를 축적해 가는 이른바 큰 손들의 재(財)테크 세계를 파헤쳤다. 성공적인 축재기를 일궈낸 주인공들의 스타일도 다양하게 묘사되었다. 자수성가형, 권력 유착형, 좌충우돌형, 기회주의형, 일확천금형, 고리대금형, 그리고 재벌 2세의 천방지축형 등이 어우러졌다.

〈야망의 25시〉는 기업 총수로 등장한 주인공들의 행태가 실존 실황과 너무 흡사하여 세간의 화제를 불렀다. 최불암은 현대의 정주영 회장과 비슷했고 조경환은 대우의 김우중 회장을 연상시켰다. 정욱은 삼성의 이병철 회장과 유사하고, 오지명은 명성의 김철호 회장을 본뜬 것 같았다. 재벌 2세로 등장한 길용우는 동아 그룹의 분위기를 자아냈다.

22회째인 그해 6월, 최초의 기업드라마는 '외압'으로 갑자기 방송 중단되었다. 그 후속으로 '중소기업 드라마'격인 〈내일은 태양〉이 이어졌다. 근면, 절약, 내실을 기본 노선으로 노사 간 화목, 협조, 알뜰 정신을 강조한 모범적인 중소기업의 성공사례가 논픽션으로 방송되었다.

1991년 KBS의 주말극 〈야망의 세월〉이 도마 위에 올랐다. 특정 재벌(현대)의 성장 과정을 편향된 시각으로 교묘하게 묘사했다는 이유다.

극의 주인공 형섭(유인촌)이 대학운동권 출신으로 대한건설에 취직하여 월남에 진출, 고속도로 건설, 자동차공업 진출, 조선소 건설, 중동 진출 등 그룹으로 성장하는 과정은 현대그룹의 그것과 흡사했다. 문제가 커졌다. 주인공은 이명박(현대건설 회장)을 연상시키고 장 회장(이영후)은 정주영 명예회장, 오마담(이휘향)은 장영자를 떠올려 특정 인물을 경제건설의 주역으로 영웅시하여 실제 재벌을 간접 홍보했다는 점이다.

방송위원회 세미나에서 지적된 결과는 -정경유착, 광고 스폰서를 확보를 위한 상업적 계산 -유·무형의 정부 통제를 받아 재벌과 자본의 논리를 강화하려는 국가적 홍보 -노동운동을 약화시키기 위한 방편으로 주 시청 층인 노동자에 대한 대중설득 의도 -경제개발이라는 신화를 국민에 환기함으로써 정치적 비판을 둔화시키려는 의도 등이 논의 점으로 떠올랐다.

이 드라마는 대학가(서울대)의 대자보를 통해 항의를 받은 기록도 남겼다.

'야망의 세월인가, 분노의 세월인가'의 제목하에 운동권 출신 주인공의 성장 제일주의적 사고방식은 60~70년대 독재정권이 국민을 장악하기 위해 퍼뜨린 지배 이데올로기를 그대로 흉낸 것으로 고도성장을 거듭했던 당시 재벌에게는 야망의 세월이었지만 국민에게는 암흑과 분노의 세월이었다고 주장했다. 지난날의 눈물겨운 우리의 정치, 경제사를 돌아보는 의미 있는 기획 의도에도 불구하고 재벌의 자서전적인 묘사, 특정 기업에 의한 경제실적 부각, 물질 가치와 신분 상승만 추구하는 드라마 내용은 역(逆) 기업정서를 다시 한번 가속하는 요인이 되었다.

현대와 삼성의 〈영웅시대〉, 재벌은 '시대 영웅'으로 부상

2004년 드라마 화제는 MBC의 〈영웅시대〉에 집중되었다. 이 작품은 황무지에서 신화를 만든 인간중심의 이야기로 대표적인 한국형 기업인의 교과서로 불릴 수 있다.

'현대와 삼성'으로 상징되는 양대 재벌의 50년 성장사(史)를 실존 인물과 병행하여 묘사했다. 역중 인물 천태산 대 국대호를 통해, 정주영(차인표)을 중심으로 한 자녀 6형제와 그룹사별 약진, 그리고 이병철(전광렬)의 3형제를 중심으로 한 일가의 도전과 응전, 불굴의 기업 정신을 묘사했다.

자수성가형으로서 두 인물은 유년 시절부터 기업 만들기에 불철주야, 칠전팔기의 행적을 보이며 재벌은 결코 태어나는 것이 아니라 스스로 돕는 자가 만들어가는 것이며 이제 영웅은 다름 아닌 기업인에서 출현 되는 시대적 필연성을 강조했다. 오늘날 두 기업이 있기까지 우여곡절과 숱한 역경이 소개되어 정보(情報)드라마 가치를 더했다. 두 창업자는 사실상 우리의 얼룩진 현대사를 환기했고 대기업에 대한 막연한 반 정서를 불식하는데 상당한 공감대를 형성했으나 애초 예정 100회를 채우지 못하고 70회 만에 조기에 종영했다. 정치 비판 일변도에 반해 재벌에 대한 역성을 든 것이 원인이었다.

2009년도 상하반기에 나타난 MBC의 〈에덴의 동쪽〉과 SBS〈태양을 삼켜라〉는 각각 똑같은 패턴으로 탐욕과 야합, 냉혹함과 비정함, 탈법과 기만으로 점철된 재벌의 반인륜적인 행태를 묘사했다. 두 드라마에서 태성산업 회장(조민기)과 카지노 황제(전광렬)는 똑같이 카리스마 총수로 등장한다, 배다른 2세들 역시 경영 승계를 둘러싸고 이전투구를 벌이며 재벌이 갖는 모든 악성 코드를 속속 연출한다. '그들만의 리그'는 비참한 최후로 끝을 맺어 재벌에 대한 유감을 한층 배가했다.

2009년 정월 초, KBS의 〈꽃보다 남자〉는 재벌 가문의 후계자 4인(속칭 F4)의 행적을 담은 드라마로 이목을 끌었다. 신화그룹의 후계자, 국보급 개인 박물관까지 지닌 명문가의 차남, 전직 대통령의 손자, 신흥 부동산 건설업의 후계자 등 4명은 '황금만능주의, 외모지상주의'로 완벽히 무장하여 천상천하 유아독존의 재벌 본능을 승계하는 모습을 보인다.

이 드라마는 재벌에 대한 반감을 느끼기는커녕 엄청난 부의 힘과 물량 공세에 압도된다. 물신주의는 역시 황홀하다. 가난한 히로인(세탁소 딸)과 상황을 극명히 대비하여 부의 선망과 동경, 신성불가침한 초월적인 힘을 증명한다. 부(富)와 미(美)와 권(權)으로 무장된 이 작품은 대를 이은 재벌의 무소불위의 파워를 유감없이 발휘하여 대중의 순간 마취에 성공했다.

2013년 롯데그룹의 경영권 분쟁이 형제(신동주, 신동빈)간 진흙탕 싸움으로 번질 무렵, SBS의 〈황금의 제국〉 역시 형제들끼리 성진 그룹의 승계권을 둘러싸고 치열한 공방전을 벌였다. 현실과 가상의 두 세계는 인물 설정과 관점이 비슷하여 실감을 더 했다. 고령으로 판단력이 흐려진 신격호 회장의 육성녹음이 공개되고 이복 누나인 신영지 복지재단 이사장과 조카 신동인 롯데 야구 구단주 직무대행이 가세한다.

드라마 속 최민재(손현주)는 최회장(박근형)과 함께 기업을 일군 동생 최동진 부회장(정한용)의 아들, 여기에 최 회장의 무능력한 장남 최원재(엄효섭)이 등장한다. 두 종형제는 손을 잡고 경영권 탈취를 꿈꾸지만, 치매에 걸린 그룹 회장과 그의 신임을 얻은 둘째 딸 최서윤(이요원)이 사실상 후계자로 부각된다. 실세로 떠오른 회장의 두 번째 부인(김미숙)의 가세가 현실 상황과 묘하게 겹친다.

재벌과 TV 드라마 제작자, 그리고 시청자와 상관 함수

드라마에서 본 재벌은 매우 매력적이다. 우선 인물 구도에서 원색성이 강하고 갈등구조에서 대칭성이 강하다. 플롯의 전개, 대립 형태의 포지셔닝 측면에서 재벌은 항상 꼭대기에 자리한다. 그들의 행색은 화려하고 행보는 자유분방하다. 포토라인은 호화롭고 무빙라인은 귀족적이며 러브라인은 극단적이다. 자본주의의 '꽃'이자 시장경제의 '스타'가 될 수 있고 반대로 '독(毒)'과 '지뢰'가 될 수도 있다. 양면의

칼날이 되어도 그들은 여전히 뻔뻔하고 냉혹하며 집요하다.

주요인물이자 주시 인물을 겸하여 선망, 동경, 추종의 대상이 되며 동시에 증오, 질타, 배척의 대상도 된다. 따라서 재벌은 드라마 속의 영웅탄생과 반(反) 영웅(안티히어로)의 등장이 이루어질 수 있는 극적인 장치를 제공한다.

한편 재벌 드라마에 대한 시청자의 시청 동기와 욕구는 다중(多重)복합적이다.

우선 인지적 욕구로 재벌에 대한 여러 정보와 지식을 얻고 싶은 것이다. 내밀한 왕국의 사정을 엿보고 싶은 1차 욕구가 그것이다.

감정적 욕구로는 재벌 행태의 이해를 통해서 평소 느껴보지 못한 희로애락의 경험을 체득하려는 심리다. 자기보다 우월적이며 위압적 존재가 부침하는 과정을 통해 긴장을 완화하고 자기 가치와 신념을 강화한다. 또한 자기 통합을 위한 욕구로써 웰빙의 의미, 사회정의(正義), 도덕성 앙양 등 긍정적인 가치가 옹호되고 실현되는 것을 드라마를 통해 확인하고 싶어 한다.

재벌의 비행과 탈법행위는 시청자로 하여금 박탈감에 빠지게 하며 적대적 감정까지 배양한다. 이런 악순환이 계속되면 재벌은 '공공의 힘'이 아닌 '공공의 적'이 된다. 드라마는 이에 대한 '알 권리-알릴 의무'를 내세워 '심리적 리콜' 장치로 반기업 정서에 답하는 것이다.

24. 사실(史實)과 고증을 깨라

- 야사극, 퓨전 사극의 정착

　21세기는 한마디로 사극의 갑오경장을 가름했다. 그것은 재래의 사극으로부터 '탈피와 해방'을 뜻했다. 이른바 '자유 사극', '퓨전 사극' 시대의 개막이다. 시대와 소재, 고증과 해석, 언어와 복장에서의 자유, 형식과 양식으로부터 해방, 관행화된 구성과 주제로부터의 탈피 등 사극의 생태계는 일변했다.

　〈용의눈물〉과 〈왕과비〉로서 조선조를 마감하고 2000년을 연 새 버전은 고려 건국을 담은 〈태조 왕건〉이었다. 왕건, 궁예, 견훤의 3색 플레이가 걸출했다. 여세를 몰아 고려 초를 묘사한 후속작 〈제국의 아침〉은 최초의 북한 촬영의 기원을 세웠다. '탈조선'의 흐름을 타고 2006~07년 지상파 주요 시간대엔 모두 고구려 소재인 〈대조영〉, 〈주몽〉, 〈연개소문〉이 중첩되어 퓨전의 식탁을 약속했다.

사극의 반란 -패러디와 판타지로 연성화, 새 장르로 등장

2003년 7월 이재규 연출의 14부작 〈다모〉는 인터넷 사이트, 네티즌 카페, 사이버 그룹(다모 페인)의 형성을 통해 전례 없는 "영 파워-퓨전 마켓"을 창출했다. 사극의 온라인 상륙은 사극 소비층과 유통 스타일을 일변시켜 드라마 시장에 커다란 변수를 던졌다. 사극의 제작형식과 표현의 다양성을 시험한 연출자는 한마디로 사극의 스타일리스트로 거듭났다.

사극은 젊어졌다. 2006년엔 '감성 사극'의 리베로 격인 〈궁〉이 나타났다. 뒤를 이은 2007년 곽정환 연출의 8부작 〈한성별곡-正〉도 이를 반증했다.

일찍이 역사 사전에 찾아볼 수 없던 가설은 기정사실이 된다. 100년의 시공간은 때 없이 교차한다. 전생의 화신인 남녀 주인공은 다른 세계, 다른 신분으로 맞부딪친다. 연출자 황인뢰에 있어 역사는 장르가 아니라 한낱 소재의 일부나 차용에 불과하다. 사실(史實)은 새털처럼 가볍고 시간과 공간은 어차피 비약과 생략의 장치며 캐릭터는 심벌화 된 기호에 지나지 않는다. 현실은 일순 초현실로 통한다. 사극 현대극을 막론하고 드라마적 사유와 자유는 연출가의 몫이다. 그는 리버럴리스트를 자처한 것이다.

CG와 특수효과의 활성으로 2004년부터 분 환풍(幻風)은 무협 판타지를 자칭한 강일수 연출의 〈해신〉과 해양 판타지 격인 이성주 연출의 〈불멸의 이순신〉, 요괴 승 이미지를 깨버린 〈신돈〉, 그리고 건국 판타지를 앞세운 이주환 연출의 〈주몽〉에서 형상화되었다.

〈왕이 된 남자〉(2019. tvN)는 젊은 층을 공략한 스토리라인이 돋보였다. 조선왕조실록 속 광해군의 실종된 15일간을 집었다. 거기에 상상력을 더해 흥행한 영화 '광해, 왕이 된 남자'(2012)가 모티브다. 권력다툼으로 혼란한 조선 중기, 광해가 자신의 안위를 위해 자신과 꼭 닮은 광대를 궁에 들여놓는 설정이다. 반동 세력의 시해 위협으로 쇠약해진 진짜 왕과 성군의 자질을 가진 가짜 왕을 비교해 보는 재미가 쏠쏠했다.

2014년 1년간 전파를 탄 TV 사극은 8편을 헤아렸다.

- 조선왕조 창업의 일등공신 정도전의 일대기를 엮은 〈정도전〉,
- 백제 무령왕의 딸인 수백향의 생애를 그린 〈제왕의 딸-수백향〉,
- 고려 공녀로 원나라 황후가 되기까지의 일대기를 보인 〈기황후〉,
- 조선 최초 총잡이로 민초의 영웅상을 부각한 〈조선총잡이〉,
- 귀신의 유무와 존재를 둘러싼 세력 간의 대결을 그린 〈야경꾼일지〉,
- 관상의 힘으로 왕권 다툼에서 광해의 승리를 보여준 〈왕의 얼굴〉,
- 영조와 사도세자의 엇갈린 통치철학과 가치관을 대비한 〈비밀의 문〉,
- 병자호란 직전 소현세자의 자유분방한 청춘상을 그린 〈삼총사〉 등이다.

정통사극은 〈정도전〉이 유일하며 나머지 모두는 퓨전 사극이다.

2015년 1월, MBC의 첫 사극 〈빛나거나 미치거나〉도 퓨전이었다. 고려 초기를 배경으로 버려진 왕건의 네 번째 왕자와 발해왕국의 마지막 공주의 사랑을 그린 아름다운 '코믹 로맨스'다.

퓨전 사극의 첫 조건-고증과 역사의 힘을 빼는 것

퓨전 사극의 조건은 간단한 '뺄셈'이다.

첫째, 역사와 결별이다.

TV 역사극에서 '역사'는 이미 오래전에 지워졌다. 역사의식이나 역사관은 거침없이 날려 보냈다. 역사가 사라진 자리에 오롯이 작가의 상상을 채운다. 그 상상의 지역은 '새롭게 다시 쓰기'로 오락성과 대중성에 맞닿아 있다. 사료(史料)의 행간을 빌려 꾸미고 엮어낸 이야기가 훨씬 재미있다. 역사관 시비에서 자유롭고 유족, 문중의 항의를 비켜 갈 수 있다. 사실(史實)로부터의 이탈은 사극의 정형성을 깨뜨리고 다양성을 보전하는 첫걸음이다.

둘째, 고증의 제거다.

정사(正史)보다 야사(野史)가 좋다. 야사보다 더 좋은 건 허사(虛史)다.

허사는 허구의 세계를 지향한다. 허구가 본령인 드라마와 상통한다.

어차피 역사극은 드라마 편이지 다큐멘터리가 아니다. 사극이 성공하기 위해서는 사료를 빼야 하는 아이러니를 본다. 그 자리에 새로운 발상과 해석, 새로운 인물과 사건을 넣는다. 역사의 교란, 왜곡의 논란은 드라마의 사전 홍보나 노이즈 마케팅쯤으로 치부한다.

셋째, 장르의 파괴다.

퓨전은 곧 장르의 해체, 혼합을 뜻한다. 익숙함과 새로움의 교합이다. 미스터리와 판타지, 패러디와 코미디 그리고 SF와 타임 슬립, 감성 멜로와 액션을 조합한다. 정통사극보다 퓨전 사극이 더 좋은 이유는 장르파괴와 장르믹스를 탄력적으로 보전해주기 때문이다. 엄숙함과 진중함에서 해방된다. 사극은 닥치고 교훈보다 오락이다. 뜻보다 재미 편이다. 딱딱함보나 부드러움을 산다. 재래종보다 개량종이 더 좋다. 궁궐 중심에서 기민층으로, 무채색에서 무지개색으로, 남성적에서 여성적으로, 중장년에서 한글세대 포용으로 각각 중심축이 변했다.

2014년 봄에 방송한 51부작 MBC의 〈기황후〉를 보자.

원나라로 끌려갔다가 온갖 시련과 고난을 극복하고 황후에 오른 개인사를 재구성했다. 공녀에서 황후가 된 기승냥(하지원)은 공민왕 때 고려 침공을 주도하여 갖은 횡포와 악행을 일삼은 반민족적인 인물이다. 그러나 '대륙을 품은 카리스마와 매혹적 감성을 지닌 여인'으로 사실을 뒤집어 버렸다. 평균 시청률 28.7%를 획득했지만, 역사 왜곡의 논란은 미미했다. 정통사극이 '누가 무엇을 언제'를 중심으로 한다면 퓨전 사극은 '우리가, 지금, 어떻게'의 전혀 다른 차원을 중시한다.

같은 임금을 취급한 〈대왕 세종〉과 〈뿌리깊은 나무〉의 경우도 있다. 〈대왕세종〉(KBS 2008년 86부)과 〈뿌리깊은 나무〉(SBS 2011년 24부)-두 작품의 주역은 모두 세종이다. 김상경 주연의 전자는 왕세자 시절부터 등극과 업적, 현군으로서 태평성대를 이루기까지 일대기를 담은 정통사극이다. 한석규 주연의 후자는 훈민정음 반포 7일 전 경복궁에서 벌어진 집현전 학사의 연쇄살인 사건을 다룬 미스터리로 파격적인 발상과 전개로 주목을 받았다(시청률 25.4%).

역사극은 반복하지 않고 반전한다. 역사에는 '만약'은 없다. 퓨전은 만약과 가설을 먹고 산다. 그래서 똑같은 역사가 똑같은 역사극을 생산하지 않는다. 역사는 수학이고 극은 문학이다. 수학의 재미는 진리를 아는 데서, 문학의 재미는 거짓말을 듣는 데 있다. 정통사극에서 소외된 주변 인물을 픽업하여 그 가치와 해석을 다변화한 것은 '창조적 퓨전'이 된다.

신세기 브랜드 사극인 〈대장금〉(2003. MBC)은 여성 성공의 서사시를 충실히 구현해 보였다. 전작 〈허준〉에 이어 전문인 소재의 동일한 선험효과를 〈대장금〉이 감동적으로 승계했다. 궁궐은 임금을 중심으로 한 권력 암투장이 아니었다. 그곳은 치열한 전문일터며 끊임없이 역경을 극복하고 미션을 수행하는 재능의 경합 장으로 설정되어 새로운 볼거리를 제공했다. 요리, 의학, 멜로를 겸한 퓨전 사극 〈대장금〉은 한류의 대표작으로 국격을 높였고 애니메이션, 소설, 게임, 뮤지컬로 환생하여 그 후광도 넓혔다.

퓨전의 힘-타임 슬립으로 시공 초월, 한류로 국경 초월

- 시공을 초월하고 비약하는 자유
- 소재를 차용하고 혼용하는 자유
- 실재 인물과 가상 캐릭터를 조합, 변통할 수 있는 자유

– 사실과 관계없이 극적인 설정과 장치를 변조할 수 있는 권리

  – 상상과 환상의 미학을 추구할 수 있는 권리

이것은 퓨전 사극의 자유와 권리다. 또한 전통사극에 대한 반동 또는 역행 심리다. 하여 사극의 삼강오륜 격인 충효인의(忠孝仁義) 사상마저 부차적으로 밀어낸다. 엄숙주의와 교조주의에서 벗어나기 위해 왕권, 신권을 배제하고 오히려 생소한 인물을 통한 인간중심의 주제를 개발한다. 이른바 사극의 '인권화', '연성화'다. 〈허준〉, 〈대장금〉에 이어 〈상도〉, 〈동이〉, 〈짝패〉, 〈마의〉, 〈추노〉, 〈다모〉가 여기서 나온 이유다.

사극에 '패러디와 판타지'를 도입한 것도 일종의 변통이다. 〈성균관 스캔들〉(2010. KBS)은 제목부터 사극의 정형성을 깬 패러디다. 네 명의 젊은 유생들이 엮어가는 청춘 로망을 '성균관'이란 특정 장소에 접속한 것은 애초부터 '비틀린 미학'을 의도한 것이다. 조선조 유학이념을 연구하는 곳을 핑크빛 남녀 스캔들로 조합하는 것은 역사의 훼손이자 성전(聖殿)모독에 해당한다. 분노한 유림이 방송 중지 가처분 신청을 냈지만 그것뿐이었다.

고려왕조 개국을 묘사한 〈태조 왕건〉(2000. KBS)과 고구려 창건을 다룬 〈주몽〉(2002. MBC)은 '건국 신화'를 판타지로 포장한 작품이다. 〈선덕여왕〉(2009. MBC)은 한민족의 최초 여왕 탄생을 통해 남성 위주의 왕좌를 날려버린 여성 판타지다. 〈추노〉(2010. KBS)는 관할지에서 도망친 노비를 찾아 체포하는 사람의 행장을 다뤘다. '천민 사극'을 내세운 이색소재와 독특한 영상미가 주목을 끌었다.

판타지는 역발상을 먹고 산다. 〈공주의 남자〉(2011. KBS)는 정치적 숙적인 수양대군의 딸과 김종서 아들의 사랑을 다뤘다. 사육신의 참변이 얽힌 계유정난의 음습함을 말끔히 걷어내고 앙숙 간 '로미오와 줄리엣'의 러브스토리로 대입한 것은 퓨전다운 발상이다.

〈해를 품는 달〉(2012. MBC)은 가상 시대의 왕 이훤과 신비에 싸인 무녀의 애절한 사랑을 담은 궁중 로맨스로 시청률 42.2%를 기록, MBC의 장기파업 중에도 유일한 구세주가 되었다.

젊은 왕세자는 흥행 공식의 하나로 자리 잡아 〈구르미 그린 달빛〉(2016. KBS2), 〈백일의 낭군님〉(2018. tvN) 등을 냈다.

'타임 슬립' 장치는 원천적으로 사극을 구속하는 '과거'라는 시간 틀을 깨고 3차원 시공의 왕복 구성으로 현대와 옛날의 경계가 자유롭게 교합한다. 2006년부터 시도한 MBC의 〈궁〉, 〈궁s〉 시리즈는 조선조 말 입헌군주 국가라는 가상세계와 현실을 넘나드는 구성으로 왕세자와 평범한 여고생의 사랑을 다뤘다. 이런 드라마로 〈신의〉, 〈옥탑방 왕세자〉, 〈닥터 진〉을 들 수 있다.

퓨전사극은 또한 내수용에서 수출용으로 다변화하는 한류의 당당한 중심 브랜드로서 해외 유통을 견인했다. 국가별 시각의 격차를 극복하고 문화적 할인율을 낮추기 위해서는 퓨전 사극이 훨씬 적합하다. 지나친 국가주의나 민족주의를 내세운 정통사극은 한류 반열에 끼어들기 어렵다. 다국적 수출을 전제로 주제에서 캐릭터까지 보편적인 정서와 공감대를 넓혀가는 퓨전 사극이 훨씬 잘 먹힌다. 예컨대 〈정도전〉, 〈불멸의 이순신〉보다 〈허준〉, 〈대장금〉이 훨씬 적격이다.

실존 인물의 지나친 폄하와 역사 왜곡에 된서리,
2회 만에 요절

김유신과 계백의 비장한 결전을 한낱 시트콤으로 변주한 박중훈 주연의 〈황산벌〉(2003) 이후 사극영화 역시 퓨전이 주류를 이루고 있다.

이제 사극은 마음보다 눈을 즐겁게 하는 '예쁘고 아름다운' 드라마가 되었다. 본처의 근엄함보다 별당 후처의 살가움이 더 끌린다. 먹(墨)내음보다 분(粉)내 음이 더 좋은 까닭이다. 퓨전은 화려한 비주얼, 다양한 형식, 현란한 미학을 자유롭게 결합한다. 그러나 매번 고품질까지를 보장하는 것은 아니다. 외화내빈(外華內貧)의 치기 어린 황당한 퓨전이 연달수록 오히려 정통에 대한 희소가치는 높아진다. 2015년 KBS의 〈징비록〉, 2016년 〈장영실〉 등 정통사극이 그나마 돋보인 이유다.

2021년 3월 26일, SBS는 역사 왜곡과 왕조 폄하 논란을 빚은 〈조선 구마사〉를 2회 만에 전격 폐지했다. 방송통신심의위원회 민원, 전주 李 씨 종친회의 항의, 청와대 국민청원, 삼성전자 등 광고주 탈퇴까지 즉각적 반발 조치에 따라 백기를 든 것이다. 애초 16부작에 80%의 사전제작과 백 억대의 제작비도 물거품이 되었다.

작품은 조선 3대 왕 태종과 왕자들이 악령에 씌워져 온갖 악행을 벌이자 바티칸에서 온 가톨릭 구마(驅魔) 사제들의 도움을 받는다는 독특한 엑소시즘 판타지다. 아무리 허구라 해도 실존 인물을 과도하게 비하한다는 비판을 피하지 못했다. 첫 회부터 살인마로 등장한 태종의 광기, '성군의 표상'인 충녕대군(세종)이 사제들에게 월병과 중국식 만두, 삭힌 오리 알 등을 대접하는 장면, 음식뿐 아니라 건물이나 의

상 역시 조선 아닌 중국풍 일색이었다.

　동북공정, 사드 문제, 불법어로, 황사 발원, 김치 종주국 주장 등으로 반중(反中) 정서가 높아진 시점에서 역사 인물에 대한 모독적인 설정은 '너무 삿되고 안이한 인식'이라는 지적이었다. 이로써 퓨전 사극의 특권인 '역사의 가상, 인물의 변주'에 노란 불이 켜지고 그 활용 한계에도 재검증이 요구되고 있다.

25. 배신하고 복수하라

- 몰입도 으뜸, 실과 바늘 같은 배신과 앙갚음

세익스피어의 대표작 〈햄릿〉은 독살당한 아버지에 대한 복수며 아카데미 10개 상에 빛나는 명화 〈벤허〉도 배신한 옛 친구에 대한 처절한 복수극이다.

IS(이슬람국)의 극단주의자들에 의해 자행된 일련의 처형극은 서방국에 대한 유혈 복수다. 여객기 납치로 뉴욕 무역센터를 자폭한 '9·11 테러'는 알라신의 보복이자 저주였다.

이상 기온과 천재지변을 몰고 온 엘리뇨 현상은 난개발과 공해에 신음해 온 지구의 복수다. 최근 30년 전까지 소급된 '미투'와 SNS 폭로는 학교폭력 피해에 대한 무서운 앙갚음이었다.

〈전설의 고향〉의 흡인력과 장수 비결은 '귀신들의 복수'에서 우러나왔다.

연산군은 폐비로 사사된 생모에 대한 복수전이 부메랑이 되어 쫓겨났다. '묻지마 살인'은 자신을 소외시킨 사회에 대한 사이코패스적 복수다.

스포츠의 리턴 매치는 재미가 두 배다. 복수를 깔고 있기 때문이다.

'이에는 이, 눈에는 눈'이다. 당한 피해는 열 배로 갚아라. 동해보복법(同害報復法)으로 유명한 함무라비 법전은 그렇게 말하고 있다.

'복수를 하려거든 두 개 무덤을 파놓아라' 일본 속담이다. 이는 복수의 위험성을 에두른다. '너 죽고 나 살자' 만으로 마감될 수 없는 복수의 어려움이다.

배우 윤여정이 2021년 오스카 조연상을 수상하자 전 남편 조영남은 '바람 핀 남자에 대한 최고로 멋진 복수다'라고 자평했다.

복수는 드라마의 힘이자 시청욕의 힘이다. 무엇엔가, 누구엔가에 복수하고 싶은 잠재의식을 촉발한다. 그것이 미운 놈이든 나쁜 놈이든 나를 저버린 놈이든 나를 궁지로 몰아넣은 놈이든 가릴 것 없다.

복수는 드라마의 힘, '사랑, 가족, 조직'에 대한 앙갚음이 주축

복수는 왜 성립되는가? 가해자가 피해자에게 진정으로 '용서와 화해'를 빌면 성립되기 어렵다. 그러나 가해자들의 공통점은 '천만의 말씀'이다.

자신의 잘못에 대한 반성이나 참회하지 않는다. 피해자에 충분히 보상할 뜻도 없다. 인간은 누구나 지은 죄를 용서받을 자격이 있다고 생각한다.

용서받기 위한 언행은 곧 자신을 나약한 사람, 비겁한 사람으로 인정한다. 피해자는 다시 볼 일이 없을 것으로 판단한다.

인생사 대부분 과정이 정반합(正反合)이오. 이 또한 '되갚음'과 '반작용'이다. 보복의 땅에는 '자비와 관용'이 없다. 그래서 원수는 원수로 갚아야 한다.

드라마가 취급한 복수는 '사랑의 복수, 가족의 복수, 조직의 복수'를 3대 축으로 권력에 대한, 사회에 대한, 국가에 대한 복수까지 다양하고 광범하다. '돈'에 대한 복수극도 나타난다. 검찰 경찰 등 권력이 오히려 복수의 대상이 되기도 한다. 출세를 위한 희생양, 사랑의 배신에 따른 복수는 이제 고전으로 밀려나고 있다.

복수극은 발전한다. 방법은 치밀하고 행태는 교묘하다. 원한, 탐욕, 누명, 배반, 음모, 함정, 살인 등 5감의 원색성이 난무한다.

'복수는 본능이다.', '복수는 내가 한다.'-복수 주체는 공적인 것보다 사적(私的) 행위로 밀착한다. 주인공들의 독기에 열광하는 이유는 공권력조차 믿을 수 없는 불신과 무력감이 팽배한 현실에서 맛볼 수 없는 통쾌함을 주기 때문이다. 하여 드라마는 환치 심리에 따른 깊은 몰입과 관여를 손짓한다.

tvN의 아침 일일극 다섯 편은 '복수 여인 릴레이'로 일관했다. 오로지 한 주제에 집중하여 원색 노선을 지속한 점은 매우 특이하다.

이유리의 〈노란 복수초〉(2012)는 누명을 쓴 여인의 섬뜩한 복수전이며, 〈유리가면〉(2012)은 살인자 딸의 생존과 명예회복을 위한 복수다. 박선영의 〈미친 사랑〉(2013)은 버려진 운명에 맞서는 여자의 집요한 앙갚음을 그렸다. 신은경의 〈가족의 비밀〉(2014)은 잃은 딸에 대한 모성의 복수며 오현경의 〈울지 않는 새〉(2015)는 거액 보험금에 희생된 엄마에 대한 딸의 복수다.

박찬욱 감독은 복수 시리즈 영화 3편을 만들어 흥행에 성공했다.

〈복수는 나의 것〉(2002)에서 신하균, 송강호, 배두나 등 네 명의 남녀가 서로 물고 물려 죽고 죽이는 복수의 연쇄성을 묘사한다.

〈올드보이〉(2003)는 15년간 뜬금없이 감금된 한 남자(최민식)를 둘러싼 복수의 순환성을 그렸다. 근친상간으로 죽음을 맞이한 주인공들이 다시 근친상간의 덫을 놓아 서로 비극을 맞는 복수의 허무주의를 묘사했다.

〈친절한 금자씨〉(2005)는 살인누명을 쓰고 13년 복역한 금자(이영애)가 출소한 뒤, 차례로 앙갚음하면서 복수의 당위성을 강조했다.

〈청춘의 덫〉(1978. MBC)은 '배신 남 대 복수 여'의 대결을 그린 것으로 복수 드라마의 원조로 불린다. 남자(이정길)는 출세를 위해 자신에 헌신하고 애까지 낳아준 한 여인(이효춘)을 매몰차게 버린다. 소원대로 그는 재벌 딸(김영애)의 사위가 된다. 서릿발 여인은 작심하고 딸의 오빠(박근형)를 유혹하여 그의 약혼자가 된다. 청순가련형에서 복수의 화신이 된 여인의 강렬한 대시가 안방을 휘어잡았다.

〈마왕〉(2013. SBS)은 '청춘의 덫'과 달리 남녀 입장이 바뀐다. 가난한 연인(권상우, 수지)은 행복한 듯했으나 여자는 가난의 트라우마를 벗기 위해 어린 딸까지 내치고 대통령 후보의 세 번째 부인을 자청해 떠나 버린다. 영부인이 된 옛 애인에 대한 남자의 무서운 복수가 시작된다.

억울하게 희생된 부모·형제, 늘어나는 가족 복수극

〈그린 로즈〉(2005. SBS)는 어머니와 애인을 잃고 살인 탈주범의 누명을 쓴 후 우여곡절을 평정해 가는 남자(고수)의 복수극이다.

〈개와 늑대의 시간〉(2007. MBC)은 소름이 끼칠 징도로 치밀한 복수를 다뤘다. 아버지 살해범은 형제 같은 친구 마오(최재성)였다. 마오는 보스의 명령에만 충실했으나 그것이 '살인극'임을 알지 못한다. 수현(이준기)은 그런 마오에게 복수를 하기 위해 사고사로 위장, 자신의 과거를 숨긴다.

〈신의 저울〉(2008. SBS)은 애인, 동생, 어머니를 동시에 잃고 누명까지 쓴 남자(송창의)가 각고의 노력 끝에 검사가 되어 진범을 찾아 나선다.

〈태양의 여자〉(2008. KBS2)는 양딸, 친딸 자매가 시퍼런 날을 세운다. 부모의 사랑을 독점하기 위해 동생을 버린 언니(김지수), 20년 후에 과거의 비밀을 알게 된 동생(이하나)이 살 떨리는 보복을 시작한다.

〈분홍립스틱〉(2010. MBC)은 사랑, 배신, 복수를 버무렸다. 입양한 딸이 사실은 남편과 절친 여에서 낳은 핏줄임을 알게 되면서 여인(박은혜)의 복잡한 셈법이 시작된다. 〈자이언트〉(2010. SBS)는 강남 개발을 둘러싼 계략과 살인이 얽힌다. 주인공(이범수)의 아버지가 정보부 요원 조필연(정보석)의 총에 죽자, 추근추근한 복수가 시작된다.

〈추적자〉(2012. SBS)는 15살 딸이 의문의 교통사고를 당한다. 범인은 대통령 후보로 출마한 국회의원과 그의 처다. 어린 딸을 가슴에 묻은 외로운 형사(손현주)의 끈질긴 추적이 눈물겹다.

〈상어〉(2013. KBS2)는 복수의 대상이 애인(손예진)의 집안이다. 아버지는 호텔 재벌의 외동딸인 애인의 집안 흉계에 빠져 죽임을 당한다. 남자(김남길)는 사랑과 복수 사이에서 방황한다.

〈골든 크로스〉(2014. KBS2)는 억울하게 죽은 아버지와 여동생의 복수를 위해 검사가 된 남자의 이야기다. 〈리멤버〉(2015. SBS)는 살인범 누명을 쓴 아버지의 무죄를 밝히기 위해 변호사가 된 아들(유승호)의 이야기다.

〈몬스터〉(2016. MBC)는 거대한 재벌 권력의 음모에 가족과 인생을 송두리째 빼앗긴 한 남자(강지환)의 복수다.

〈피고인〉(2017. SBS)은 깨어보니 감방, 딸과 아내를 죽인 살인 죄수, 도저히 이 현실을 믿기 어려운 엘리트 검사(지성), 졸지에 피고인이 된 그는 기억을 더듬으며 진실을 밝혀간다.

〈미스마: 복수의 여신〉(2018. SBS)은 딸을 죽인 살인죄를 쓰고 9년 복역한 히로인 김윤진이 탈옥하여 진범을 찾아 되갚는 내용이다.

독한 복수女 장서희, 쿨한 복수男 엄태웅, 그리고 돈의 복수

〈인어아가씨〉(2002. MBC)는 조강지처를 버리고 새로운 가정을 꾸린 아버지에 서릿발 증오가 쌓인다. 복수를 인생의 목표로 삼은 전처 딸 아리영(장서희)은 새엄마 뺨을 후려치고 그 딸의 애인을 유혹하여 철저한 파괴행위로 엄마 복수를 감행한다.

〈아내의 유혹〉(2008. SBS)은 현모양처였던 구은재(장서희)가 남편에게 버림받자, 얼굴에 점 하나를 찍고 무서운 요부로 나타나 악녀 신애리(김서형)와 남편(변우민)을 죽음으로 몬다.

엄태웅은 복수 남자의 단골이 되었다. 그의 '시크 & 쿨' 이미지 때문이다.

〈부활〉(2005. KBS)은 아버지와 동생의 억울한 죽음의 비밀을 찾아 나서는 쌍둥이 형의 복수극이다. 엄태웅은 동생의 모습으로 살아가면서 치밀하게 원수를 갚는다.

〈마왕〉(2007. KBS2)은 두 대결자가 모두 착한 사람들이다. 고교 동급생을 실수로 죽게 한 엄태웅은 착실한 형사가 되었지만 죽은 친구의 동생(주지훈)은 용서할 수 없다. 그는 가짜 신분으로 위장하고 접근한다.

〈적도의 남자〉(2012. KBS) 억울하게 죽은 부모, 엄태웅은 이 충격으로 시력과 기억력마저 상실한다. 그런데 알고 보니 범인은 친구와 보스의 농간 때문이었고 더욱 놀란 것은 그 보스가 친아버지라는 사실이다. 그에게 복수는 가능한가. 그러나 소름 끼치는 계획을 감행한다.

돈에 복수하려다가 도리어 돈의 노예가 된 3종 인생을 그렸다.

〈쩐의 전쟁〉(2007. SBS)은 돈에 복수하려다 거꾸로 돈의 노예가 된 얘기다. 돈에는 피도 눈물도 없는 한 사채업자(박신양)의 밑도 끝도 없는 비루한 삶을 다뤘다.

〈돈의 화신〉(2013. SBS)은 돈 때문에 인생을 잃은 한 남자(강지환)가 돈을 독점하려다 돈벼락에 눌려 망해가는 패러디다. 로비, 리베이트, 커넥션 등 모두 돈 냄새가 풀풀 난다.

〈돈꽃〉(2017. MBC)은 돈의 역습과 보복을 그렸다. 큰 재벌 청하 그룹을 배경으로, 돈의 지배자로서 빵빵하게 으스대는 인간군들이 사실은 철저한 돈의 노예가 되어간다.

인과응보(因果應報), 부패한 국가 권력과 사회 공권력에 복수하라

〈크로스〉(2018. tvN)는 수술 의료에 의한 '합법적'인 복수를 다룬다. 외과 의사 강인규(고경표)는 자신의 가족을 죽인 살인자를 정당하게 제거하기 위해 15년 동안 복수를 설계한다. 가족의 원수를 치료하고, 살인 방법을 연구하는 등 선과 악을 넘나든다. 이에 그의 의도를 막으려는 의사 고정훈(조재현)의 대결이 시작된다.

2019년에 등장한 〈닥터프리즈너〉(KBS)의 닥터(남궁민)는 인정미 넘친 중견 의사다. 재벌 아들의 흉계로 임신한 장애인 부부를 살해한 죄를 뒤집어쓴다. 교도소에서 의료과장이 된 그는 마약 혐의로 수감된 재벌 2세(박은석)와 조우한다. 이제 복수 타임은 왔다. 그러나 교도소 내부엔 악과 결탁한 손들이 너무 많다.

〈열혈사제〉(SBS)에서 국정원의 특수요원 해일(김남길)은 여러 사건을 겪은 뒤 방황하다가 영혼의 구원자인 신부(정동환)를 만나, 속죄하고 신부가 되고자 한다. 구담시의 권력자들은 서로 이권을 차지하기 위해 눈엣가시 같은 신부를 죽이고 자살로 위장한다. 경찰서장· 부장검사· 구청장· 국회의원· 조폭 보스 등이 결탁한 '구담시 카르텔'에 분노한 해일은 옛 시절의 능력을 되살려 악의 척결에 나선다.

　두 드라마의 복수 방법은 결코 선하지 않다. 불법과 폭력도 서슴지 않는다. '눈에는 눈'으로서의 사적 복수다.

　복수를 주제로 한 드라미는 너무 많아 일일이 열거할 수 없다.

　복수의 둥지에는 배은망덕(背恩忘德), 와신상담(臥薪嘗膽), 절치부심(切齒腐心), 인과응보(因果應報), 오월동주(吳越同舟)와 같은 어마 무시한 것이 똬리를 튼다. 미국의 서부극, 일본의 검객 물은 모두 이 똬리를 취해 흥행에 성공하고 있다.

　복수는 도전인가 응전인가. 치열하게 복수를 하려는 자는 과연 나의 심리적 분신인가. 그것은 생산적인가 야만적인가. 아니 절대 선인가 또 하나의 필요악인가.

26. 전작(前作)에 기대라

- 리메이크, 시즌제, 시리즈로 장수하다

2013년 중순, MBC, SBS 양사가 약속한 듯이 리메이크 사극을 냈다.

하나는 MBC 일일극 〈구암 허준〉이다. 1975년 허준의 일대기를 다룬 첫 작품 〈집념〉부터 헤아리면 38년간 다섯 번째 제작이다. 또 하나는 '장희빈' 스토리를 담은 SBS의 〈장옥정, 사랑에 살다〉로 50여 년 만에 최다인 일곱 번째다. 매 작품마다 '다름과 새로움'을 달고 나섰다. 전작에 비하여 새로운 평가와 해석을 달리한 작품을 내겠다는 뜻이다.

슈퍼 리메이커: '장희빈' 일곱 번, '허준' 네 번

1975년 김무생이 주연한 흑백 프로그램 〈집념〉은 한방의 처방 정보를 화면 하단에 자막으로 꾸준히 전달하였다. 다음 해인 1976년 안방 인기를 극장으로 연장하여 영화 '허준'을 냈다. 이순재가 허준 역이었다. 20년 만인 1995년, MBC 미니시리즈로 〈동의보감〉을 방송했는데 서인석이 주연했다. 1999년 전광렬의 〈허준〉은 휴머니즘과 전문의식이 충만한 캐릭터로 자리했다.

2013년 〈구암 허준〉은 이미 작고한 김무생의 아들 김주혁이 타이틀 롤을 맡아 일일극으로 다시 탄생했다. 허준은 이처럼 MBC에서만 네 차례나 환생한 인연을 갖고 있다.

조선왕조 19대 숙종 조에서 사약을 받은 장희빈은 영화 두 번, TV 드라마 일곱 번 등 모두 아홉 번 살아나는 진기한 기록을 갖고 있다.

장희빈이 첫 전파를 탄 것은 1961년 1월, KBS 라디오였다.

이서구 작, 박동근 연출의 〈장희빈〉은 성우 고은정이 맡아 일약 출세작이 되었다. 36회 방송시간엔 '목욕탕이 텅 빌 정도..'로서 인기도를 표현했다.

그 여세를 몰아 그해 스크린에 화신 된 배우가 김지미였다. 당시 톱 스타가 최초로 보인 팜므파탈(악녀) 연기와 액션 감독 정창화의 합작은 대박을 터트렸다. 7년 뒤 남정임이 '요화' 장희빈으로 다시 나타났다. 임권택 감독 작품이었다. 두 영화는 모두 흥행에 성공했다.

TV 극으로서 〈장희빈〉의 첫 등장은 1971년 MBC에서다. 당시 타이틀 롤을 공모했는데 윤여정이 선발되었다. 현상금은 30만 원이었다. 지금 돈 천만 원에 가까운 거액이었다.

1980년대 컬러TV로 MBC의 '여인열전'에서 부활한 장희빈은 톱 탤런트 이미숙이었다. 총천연색으로 재림한 만큼 히로인은 화려함과 세련미를 자랑했다. 자기주장에 확실하고 치열한 여성상을 구가했다.

다섯 번째 장희빈은 1988년 KBS 리포터 출신인 전인화가 뒤를 이었다. MBC의 '조선왕조 5백년' 시리즈 제8화로 10개월간 방송된 '인현왕후'에서다. 미모, 품위, 독기를 함께 겸비한 장희빈의 이미지를 세우면서 스타 반열에 뛰어올랐다.

1995년 SBS에 뽑힌 장희빈은 엉덩이가 예쁜 여자 정선경이었다. '질투의 화신'에 사약마저 거부하는 여인, 표독스러움과 편집증으로 똘똘 뭉친 여인을 묘사하여 40% 넘는 시청률을 획득했다.

2003년, KBS에서 김혜수가 요란하게 등장했다. 장희빈은 마침내 공영방송까지 점령했다. 팔색 패션 감각에 영특 발랄하고 화술이 뛰어난 21세기형 장옥정이 탄생했다. 당시 최고액인 회당 7백만 원 출연료가 화제를 낳았다.

2010년 MBC의 〈동이〉에서는 동이(한효주) 아닌 장희빈 코너가 훨씬 돋보였다. 녹색 단청의 화사한 궁중 복을 입은 이소연이 나와 조용한 카리스마를 뽐냈다. 인내, 절제 그리고 용의주도한 희빈 상이었다.

2013년엔 미모와 지성을 겸한 김태희의 퓨전 사극 〈장옥정-사랑에 살다〉가 SBS에서 왕림했다. 저잣거리와 구중궁궐을 자유자재로 넘나드는 분방한 여인상을 자랑했다.

이래저래 장희빈은 영화관과 세 방송사에서 아홉 번이나 환생한 명복 질긴 여인으로 각인되었다. 당파싸움 격동기에 천민 출신의 한 여인이 입궐에서 왕비가 되기까지 신분 투쟁 그리고 군주와의 로맨스는 그 자체가 강력한 대중 판타지였다. 입신출세와 만인지상의 '슈퍼 퀸'으로 거듭난 장옥정은 비슷한 편력을 가진 '정난정'이나 '장녹수'에 비길 바가 아니었다.

인본주의와 생명존중을 앞세워 건강과 의료 복지를 몸소 실천한 허준은 오늘날 여전히 살아있고 또한 살려내야 할 덕목을 지닌 캐릭터다. 장희빈이 '쟁취, 출세, 성공'의 아이콘임과 비교하면 허준은 '생존, 안식, 구원' 코드를 깔고 있다. 두 사람은 오늘날에도 'Success Story'의 주인공으로서 강한 상징이 되고 있다.

김수현이 20년간 두 번 쓴 〈청춘의 덫〉, 〈사랑과 야망〉

1978년 8월 MBC 주말극인 〈청춘의 덫〉은 출세를 위해 헌신해 온 애인을 배신한 남자를 철저히 복수하는 멜로극의 전형을 엮어냈다. 이 작품은 이듬해 같은 제목으로 영화화되어 18만 관객을 모았다. 캐스팅은 유지인, 박근형, 한진희 그리고 새 얼굴 원미경이었다. 그 후 20여 년만인 1999년 초에 SBS에서 24부로 리메이크된다. 세 편의 극본은 모두 김수현의 몫이었다. 버림받고 어린 딸마저 잃어버린 심은하의 원한에 찬 '당신 부숴버릴 거야…'의 세리프가 한동안 크게 울렸다. '청춘의 덫'은 입신과 영달을 위해 헌신적인 여인을 버린 남자에게 '용서받지 못할 자'로 낙인을 찍었다.

〈사랑과 야망〉 역시 20년 사이에 동일 작가(김수현)와 연출자(곽영범)가 제작한 진기록을 남긴다. 1970년대 중소도시(춘천)를 배경으로 판이한 행로를 걷는 형제 스토리를 중심으로 한 우리 청춘의 자화상이다. 첫 방송은 MBC에서 1987년 1월~12월 27일까지 방송했다. 두 번째 〈사랑과 야망〉은 SBS에서 2006년 2월 4일~11월 12일에 방송했다. 유신 정부하에 경쟁과 성과주의의 만연으로 삶의 의미와 가치관이 흔들리는 시대, 빈곤과 사회 부조리에 맞서면서도 입신에 굴종해야 하는 젊은 그들의 아픔과 고뇌를 그렸다.

KBS 〈전우〉
-1975년, 1983년, 2010년 세 번

반공 드라마는 어차피 공영방송 KBS의 몫이다. 6·25의 비극을 상기하고 한반도 분단의 시말서를 극화하는데 일찌감치 〈전우〉가 그 역을 맡았다.

'전투 드라마'의 장르도 여기서 시작되고 발전되었다. 한국전쟁을 배경하여 소대원들이 전개하는 무용담과 전우애를 담았다. 제작은 악전고투와의 전투 그대로였다. 안보와 국방의 메시지를 실어냈고 전쟁을 모르는 세대에 교훈적 역할은 물론, 아직도 여전한 휴전 하의 상황을 상기하는 국민 계도 역도 겸했다.

세계 2차 대전을 배경으로 독일군을 격파하는 분대원의 활약을 그린 미국 드라마 〈Combat〉 시리즈는 이미 세계 48개국에서 방송한 바 있다. 이 작품은 〈전우〉의 길라잡이가 되었다.

첫 시리즈는 1975년부터 1978년 4월까지 지속하였다. 120회가 넘는 횟수다. 고정 출연자는 라시찬, 장항선, 맹호림 외 10명이 고정 출연했다. 라시찬의 열혈 연기는 지금도 회자되고 있다. 두 번째 시리즈는 1983년 9월부터 컬러 영상으로 1984년 10월까지 57회를 냈다.

전작에서 주임상사로 나왔던 강민호(1994년 별세)가 소대장으로 승진했고, 김시원, 장철군, 김천만 외 다른 십여 얼굴들이 합세했다. 세 번째는 6·25 발발 60주 기념작으로 2010년에 20부 미니시리즈로 제작되었다. 출연은 최수종, 이덕화, 이태란, 남성진, 홍경인 외 다수가 나왔다.

〈일지매〉 세 번 출몰, 쏟아지는 속편 또는 스핀오프(번외편)

'일지매'의 첫 출현은 1995년 8부작 MBC 납량 드라마에서다. 〈일지매〉는 최정주 소설을 토대로 하여 장동건, 염정아, 임채원, 박순애, 전인택이 출연했다. 두 번째는 2008년 SBS에서 이준기, 한효주 주연으로 태어났다. 2009년에는 고우영 원작, 정일우, 윤진서 주연의 MBC 〈돌아온 일지매〉로 세 번째 리메이크되었다.

일지매는 〈홍길동, 임꺽정, 장길산〉과 더불어 조선 시대의 슈퍼맨이자 솔루션 메이커로 구세주를 자임했다. 평등과 박애의 유토피아를 꿈꾼 홍길동, 탐관오리의 척결자 임꺽정보다 일지매는 신출귀몰한 얼굴 없는 사내며 정의를 구현하는 신비주의자로서 매력이 복합되어 있다. 네 사람에 대한 대중적 기대감은 억압된 자아와 무력감에서 해방, 현실사회의 모순과 부조리를 타파하고 불공정 사회에 대한 평정을 통해 심리적 보상과 대리만족을 주는 점이다.

2009년 3월 김남주 주연의 MBC 〈내조의 여왕〉이 돌풍을 일으키자 다음 해 2010년 10월에 〈역전의 여왕〉을 내놓아 그 성가를 이어 갔다. 전업주부의 역습이 테마다. 아줌마로서 '한숨 체념 푸념'은 아예 털어 버린다. 21세기 여권 시대의 치맛바람은 자녀 학교에서 남편 직장으로 옮겨 간다. 적극적, 공격적인 아줌마의 좌충우돌은 우선 주부층에 통쾌한 보상심리를 제공했다.

SBS 2004년 김정은, 박신양 주연의 〈파리의 연인〉이 바람을 타자 다음 해 2005년에도 전도연, 김주혁의 〈프라하의 연인〉이 나왔다. 두 작품은 김은숙 극본, 신우철 연출이다. 남녀의 달콤한 만남과 동화처럼 경쾌하고 상큼한 연애를 선호하는 시청자에게는 안성맞춤의 환상을 제공했다.

2009년 이병헌, 김태희 주연의 20부 KBS 〈아이리스〉는 남북 냉전 하의 치열한 첩보 액션을 주제로 삼고 있다. 후편인 2013년의 〈아이리스2〉는 장혁, 이다해가 출연했다. 〈아이리스〉의 스핀오프 작품으로 SBS는 2010년 정우성, 차승원, 수애, 이지아 주연의 20부 〈아테나-전쟁의 여신〉을 방송했다.

2006년 윤은혜, 주지훈 주연의 〈궁〉은 입헌 군주국이라는 가상세계와 타임슬립 장치로 새로운 화제를 모았다. 일 년 뒤 2007년 세븐, 허이재 주연의 〈궁s〉가 나왔다. 두 작품은 황인뢰가 연출했다. 전자는 여자가 궁에 들어가는 얼개며 후자는 남자가 입궁하여 벌어지는 얘기다.

2011년, KBS의 〈드림하이〉는 예술고교를 배경하여 보컬 스타 꿈나무들의 고민과 갈등을 그렸다. 수지, 택연, 은정, 우영, 아이유, 박진영 등 실제 가요 연예인들을 내세웠다. 후속작품은 2012년 〈드림하이2〉와 2013년 〈드림하이3〉로 각각 이어졌다.

전문 채널에서 성공한 드라마 시즌제, 넷플릭스, 디즈니플러스 가세로 장르화

전문 채널에서 애용하고 있는 드라마 포맷 중 하나는 '시즌제'다. 미국 드라마에서 상용되고 있는 시즌제는 '광범한 소재, 강력한 에피소드'를 기본 틀로 한다. 사전제작, 새로운 스토리텔링, 주요 캐스팅의 일관성이 생명이다. 드라마에서 필연적으로 다음 과정을 이어갈 수밖에 없는 등장인물의 삶을 반영하고 관련 에피소드를 엮어간다. 우리 개념으로 치면 '속편'에 해당하며 전문 채널에서 정착하고 있다.

2007년 4월에 시작된 tvN의 〈막돼먹은 영애 씨〉는 2019년 시즌 17을 마친 뒤 시즌 18을 채비하고 있다. 올드 미스의 월급쟁이 애환과 음영을 그린 이 작품은 직장 시트콤의 대표성을 인정받아 시즌제의 최장 기록을 세우는 중이다. 김현숙이 변함없이 타이틀 롤은 지키고 있다.

희귀병의 비밀과 사망 원인 불명의 시체를 판독하는 법의관들의 활약을 그린 메디컬 수사극 OCN의 〈신의 퀴즈〉는 2010년부터 시선을 끌었다. 시즌당 평균 12회 전후로 2019년 시즌 5까지 10년을 걸쳤다. 시신의 피 냄새와 맛으로 사인을 간파하는 〈뱀파이어 검사〉는 2011년과 2012년에 1, 2편을 마치고 시즌 3을 검토 중이다.

2012년 말에 16부작 〈응답하라 1997〉으로 첫선을 보인 후 2013

년 21부 〈응답하라 1994〉, 세 번째로 2015년 말 〈응답하라 1988〉이 떴다. 모두 tvN이 태웠다. 추억의 재구성을 통한 감성팔이의 브랜드로서 연착륙하는 데 성공했다. 이 시리즈는 우리가 보낸 시간에 관한 연가이며 중년을 맞는 세대에게 봄처럼 짧게 가버린 청춘의 그 시절로 떠날 수 있는 여행이자 위로를 겸한다.

2021년 상반기만 해도 5편의 시즌제 드라마를 선보였거나 예고했다.

이례적인 것은 속칭 막장극이 시즌제 바람을 탄 점이다. 시청률이 30%에 근접한 김순옥 극본의 〈펜트하우스〉(SBS)는 6월에 시즌3으로 돌아왔고, TV조선 드라마 사상 최고 성적을 낸 임성한 작가의 〈결혼작사 이혼작곡〉도 6월 초순에 시즌2를 보였다. 제작 기간에 충분한 여유를 갖고 완성도를 높일 수 있고 전작의 후광을 살릴 수 있는 시즌제의 장점을 살렸다.

잔잔한 감동으로 인기를 끈 〈슬기로운 의사생활〉(tvN) 역시 2021년 6월 시즌2로 복귀했다. 극성 강한 전개와 자극적인 장면들로 점철된 드라마 시장에서 성인 동화 같은 '슬기로운 의사 생활'이 또 한 번 힘을 발휘할 수 있을지 기대된다. 이 작품은 병원 장르극을 넘어 멤버들의 일상 연기와 케미스트리(조합)를 중요시하여 시청자의 성원만 있다면 '무한 시즌제'도 가능하다.

강렬한 캐릭터에 독특한 소재로 무장한 장르극들의 차기 시즌제작은 더욱 자연스럽게 받아들여진다. 소리 프로파일러를 내세운 OCN의 〈보이스〉는 벌써 4번째 시즌을 예고했고, 탄탄한 전개와 배우들의 호연으로 호평받은 jtbc의 〈모범형사〉도 연내 시즌2를 낸다. 이 밖에 SBS 〈낭만닥터 김사부〉, tvN 〈비밀의 숲〉, jtbc 〈보좌관〉 등 여러 작품이 시즌제를 통해 탄탄한 팬덤을 확보하는 데 성공했다.

좋은 대본, 좋은 배우, 탁월한 프로듀서가 있다면 그들을 붙잡아놓을 만큼 막대한 규모로 선투자를 할 수 있는 환경이 조성됐기 때문에 더는 지상파의 흐름에 맞춰 드라마를 제작하지 않아도 된다는 뜻이다. 기존 방송사에서도 시즌제 드라마가 활성화된 현상은 넷플릭스의 영향력 확대와 무관하지 않다고 본다. 즉 넷플릭스와 디즈니플러스를 위시한 해외 OTT(온라인 동영상 서비스)가 기존 국내 유통망을 깨면서 국내 드라마 시장의 구조도 바뀐 것이라는 분석이다.

이는 자본유치, 마케팅, 제작 일정 등에 장기 계획을 세울 수 있는 시즌제의 저력 덕분이다. 연속극만 하다가 미니시리즈가 탄생했듯이 시즌제가 계속 발전하면서 새로운 드라마 문화 형태로 정착하는 과정으로 볼 수 있겠다.(연합뉴스 2021. 5. 9.)

27. 막 되고 막 가라

- 장르로 굳혀가는 막장극 바이러스의 위세

2019년 KBS2의 〈하나뿐인 내편〉은 '막장 처방'으로 시청률 50%를 넘봤다. 재벌가와 파혼, 살인누명, 치매 노인의 기행, 계모의 구박 등 막장 코드를 적나라하게 버무린 덕분이다. 28년 만에 나타난 아버지 때문에 갑자기 꼬여버린 친딸의 인생을 다룬 이 작품은 '최악의 주말 드라마'라는 악평도 끄떡하지 않고 '막장뿐인 내편'임을 공고히 증명했다. 재미없고 유익한 드라마, 그리고 재미있고 자극적인 드라마 중 과연 어느 것을 선택할까? 시청자들도 웬만큼 '막장 문법'에 익숙해진 오늘이다.

높은 시청률은 만사형통이다. 막장에 대한 비난과 분노를 대번에 희석한다. 제작진은 방통위 심의에서 '1천만에 가까운 시청자의 인기'를 앞세워 묵시적인 항거도 한다. 작품에 대한 호감 때문이 아니라 '이 황당무계한 이야기가 도대체 어디까지 가나 보자.'란 심리 때문에 보는 시청자를 모두 '우리 편'으로 착각한다.

막장은 하나의 장르로 공인될 수 있는가?. 극단적 감정의 대리 분출 효과, 탈 현실과 비현실의 체감, 삶의 무게를 덜어내는 도피 효과

등 답답한 세상에서 맘껏 욕할 수 있는 화풀이로서 막장을 소비하는 측면도 크다.

최근 코로나 19의 창궐과 함께 막장 대모(代母)들의 귀환으로 '막장 불패' 신화를 다시 잇는다. 김순옥 작가의 〈황후의 품격〉(2018. SBS)은 지상파의 품격마저 꺾고 사극까지 진출하는 위세를 보였다. 2016년 〈내딸 금사월〉 이후 2년 만에 집필한 이 퓨전 사극은 가상의 대한제국의 황실을 배경으로 사랑과 욕망을 둘러싼 음모와 암투, 복수극을 펼친다. 초반부터 출생의 비밀, 불륜, 친족 살인 등 막장 요소를 유감 없이 찔러 넣었다.

김 작가는 초호화 부유층의 약육강식을 다룬 〈펜트하우스 1·2(SBS)로 '막장 시즌제'를 도입하여 2020~2021년 상반기를 제압한다. 청부 살인, 납치, 감금, 학교폭력 등이 원색적으로 난무한다.

한편 2015년 문제작 〈압구정 백야〉를 끝으로 은퇴를 선언한 임성한 작가는 6년 만에 〈결혼작사 이혼작곡〉(TV조선)으로 돌아왔다. 바람 난 세대별 세 남편, 의붓아들에 흑심을 품은 중년 여인은 당뇨병 환자인 본 남편에게 탄수화물 식단을 계속하는 등 막장 파워는 여전하다. 온라인 서비스인 넷플릭스에까지 동시 제공하여 20~30대 시청 층을 공략했다.

드라마 승부처는 작품의 기획보다 '작가의 선택' 여부에 있었다. 십 여 년 전, 임성한은 무려 열 작품을 써서 MBC를 건사했고 김순옥도 장기간 SBS의 구세주가 되었다. '그녀가 돌아왔다…!' 이 한마디에 토를 달지 않는 이유다.

막장 드라마의 주요 코드는 〈반륜, 불륜, 패륜〉

막장의 땅엔 인간의 성악설(性惡說)을 신봉한 듯 인륜을 저버리고 순리를 거부한 군상들이 두서없이 출몰한다. 극악한 여자, 저열한 남자 아니면 사이코패스 또는 편벽증자들이 '막말'과 '막된 짓'을 자행하고 있다. 거기엔 배신과 복수가 얼룩지고 역천(逆天)과 궤변이 횡행한다. 좋은 이름도 아니고 정확한 뜻도 아닌 '막장 드라마'는 그래서 자조와 힐난의 악취가 솔솔 묻어나는 네거티브 판타지다.

'욕하면서 보는 드라마..?' 그래도 좋다. 기본은 이른바 반륜(反倫) 불륜(不倫) 패륜(悖倫) 코드다. 반륜은 배신이나 복수, 살인 등 반인간적 행위다. 근친상간, 동성애도 여기에 속한다. 불륜의 상대는 의붓딸이나 계모까지 번진다. 패륜은 친족의 파멸, 가족 공동체의 파괴를 포함한다. 평생에 한 번 있을까 말까 하는 일들이 매회 거침없이 등장한다.

조짐은 일찍이 90년대에 나타났다. 1993년, 〈댁의 남편은 어떠십니까〉는 재혼한 아내가 본처의 이복자매라는 설정으로 가족관계를 실타래처럼 엮었고, 임성한이 1998년 발표한 〈보고 또 보고〉는 겹사돈이라는 소재를 앞세워 호기심을 끌었다.

2009년, 막장드라마는 선택 아닌 필수였다. 채널별로 '빅4'를 들자면 KBS1의 일일극 〈너는 내 운명〉, KBS2의 월화극 〈꽃보다 남자〉, MBC 일일극 〈밥줘〉, SBS 일일극 〈아내의 유혹〉이었다.

〈너는 내 운명〉의 경우, 출생의 비밀, 고부갈등, 불치병, 겹사돈 문제에 선·악녀의 대립, 시모와 친모 동시 백혈병 발병과 여주인공의 골

수 일치 때문에 사달이 난다. 〈밥줘!〉는 '부부강간'이란 황당한 화두를 던지고 내연녀 대 본처의 절벽 결투를 엮었다. 〈아내의 유혹〉(SBS)은 시청률 30%대를 거뜬히 넘었다. 임신한 아내를 바다에 빠뜨린 남편, 아내는 살아나 얼굴에 점 하나를 찍고 무서운 요부로 변하여 남편을 유혹하고 파멸시킨다. 그것도 부족했던지 5개월 뒤엔 월화드라마 〈천사의 유혹〉으로 거듭나 전작의 여세를 몰았다. 부모를 죽게 하고 여동생을 잃게 한 원수 집안의 며느리로 들어가 그들이 누리는 행복과 위선을 철저히 파괴하는 한 여자의 서릿발이었다.

〈인어아가씨〉는 엄마를 배신하고 재혼한 아버지, 그 친부와 새엄마에 노골적인 살해 위협과 이복동생 애인의 탈취 등 가족의 파멸을 그린 '혈연 복수극'이다.

〈장화홍련〉은 치매에 걸린 시어머니를 감금하고 거침없는 폭력을 행사한 가학 극이다.

〈두 아내〉는 내연녀와 결혼하려는 남편에 맞서 아내는 연하남과 정을 통하는 상간 극이다.

〈조강지처클럽〉은 아버지, 아들, 사위가 줄줄이 엮는 동시 '불륜 가족극'이다.

〈녹색마차〉는 애인을 파멸시킨 남자와 결혼하여 끈덕진 복수전을 펼친다.

〈트리플〉은 이복 남매간의 사랑과 친구 아내에 대한 연정을 그렸다.

〈하늘이시여〉는 기구한 운명으로 헤어진 가련한 딸을 천신만고 끝에 만나게 되지만, 친엄마인 것을 밝히지 않고 자신의 의붓아들과 결혼시켜 시어머니가 되는 구조다. 노골적인 '존속 파탄'이다.

〈왔다 장보리〉는 친딸과 양딸이 신분이 바뀌고 설상가상 친모와 양모가 얽혀들어 극도의 혼란과 갈등이 고조 된다.

〈오로라 공주〉는 가족 멸망극이다. 로라의 엄마, 아빠, 오빠, 올케 등 열 명의 등장인물이 어이없이 차례로 죽어 나가고 심지어 애견마저 죽는다.

〈압구정 백야〉는 엄마에 버림받은 딸이 복수하기 위해 어머니의 의붓아들을 유혹해 며느리가 되는 얼개다. '천륜 파괴' 등 장기간 누적된 문제가 노출되자 작가 임성한은 은퇴를 선언한다. 그동안 〈온달왕자〉, 〈신기생전〉, 〈보석비빔밥〉, 〈왕꽃선녀님〉, 〈아현동마님〉 등 다양한 캐릭터 개발로 막장의 화양연화 시절을 구가했다.

'끝장 드라마'에서 나타난 패턴을 보면 여러 가지의 독성(毒性)을 꼽을 수 있다.

플롯은 극단성을 취하여 극(劇)은 극(極)으로 통한다. 상황의 교차는 노골적이고 충돌은 양극적이다. 인물 설정은 일탈적이며 행보는 파행적이다. 상식과 순리의 여백은 아예 배제된다. 여기에 엽기성을 추가한다. 때론 변태적인 유희와 도착적인 언행이 자행된다.

막장은 갈등구조의 가학성을 먹고 산다. 그 때문에 공격적인 인간형(이열치열 형, 좌충우돌 형, 천방지축 형)만 돌출한다. 결국, 막장의 문법의 제1항은 드라마의 금과옥조 격인 '개연성과 현실성'의 추방이다. 그래서 비현실성에서 출발하고 비상식적으로 전개하여 비정상적으로 맺는다. 우연과 기연이 가득히 엮인 드라마의 내적 현실에는 불가능이 없고 불가침 영역도 없다.

"2009년의 추세는 배드(bad) 캐릭터였다. 왕비호, 신상녀, 까칠녀 등 독한 캐릭터들이 2008년을 장악한 반면 2009년은 〈아내의 유혹〉이라는 독한 드라마와 시대적 악녀가 탄생했다. 여기서 "악독녀란 나쁜 것이 아니라 자기만의 색깔이 분명하고 개성이 확실한 여성을 뜻한다."라고 한 문화평론가는 지적한다.

막 되고 막 나가는 백 가지 악성(惡性)의 종합

- 동생이 형을 납치한다.
- 뺨 한 대 맞고 돌연 기억상실증에 걸린다.
- 친구 남편 뺏기는 다반사다.
- 형부와 딴 살림을 차린다.
- 신혼여행 옆방에 옛날 애인이 침투한다.
- 자매가 한 남자와의 무한쟁탈전을 벌인다.
- 맘에 안 든 아들의 애인을 두들겨 팬다.
- 원수 집안의 영아를 바꿔치기한다.
- 사촌 오빠를 연모하여 자살소동을 벌인다.
- 유산문제로 부모에 살의를 품는다.
- 장모가 김치로 사위의 따귀를 때린다.

사람은 어떻게 악독해질 수 있는가? 인간은 얼마나 잔혹하고 비열해 질 수 있는가? 그리고 어디까지 자기중심적으로 속물화되어 가는가? 막장극은 이런 화두에 답하기 위해 닥치는 대로, 가는 데까지 간다. '도저히 그럴 수 없는 것들이 그럴 수도 있다'라는 전제를 깔고 마구 나타난다.

- 자신의 결백을 증명하기 위해 유리컵을 깬 뒤 맨발로 밟는다.
- 남장한 여자가 예쁜 남자와 날마다 스킨십을 즐긴다.
- 과거를 눈치챈 시아버지에 대해 청부 살인을 꿈꾼다.
- 강제 낙태장면, 불룩한 배에 그어지는 메스, 의사 얼굴에 피가 튄다.
- 며느리가 시어머니 뺨을 후려친다. 아들이 다가와 말한다. "어머니가 맞을 짓을 했네요!"

대사를 보면 '막'말이 여과 없이 안방으로 '막' 들어온다.

"본처가 그리 대단하냐, 어디 안방 한번 구경 좀 하자", "총 있으면 쏴 버렸을 거다. 첩질로 대물림하는 집안에서 본처 자리를 알 리가 있나?"

"육체적인 남편이 필요해", "주무르고 더듬네, 호텔로 가든지" 〈밥 줘!〉

"구정물을 퍼먹고도 살 거다. 나 억울해서 못 죽어!", "아이 낳은 즉시 양육권 포기 각서 써라. 내가 키우마" 〈아내의 유혹〉

"너같이 근본도 없는 게 어디 내 아들이랑 결혼해!" 〈너는 내 운명〉

"너랑은 이혼보다 사별이 쉽겠다, 그래 죽어라, 차라리 죽어"

"오가다 만났으면 즐기면 되지 왜 집까지 오냐, 난 널 멸치 똥만큼

사랑한 적이 없어" 〈조강지처클럽〉

　"남의 남자 후리면서 착한 척 순진 한 척 그것도 네 엄마한테 전수 받았니" 〈흔들리지마〉

　"너도 가슴 처지고 뱃살 늘어지기 전에 딴 데 가서 풀어", "딱 20% 만 줘라. 속정 다 빼주고 넋 나간 얼굴 하지 말고", "남자가 김밥만 굵게 싸면 뭐하냐?" 〈앞집여자〉

　"침대 위에서 비빔냉면 놀이 한 번 해볼까?" 〈두 아내〉

　이상 몇 가지 대사는 컴컴한 영화관이나 성인 만화방에서 나옴 직한 것들이다.

끝장 드라마는 지상파가 주도, 창궐 시기는 노무현, 이명박 정권 교체 때

　탈규제 정책과 정권의 교체공간이 막장 드라마로 하여금 급물살을 타게 했다.

　시기적으로 보면 막장 드라마는 노무현 정권 말기와 이명박 정부 초기의 3년간에 성행했다. 이명박 정부의 '기업 친화적' 정책은 우선 원만한 기업 활동에 반한 독소조항을 철폐하고 각종 규제를 완화했다. 방송 광고 사전 심의제도는 창작에 대한 '사전검열'로 낙인되어 2009년 1월 20일 자로 폐지되었다.

　그나마 사후 심의인 드라마의 행보는 거리낄 이유가 없었다.

　2006년에서 2008년 사이, 방송위원회의 해체, 그리고 통신 융합

기능을 아우르는 방송통신위원회의 새로운 탄생, 그 3년간의 공백기와 과도기는 곧 막장 드라마의 성장기와 일치한다. 그것은 부쩍 늘어난 지상파 이탈층의 U턴을 촉구하는 시그널도 되었다.

막장 드라마는 막장 사회의 거울이다. 어차피 '막가는 세상'의 당연한 반영이다. 사회 병리 현상은 곧 드라마의 현실반영 기능과 맞닿아 있다. 예컨대 남성에 대한 여성들의 성적 환치 심리를 그린 〈꽃보다 남자〉는 '얼짱', '몸짱'의 외모지상주의가 배경이다. 극도의 이기주의, 첨예한 양극화, 배금주의 팽배 등 말세론적 증후는 막장 드라마가 섭생할 수 있는 넉넉한 토양을 제공한다. 때문에 〈개판 세상, 깽판 사회, 이판사판 드라마〉는 한 묶음 속에 있다. 속된 표현만큼 일단의 설득력도 지닌다. 이러한 드라마와 현실 간의 동가(同價)의식을 강조하는 것은 드라마의 제작 측에서 곧, 잘 내세우는 전제다.

'이래도 안 볼 거야!?'

막장 드라마는 시청자에 으름장을 놓는다. 불륜은 더 화끈하게, 음모는 더 교활하게, 배신은 더 철저하게, 복수는 더 잔인하게…. 이는 경쟁력과 시청률을 높이는 필수 처방 안이 된다. 내성은 좀 더 강한 내성을 부른다.

막장 드라마의 발원지자 주요 공급처는 지상파다. 매출액 감소와 경쟁력 약화로 기울어진 2000년대 이후, 지상파의 전략은 한마디로 〈수지개선, 감량정책, 비상경영〉이었다. 전년 대비 세수는 빨간 숫자만 보이고 신장률은 매양 마이너스 곡선을 그렸다. '막장 드라마'는 적자(赤字)경영의 두려움이 낳은 적자(嫡子)다. 그래서 지상파의 내리막 길목을 조응하는 시대적 해법처럼 보인다.

막장은 무엇보다 제작의 간편성에 따른 저비용, 고효율 주의에 답했다. '막말'과 '막된 짓'으로 짜진 막장 스토리의 구축은 '큰돈'이 안 든다. 집단 출연, 거대한 오픈세트, 장거리 출장, 번거로운 의상 소품 등 고액항목 없는 스튜디오 중심의 드라마는 일단 가성비가 좋다.

오늘의 다매체 다채널사회에서 이미 채널의 회소가치를 잃어버린 지상파 편성전략은 장르별 '선택과 집중'이다. 스포츠, 음악 부문을 비롯하여 영화, 만화, 어린이 부문을 전문 채널에 양도했다. 반면에 집중한 것이 드라마와 버라이어티 부문이다. 특히 드라마에 천착한 이유는 다년간 축적된 제작 인프라와 노하우를 활용하여 다채널용으로 강한 유통력을 발휘할 수 있기 때문이다. 따라서 TV 드라마 50년 사에 드러난 '막장 몽니'는 흔들리는 제왕적 위치를 보전하기 위한 지상파 패권주의의 말기적 현상으로 볼 수 있다.

2013년 중반에 일단 수그러든 막장 드라마는 결코 새로운 품목이 아니며 느닷없는 품종도 아니다. 종래의 드라마 텃밭에서 이미 파종된 '막장의 씨앗'들이 때를 맞아 창궐한 그것에 불과하다. 드라마 진화론에서 보면 막장극은 '오래된 미래'이자 '인과의 필연 변이'가 된다. 흥행 보증과 화제성이 강한 막장 드라마는 오늘도 수용자의 필요와 원망(願望)에 답한다는 시장 논리를 내세운다. 막장을 즐기는 시청자는 실로 엄청나며 새삼 놀랄 일도 아니다. 역설적으로 〈높은 시청률=좋은 드라마〉란 불문율을 강화하여 유력 콘텐츠의 반열에 오를 줄 모른다.

결국 막장은 단발적인 노이즈 마케팅에 머물지 않는다. 채널을 막론하고 생존을 위해 불가피하게 취한 산업 전략이다. 그것이 삶에 대한 진지한 성찰을 주는가는 별개의 문제로 하나의 '필요악의 장르'로서 진화하고 발달할 태세다.

막장 드라마의 바이러스는 잠재냐, 발호냐의 차이가 있을 뿐이지 박멸되기 어렵다. 이미 막장 드라마에 잘 학습된 시청 층이 두터운 데다 기획 빈곤의 구조가 대부분인 한국 드라마에서 막장 드라마는 언제라도 활성이 가능하다.

28. 시한부, 출생의 비밀로 몰아라

- 끈끈한 감정이입, 강력한 접착 코드

드라마 반세기에 나타난 소재의 코드를 압축해보면 다음과 같이 요약할 수 있다.

1군: 삼각관계, 시한부 인생, 출생 비밀, 불륜 외도, 배신 복수

2군: 범죄 수사, 출세 성공, 폭력 액션, 음모술수, 인생유전

3군: 권력 승부, 형제자매, 기억상실, 괴기 공포, 팩션 퓨전

4군: 코믹 로맨스, 판타지, 가족 부부애, 복고풍, 파란만장

'출비한생'(出祕限生)이란 '출생의 비밀'과 '시한부 인생'을 줄인 말이다.

두 항목은 드라마가 곧, 잘 써먹는 장치다. 다소 생소하고 엉뚱하지만 스토리의 결절(結節)을 위해 너무나 편리한 반전 장치다. 드라마에 나타난 시한부는 3개월~ 6개월이 통상이다. 엄숙 비장한 분위기를 주도하고 새드 엔딩을 유도한다. 자주 쓰다 보니 식상하고 선도(鮮度)도 떨어진 지금이다. 그러나 그 위세는 여전하다.

〈가을동화〉(2000. KBS)는 두 장치를 몽땅 동원했다. 돈독한 남매 준서(송승헌), 은서(송혜교)가 남남으로 밝혀진다. 분만실에서 아기가 바뀐 것이다. 이제 남매에서 연인으로 바뀔 순간, 그러나 은서가 백혈병이다. 바닷가에서 은서는 준서의 등에 업혀 조용히 숨을 거둔다.

〈겨울연가〉(2002. KBS)는 교통사고로 죽은 애인 민형(배용준)이 어느 날 홀연히 유진(최지우) 앞에 나타난다. 유진은 이미 상혁(박용하)과 연인 사이다. 사망 통보는 오보였다. 그러나 민형은 시력과 기억력을 잃었다. 또 하나 놀라운 사실은 민형의 아버지가 상혁과 같은 사람이었다.

네 가지로 나타난 시한부 인생의 유형

시한부(時限附)를 당한 주인공의 대응적 삶은 네 가지로 압축된다. 이중 어떤 유형의 캐릭터를 취하는가에 따라 드라마 성향과 질량감이 달라지고 색깔과 분위기가 좌우된다.

- '순종형': 자기 운명으로 순순히 받아들이고 체념한다. 고통에서 벗어나고 싶다. 하루하루가 소중하다. 차분한 유종, 아름다운 작별을 위해 노력한다.
- '거부형': '아니야, 내가 왜~?' 밝혀진 현실에 분노가 폭발한다. 그리고 강하게 반발한다. 더불어 자기실현을 위해 되레 치열하게 정열을 불태운다.
- '타협형': 일단 불가항력으로 수용한다. 이제 짧은 여생을 어떻게 경영하고 주변을 정리하며 무엇을 남길 것인가. 어쨌든

보람 있는 마침표를 찍고 싶다. 주도면밀한 계획을 진행한다.

- **'기대형'**: 인명재천(人命在天)은 옛말이다. 제2의 인생이다. 투병 노력으로 삶의 의지를 보인다. 의학의 힘, 기적의 힘까지 기내하면서 시한부를 극복하려 한다.

1) 순종형

〈90일 사랑할 시간〉(2006. MBC) 췌장암으로 딱 90일 남은 인생, 대학 강사(강지환)는 첫사랑(김하늘)을 찾는다. 이제 죽어라 사랑해야 할 시간밖에 없다.

〈네 멋대로 해라〉(2002. MBC) 소매치기 15년 전과자, 지금도 온몸을 쓰면서 살아온 스턴트맨, '반성과 참회'로서 과거를 반추하면서 마감할 때가 왔다.

〈함부로 애틋하게〉(2016. KBS) 3개월 여생을 앞두고 착잡해진 남자(김우빈)는 연인(수지)의 품에서 숨을 거둔다. 더없이 따뜻하고 행복한 순간이다.

〈황금빛 내 인생〉(2018. KBS) 그들의 아버지(천호진)에게 위암이 찾아온다. '내일 가도 좋고, 지금 가도 괜찮고, 그렇게 그냥 좋아….' 65세 아버지는 의연하다. 휠체어에 앉아 지는 해를 보며 조용히 고개 숙인 아버지, 어떻게 사느냐 더 어떻게 죽느냐를 진득이 보여준다.

2) 거부형

〈펀치〉(2015. SBS) 뇌종양으로 6개월 시한 선고다. 대검찰청 반부패

수사지휘 과장(김래원)은 이 사실을 대뜸 거부한다. 되레 권력의 충견이 되고 교활한 인간으로 거듭나 공권력까지 사적으로 이용한다. 37세의 검사는 도덕이나 의리보다 권력의 풍향에 쉽게 따라가고 출세를 위해 협잡과 타협을 거듭한다.

〈판타스틱〉(2016. jtbc) 유능한 여성작가(김현주)가 유방암 6개월 선고를 받자 냉혹해진다. 억울할 것도 슬퍼할 겨를도 없다. 두 남자를 모두 사랑하면서 오랜 소원인 해외여행도 서둘러 본다. 죽기 전에 해야 할 일을 모두 할 때가 왔다.

3) 타협형

〈완전한 사랑〉(2003. SBS) 폐 섬유증으로 죽음을 앞둔 부잣집 아내(김희애), 이제부터 완전한 사랑은 무엇인가. 기다림도 두려움도 떨치자. 남편(차인표)과 양가 가족들에게 마지막 최선을 다하는 모습이 담담하고 의젓하다.

〈미안하다, 사랑한다〉(2004. KBS) 사나이(소지섭)는 옛 애인 결혼식장에서 조폭끼리 벌인 총격전에 휘말려 머리에 총상을 입는다. 깊숙이 박힌 제거 불능의 총탄 때문에 3개월 시한부를 받는다. '미안합니다..' 여생을 앞두고 그는 어머니와 연인을 위해 눈물겨운 마지막 봉사를 결심한다.

〈장밋빛 인생〉(2005. KBS) 위암 말기에 두 자녀를 둔 맹순이(최진실), 동거녀와 딴 살림 차린 남편(손현주), 수술 후에도 3개월 인생, 오히려 냉정하고 치밀한 맞불 전쟁이 눈물겹다. 남편에 이혼 절차, 위자료, 재산분할, 양육권 등 자기 몫을 당당히 요구한다.

〈바보엄마〉(2012. SBS) 심장병으로 시한부 판정을 받은 사춘기 딸, 뇌종양에 지적 장애인인 엄마(하희라)가 세상을 뜨기 전 주위 사람들에 해주고 싶은 일에 도전한다.

〈해피엔딩〉(2012. jtbc) 시한부 선고를 받은 방송사 사회부 기자(최민수), 사회정의를 위해 밤낮 뛰었던 보상이 이건가? 남은 일은 그간 소홀했던 가족들에 진심과 화해를 통해 마지막 나날의 행복한 마침표를 찍는 것이다.

〈마마〉(2014. MBC) 시한부 인생의 싱글맘(송윤아), 세상에 홀로 남겨질 아들에게 가족을 만들어주기 위해 옛 남자(정준호) 아내(문정희)의 집을 찾는다.

4) 기대형

〈키스 먼저 할까요〉(2018. SBS) 왕년에 잘 나갔던 직장의 신, 지금은 밀려난 까칠남(감우성), 게다가 시한부 판정까지…. 존엄사를 선택한 그에게 '키스 먼저 하자..'는 발칙한 여자(김선아)가 나타났다. 인생이 달라졌다. 암은 '상상 암'으로 밀어낸다. 살자, 살 수 있다, 살자….

〈손 꼭 잡고 지는 석양을 바라보자〉(2018. MBC) 뇌종양으로 일찍 떠난 어머니, 그 유령이 히로인(한혜진)에게 판박이로 꼽혀왔다. 사랑하는 남편과 딸과 손 꼭 잡고 석양을 바라보고 싶다. 그 전의 짧은 시간을 어떻게 쓸 것인가.

〈어느날 우리집 현관에 멸망이 들어왔다〉(2021. tvN) '유방암 100일 삶'의 주인공(박보영)은 고심에 빠진다. 투병에 목숨을 걸 것인가. 사랑하는 사람에 여생을 걸 것인가.

출생의 비밀은 〈천륜의 파괴, 관계의 돌변, 반전된 양극화〉의 노림수

출생의 비밀이란 '한 방'에 국면을 뒤집는 태풍이다. 사실이 밝혀지면 운명이 바뀐다. 정체성이 뒤틀린다. 생애가 역전한다.

그토록 사랑했던 애인은 남매로 돌변하고, 남매는 다시 연인으로 발전하고, 친구 사이는 원수지간이 되고, 복수 대상이 된 회장님은 친애비로 밝혀지고, 시어머니가 될 분은 옛날 자신을 버린 친어머니였고….

인간관계는 망가지고 혼란에 빠진다. 등장인물은 그 비밀을 은닉하거나 계략에 이용하거나, 결정적일 때 폭로함으로써 국면을 반전시킨다. '천륜의 파괴', '관계의 돌변', '원죄의 비애'로 양면성을 띤다. 호흡이 긴 연속극에서 애용한다. 꼬리가 다시 몸통이 된다. 전후 맥락에 따라 〈1+1〉의 구성을 가능케 한다.

인류 최초 '출생의 비밀'로서 드라마를 연출한 사람은 구약성서의 '모세'다.

그가 없었으면 출애굽의 기적도, 시나이산의 십계명(十誡命)도 없었을 것이다. 이스라엘 영아를 모조리 죽이라는 파라오의 명을 피해 강보에 싸인 모세는 나일강에 버려진다. 흘러 흘러 요행히 파라오 왕비에 구조된다. 성년 모세가 이집트 왕이 될 무렵, 늙은 하녀로부터 자기 비밀을 듣게 되자, 모든 것을 버리고 광야로 나선다.

마크 트웨인의 '왕자와 거지'에선 똑같이 생긴 두 소년이 출생과 신분을 숨기고 처지를 맞바꾼다. 거지가 된 왕자는 고달프지만, 자유를 얻었고 왕자가 된 거지는 호강을 누리지만 법도에 묶여버린다. 그래서 흥미진진하다.

〈에덴의 동쪽〉(2008. MBC) 원수처럼 지낸 두 집안에 한날 태어난 아들이 분만실에서 뒤바뀐다. 두 아들(송승헌, 연정훈)은 장성하여 피 튀게 싸우다가 어느 날 마침내 형제사이로 밝혀지면서 영혼 붕괴에 빠진다.

아침 드라마 〈큰 언니〉(2008. KBS1) 맏언니 인옥(전혜진)은 동생 인수가 해외 유학을 떠나면서 버린 아들을 입적시키고 친딸과 함께 쌍둥이 남매 사이로 키운다. 먼 훗날 훌륭한 의사가 되어 귀국한 인수는 아들을 찾지만 '죽었다…'는 언니의 대답뿐이다. 몇 년 뒤 언니 아들이 바로 자기 아들임을 알았을 때 모자는 혼란에 빠진다. 이모가 엄마였나?

2011년에 방송된 몇몇 작품을 보자.

〈욕망의 불꽃〉(MBC) 재벌가의 부부(조민기, 신은경)은 각각 첫사랑에서 얻은 자녀를 숨기고 산다. 배다른 아들(유승호)의 약혼녀(서우)가 나타났을 때 신은경은 처녀 시절 자기가 낳은 딸임을 어렴풋이 짐작한다.

〈호박꽃 순정〉(SBS) 야망을 채우기 위해 딸 순정(이청아)을 버린 비정한 엄마(배종옥), 세 남자를 거치면서 마침내 장성한 순정과 조우하게 된다.

〈몽땅 내 사랑〉(MBC) 재산가 김갑수는 18년 전 잃어버린 딸을 찾는

데 일생을 건다. 박미선 가족은 윤승아가 친딸임을 알고 있지만 함구한다. 재산을 물려받기 위해서다.

〈가시나무새〉(KBS2) 우연히 출생의 비밀을 알게 된 유경(김민정)은 왕년의 인기 배우인 생모(차화연)를 파멸시키기 위해 치밀한 계획을 세운다.

〈49일〉(SBS) 빙의로 자기 정체를 되살린다. 교통사고로 죽은 외동딸(남규리)은 사경 직전의 여자(이요원)에 빙의한다. 여자는 뜻밖의 사실에 직면한다. 없는 오빠가 나타나고 약혼자는 혹여 남매지간이 되는 것 같다.

〈웃어라 동해야〉(KBS) 어머니(도지원)와 아버지도 모르고 자란 아들 동해(지창욱), 두 사람 모두 말 못 하는 출산의 비밀을 안고 산다.

〈로열패밀리〉(MBC) 혼혈아(피터 홀맨)와 검사가 된 고아(지성)는 모두 인숙(염정아)이 낳은 아들이다. 한 날 그녀의 과거를 알고 있다는 중년 여인이 나타난다.

〈반짝반짝 빛나는〉(MBC) 산모실에서 바뀐 두 여아, 식당 집 딸과 기업체 사장님 딸(김현주, 이유리)로 살아가는 두 인생은 하루하루가 행복하지만….

출생의 비밀은 사극에도 어울리는 '좋은 패'가 된다.

〈바람의 나라〉(2008. KBS) 고구려의 유리왕은 늦둥이 왕자 무휼을 먼 곳에 내치도록 한다. 그가 형제를 죽이고 나라를 망하게 할 것이라는 무녀의 말을 따른 것이다. 무휼은 고아로 성년이 되고 어찌어찌하여 출생의 비밀을 푼 뒤 대통을 잇기 위해 아버지 유리왕을 찾아간다.

〈선덕여왕〉(2009. MBC) 남장한 덕만공주(이요원)의 비밀이 밝혀져 언제쯤 공주의 신분을 되찾는가에 초점을 맞췄다. 덕만의 정체가 드러나는 몇 차례의 아슬아슬한 순간마다 시청자는 가슴을 조인다. 물론 역사적 사실에도 없는 것을 끼워 넣었다.

〈짝패〉(2011. MBC) 양반과 상놈의 처지가 바뀐다. 애미(유유선)는 신분세탁을 위해 자기 아들과 대감 집 아들을 바꿔치기한다. 두 사내(이상윤, 천정명)는 그렇게 엇갈린 삶을 살지만, 진실은 20년이 못가서 드러난다.

시한부 인생을 주목하는 것은 우리 모두 시한부 인생임을 잠재적으로 자각하고 있기 때문이다. '언제 죽을까'의 한시적 삶에서 이제는 '어떻게 죽을까'의 최후를 함께 공유하고 싶은 것이다.

출생은 한 사람의 근본을 밝히는 첫 단초이자 일생의 신분증명서다. '핏줄과 혈맥'을 중시해 온 우리 전통 사회의 통념상 절대 요체가 된다. 하여 안방극장의 질긴 모티브로 여전히 애용되고 있다.

'출생과 죽음'-모두 인간 존엄에 관한 원초적 사항이다. 그래서 진지한 시청과 관여를 동반한다. 감정이입도 쉬이 이뤄진다. 문제는 이러한 설정과 답습이 너무 많다 보니 진부하고 무책임하다는 점이다.

29. 탈 현실, 초능력을 발하라

- 시공 초월한 새 캐릭터, 새 스토리 창출

드라마가 동화 속에서 꿈꾸고 있다. 신비한 세상이 만화처럼 전개된다. 아름다운 이야기는 영화 속의 환상 같다. 타임머신 타고 꿈꿔라. 타임 슬립으로 왕래하라. 증강현실로 자유로워라…이게 드라마 판타지다.

멀리 갈 것 없다. 인당수에 몸을 던진 심청이 용궁의 왕비가 되어 연꽃 타고 두둥실 바다 위로 떠 오르고 심 봉사가 벌떡 눈을 뜨고…. 이걸 엉터리 얘기라고 타박할 사람은 아무도 없다.

'견우와 직녀', '나무꾼과 선녀', '젊어지는 샘물' 등 주옥같은 우리 민화도 모두 무지갯빛 판타지가 아닌가.

최근 드라마 트렌드의 하나로 들 수 있는 것은 초능력 캐릭터의 등장이다. 주인공은 〈영화판, 만화식, 동화 틀〉을 타고 난다. 이~상한 인물이 요~상한 장치에 따라 유~별난 상황을 펼치면서 뭇시선을 잡아끈다. 모두 과거와 현재를 자유롭게 드나들면서 신통력을 발휘하는 일테면 '슈퍼 천사'에 가까운 마력을 보인다. 드라마는 어차피 픽션이 아니던가. 그러면 거기에 철저하자.

타임머신 타고 20년 전으로, 4백 살 미남 청년의 축지법

- 반 인간, 반 짐승(여우)인 남자의 사랑 이야기를 다룬 〈구가의 서〉,
- 향불의 신통력으로 20년 과거 여행 속에서 운명을 바꿔 가는 〈나인〉,
- 타인의 마음을 읽는 초능력을 가진 소년을 그린 〈너의 목소리가 들려〉,
- 400년 전 조선 시대 외계인으로 이 땅에 내려와 만년 청년으로 살아가는 〈별에서 온 그대〉

2013년에 등장한 이 네 작품은 모두 〈요상함, 괴상함, 유별남〉의 초능력과 초현실 장치로 신통방통한 바람을 일으켜 '하이브리드 드라마'를 손짓하고 있다. 상당 기간, 상당수의 시청자는 이들의 마력에 홀려 빠졌다. 이들은 한결같이 전통적인 시공간의 틀과 기존의 나레이티브 구조를 타파하여 신소재주의에 따른 신박한 스토리를 전개했다.

〈구가의 서〉(2013. MBC. 강은경 극본. 신우철 연출. 24부작)

지리산 수호신이자 천년 묵은 여우인 구월령과 인간 어머니 사이에 태어난 반인반수(이승기) 인간이 속세에 나타난다. 그런 자신을 모른 채 여염집 외동딸 담여울(수지)을 만나 이룰 수 없는 사랑을 펼친다. '구가의 서'란 구미호 일족에 인간이 될 기회를 주고자 만든 언약서로 3 금기 사항, 즉 인간을 살생하지 말 것, 인간이 도움을 청하면 모른 척 말 것, 자신을 들키지 말 것을 이른다. 주제는 사람에 대한 새삼스러운 연구다.

사람은 무엇이며 사람답게 사는 것은 어떤 것인가. 인간의 잠재력과 한계 극복에 관한 원초적인 물음에 그는 아름답고 향기로운 답변을 보여준다.

드라마는 '픽션 속의 픽션' 장치로서 자아상실의 사회, 정체성 혼란 시대에 자기 회복을 통해 위로와 안식을 찾는 데에 일조한다.

〈너의 목소리가 들려〉(2013. SBS, 박혜련 극본, 조수원 연출)

상대의 눈을 보면 마음을 읽을 수 있는 능력을 갖춘 미소년(이종석)은 어릴 때부터 주위의 숱한 거짓말과 가식을 경험하면서 불의가 정의를 이기고, 참말이 거짓말을 이길 수 없는 세상을 안타까워한다.

그는 관심법으로 가난하고 억울한 사람을 돕고 부조리를 바로 잡고 싶지만, 고교생 신분으로는 벅차다. 우연한 기회에 국선 전담 변호사(이보영)를 만난다. 속물근성을 버리지 못한 한심한 여자이지만 둘은 진지하게 힘을 합하여 비뚤어진 세상을 개조해 나간다.

〈나인〉(2013. tvN, 송재정 극본, 김병수 연출)

이 드라마는 시곗바늘을 거꾸로 돌린다. 과거를 다시 불러 그 속으로 들어간다. 잃어버린 임을 찾을 수 있고 죽어버린 사람도 만날 수 있다. 드라마는 이 장치를 보전하고 있다.

주인공(이진욱)이 20년 전 과거 돌아갈 수 있는 신비의 향 9개를 얻게 되면서 펼쳐지는 진지한 이야기다. 베테랑 기자인 그는 뇌종양 말기로 시한부 인생에 처한다. 그는 히말라야에서 1년 전 동사한 형의 유품 중 한 개의 향을 태우면 20년 전 과거로 돌아가는 타임머신이라는 것을 알게 된다.

이때부터 그는 환각 속의 환상여행이 시작된다. 누구나 한 번쯤은 꿈꾸어 본 상상 속의 시간여행, 흥미로운 SF 세계에서 일어날 수 있는 모든 희한한 일들이 교차하며 벌어진다.

〈별에서 온 그대〉(2013. SBS, 박지은 극본, 장태유 연출)

1609년 9월, 조선 땅에 떨어진 외계인. 그때와 똑같이 젊고 아름답게 사는 4백 살이 넘은 미청년 도민준(김수현)이 한류 톱스타 천송이(전지현)와 달콤한 로맨스에 빠진다. 그는 초능력의 소유자다. 온갖 물건과 사람을 허공에 띄우는 공중 부양술, 말 타고 하늘 나는 공중 비행술, 눈앞에서 한순간 사라지는 투명 이동술, 고층옥상에서 추락자를 구해내는 신통술, 벽을 뚫고 사뿐히 나타나는 축지술, 청력 일곱 배에 시간을 멈추는 능력, 4백 살에도 늙지 않는 괴력까지 갖춘 조선 슈퍼맨이다.

시청자는 우선 미소녀, 꽃미남으로 대표되는 주인공의 섹스 어필과 현란한 감성 플레이에 마취된다. 그 욕구를 통해 잠재 불안과 긴장을 해소한다.

1994년 MBC 납량극 심은하의 〈M〉, 초능력 빙의자로 관심 집중

1994년 MBC의 납량극으로 제작된 〈M〉은 여인의 두 눈에서 초록빛 레이저가 발산하는 특수효과로 깜짝 공포를 연출했다. M은 아들 아닌 딸로 밝혀져 낙태한 산모를 죽이고 태어난 혼령이다. 여행지에서 성추행을 당할 절체의 순간에 초록 눈으로 변한 마리(심은하)의 초능력으로 불량배들을 제압한다. M은 여주인공에 빙의하며 언행을 조정한다. '무서운 드라마'였다.

초능력자는 2000년대에 들어 여러 형태로 줄줄이 나타난다.

〈뱀파이어 검사〉(2011. OCN) 사물의 접촉만으로 관련된 정보를 알아내는, 즉 사이코메트리 드라마다. 모든 답은 피에 있다. 죽은 자의 피 맛과 혈흔으로 살해 당시 상황과 동선을 알아채는 검사의 신통함을 그렸다.

〈냄새를 보는 소녀〉(2015. SBS)는 큰 사고에서 기적으로 살아난 여자(신세경)다. 기억력을 몽땅 잃은 대신 냄새를 보는 초능력을 갖게 된다. 입자로 보이는 냄새, 그 냄새의 시각으로 탐정이 되어 사건을 풀고 수사를 해결해 간다.

〈힘쎈여자 도봉순〉(2017. jtbc) 발칙한 상상으로 한국판 원더우먼 도봉순(박보영)이 태어났다. 일당백으로 사회악을 물리친다. 남자 열 명을 골목에서 맨손으로 거뜬히 제압하는 슈퍼 파워를 보이면서 약한 자를 돕고 정의를 실현한다. '유쾌 통쾌 상쾌' 그대로다.

〈옥탑방 왕세자〉(2012. SBS) 조선왕조 왕세자(박유천)가 세자빈을 잃고 300년 시간을 뛰어넘어 신하들과 함께 서울에 나타난다. 트럭을 몰고 시장을 누비는 똑순이(한지민)를 만나 사랑에 빠진다.

〈더블유(W)〉(2016. MBC) 한 여의사(한효주)가 우연히 'W'라는 제목의 웹툰 속으로 빨려 들어가 만화 주인공(이종석)을 만나면서 벌어지는 로맨스를 그렸다. 불투명한 현실, 아직 미완성의 웹툰-이 두 세계를 오가는 남녀는 창조주의 섭리를 거부하고 자유의지로 미래를 만들고 과감히 운명을 변조한다. 가상과 실재의 경계가 모호해지는 디지털 시대의 변화를 암시했다.

〈도깨비〉(2017. tvN) 양복을 입은 멀쩡한 남녀들은 모두 도깨비 같은 사람들이다.
고려조에 태어난 939살의 남자(공유)는 도깨비다. 죽을 뻔한 사람도 살린다. 인간으로 변신하기 위해 신부를 찾는다. 30대에 요절한 남자는 저승사자(이동욱)가 되어 세상에 나온다. 19세의 여고생(김고은)의 눈엔 죽은 사람의 혼이 보인다. 도깨비방망이로 팔자가 바뀐 20대 재벌(육성재)도 있다. 아들을 점지해주는 젊은 삼신 어멈(이엘)도 등장한다. 만사의 원인을 밝히는 할매 귀신도 나온다. 고려 왕과 왕비도 시공을 넘어 건너온다.

송재정 작가, 가상과 현실 왕래, 게임 증강 현실로 주목

스티븐 스필버그는 가상현실(VR· Virtual Reality)게임 소재의 블럭버스터 '레디 플레이어 원'(2018)으로 세계적인 흥행에 성공했다. 디스토피아적인 미래, 유일한 탈출구인 가상현실 게임 '오아시스'에 열광하는 주인공이 온·오프라인을 넘나들며 현실 세계의 악을 물리치는 얘기다.

tvN의 〈알함브라 궁전의 추억〉(2018. 12~09. 1.)은 '포켓몬고'처럼 증강 현실(AR·Augmented Reality)게임을 소재로 한 국내 첫 드라마다.

스마트 렌즈를 눈에 끼면 가상의 적이 실물처럼 나타나 대결을 펼치는 증강현실 게임을 실감 나게 재현했다. 송재정 작가는 이미 〈나인〉에서 20년 전 과거 속의 환상여행을 시도했고, 〈W〉는 웹툰과 현실의 경계를 허문 이중 공간의 교차 왕래로 국내 판타지 드라마의 새 장을 열었다.

〈알함브라〉에서도 치명적 오류의 장치를 놓았다. 유저끼리 게임을 하다 한쪽이 죽으면 실제로도 사망하게 되고, 이때부터 현실과 게임이 뒤섞인다. 사망한 유저는 좀비가 돼 주인공을 쫓고, 설상가상 렌즈를 끼지 않아도 자동 로그인이 된다. 절대 게임에서 빠져나올 수 없는 지옥도의 시작이다.

현실과 게임을 오가다 게임 안에 갇히는 설정은 게임에 대한 통제 불능, 게임중독에 대한 날카로운 비평으로도 읽힌다. 이미 일상어가 됐지만 크리(치명타), 던전, 퀘스트, 레벨업 등 게임 용어와 방식을 TV 드라마 안에 그대로 담아냈다. 여기서도 송 작가의 치밀한 대본과 현빈, 박신혜의 압도적인 연기로 호평을 받았다. (중앙일보 2019. 1. 10.)

디지털 융합시대에 태어난 슈퍼맨과 만능 캐릭터들

신통력은 답답한 현실, 초라한 자신, 그리고 능력 한계에 대한 보상 심리를 채워준다. 우리 자신의 시간 해방과 공간 확장욕은 물론, 구원 받고 싶은 심리도 충족한다. 미래 예지력은 자신의 부족한 지식과 정보의 결핍을 보완한다. 오늘날 디지털 사회의 특징은 융합이다. 초현실 드라마는 흔한 멜로극과 로맨틱 코미디에 퓨전 사극, 미스터리를 모두 융합한 혼성 포맷이다. 하나의 현실에 '미래 과거'가 혼합하고 시간과 공간은 멋대로 비약한다. 이들은 비주얼 스캔들로서 화제를 유도하고 새로운 영상 판타지를 제공하면서 융합 코드에 화답하고 있다.

IT 문화 시대의 인간형이란 손가락 하나로 원하는 정보를 탐색하고 자기 욕망에 몰입하고 세상일을 섭렵하고 싶다. 그 욕망의 영매로 신통한 주인공은 해결사를 빙의하고 나타난다. 그들은 드라마 속의 메시아로 현전하여 고달픈 삶에 안식과 평화를 주는 구원자 역할을 자처했다.

뉴 캐릭터가 낳은 초현실극의 출몰, 이것은 디지털 시대의 드라마 생존법이자 드라마가 여전히 변전하고 있다는 방증도 된다. 이들은 멀티태스킹의 결실로서 현대인의 다양한 욕구에 부응한다. 그러나 기계 인간 〈원더우먼, 배트맨, 가위손〉과 생체적으로 다르다. 〈로보캅, 터미네이터, 스파이더맨〉 같은 전자 인간과도 또한 다르다.

30. 파격적인 새 화두를 창출하라

- 새 사실, 새 접근, 다크 히어로까지

새 화두의 조건은 〈새 인물, 새 사실, 새 해석, 새 시도〉 등 '새로움'의 발굴에서 비롯한다. 드라마의 기대는 어떤 형태든 '새로움'이기 때문이다. 그것은 새로운 정보, 새로운 느낌, 새로운 감동을 주는 기초재가 되어야 한다. 또한, 새로움이란 시점과 상황에 따라 부침 되기도 한다. 최근엔 독설, 악행을 내세운 '다크 히어로'까지 등장했다.

1) 새 인물의 발굴 – 허준, 추노, 미스터 션샤인…

〈미스터 션샤인〉(2018. tvN) 20세기 초 일제 침략이 노골화된 대한제국 시기가 배경이다. 위인전도 영웅전이 아니다. 이름 없는 민초들의 자발적인 의병 활동 얘기다.

발상은 종군기자로 조선에 온 영국 기자 매켄지가 1907년 경기도 양평에서 찍은 한 장의 사진에서 비롯한다. 일단의 의병들 모습을 담은 이 사진은 24부 마지막 장면에서 되살아난다.

400억 넘은 제작비의 영상은 화려한 볼거리와 얘깃거리를 제공한다. 한복과 제복, 총과 칼, 전통과 신식, 양반과 상놈, 민족파와 친일파, 영어와 일어 등이 마구 섞인다. 새 얼굴은 노비의 자식으로 신미양요(1871) 때 미국에 밀항하여 해병대 장교로 귀국한 유진 초이(이병헌)다. '내 조국이 미국..'이라는 뜬금없는 이빙인을 만난 스물아홉의 양반집 규슈 애신(김태리)은 흔들린다. 그녀의 정혼자로 10년 일본 유학에서 돌아온 희성(변요한)은 방황하고 백정의 아들로 일본 낭인들에 칼솜씨를 배운 사내(유연석)는 긴장한다. 아버지의 정략으로 늙은 일본인에 시집간 쿠도 하나(김민정), 유산을 물려받아 '글로리' 호텔 사장이 된 이 젊은 미망인은 유진 초이를 보고 있다. 도공, 포수, 빵 굽이, 인력거꾼에서 행랑아범, 함안댁까지.. 모두 조국을 지키기 위해 목숨을 건다. 이거야말로 빛나는 역사 외전(外傳)이다.

새 얼굴은 낯선 직업군에서 곧잘 파생되고 있다.

〈임꺽정〉(1996. SBS) 소설 속에서 처음으로 TV로 건너왔다. 꺽정 역에 새 얼굴 정흥채가 선발되어 청석골에서 세상을 향해 일갈 포효했다.

〈홍길동〉(1998. SBS) 아버지를 아버지라 부르지 못한 불행한 서자 역에 새 얼굴 김석훈이 발탁되어 난세에 희망을 주는 영웅으로 떠올랐다.

〈허준〉(1999. MBC)이 새로운 것은 왕궁 일변도의 소재에서 벗어나 한의사의 존재감과 민간요법의 실용 가치를 소구했기 때문이다. 〈상도〉(2001. MBC)는 '돈보다 사람을 남긴다.'라는 신념 하에 조선조 말 장돌뱅이에서 인삼 무역으로 거상이 된 임상옥(이재룡)의 상인 정신을 그렸다.

〈다모〉(2003. MBC) 조선 시대 여형사가 있었던가. 방학기 만화원작은 있었다고 주장한다. 다모(茶母)(하지원)는 좌포청 소속, 종사관(종6품)으로 검술과 권법에 능하며 쌍 단도의 호신술, 위급할 때나 여럿을 대적할 때 던지는 표창 솜씨도 일품이다.

〈추노〉(2010. KBS)는 도망간 노비를 찾아 잡아들이는 일테면 인간 사냥꾼(장혁)이다. 이름도 낯선 추노(追奴)다. 쫓고 쫓기는 자 모두는 한도 많고 사연도 많다.

〈대장금〉(2003. MBC) 궁중 수라간 나인으로 허드렛일을 돕던 장금이 신분과 나이 차를 극복하고 어의녀(御醫女)가 되기까지 굴곡을 그렸다. 궁궐은 임금과 신료들만 있는 곳이 아니었다. 장금(이영애)이 있었다.

〈동이〉(2010. MBC)는 숙종 조, 일곱 살의 한낱 무수리에서 내명부 최고의 품계에 오른 숙빈 최씨의 생애를 담은 조선판 신데렐라 얘기다. 온화한 인현왕후(박하선), 야망에 가득 찬 장희빈(이소연)의 대결만이 있었던 게 아니었다. 두 여인에 가려진 영조의 생모 동이(한효주)가 가세함으로써 당파싸움(서인, 남인)에 휘말린 왕비 열전은 새롭게 조명된다.

조선왕조 프레임을 깨고 고려와 고구려 건국 신화의 주역으로 등장한 새 얼굴은 모두 화제의 중심에 섰다. 〈태조 왕건〉(2000. KBS)은 유비 형의 왕건(최수종), 장비형의 견훤(서인석), '미친 존재감'을 발휘한 동탁 형 궁예(김영철)의 3각 대결이 2년간 화두를 장악했다. 〈주몽〉(2006. MBC)은 고구려의 시조 주몽(송일국), 소서노(한혜진), 금와왕(전광렬) 등 신선한 얼굴과 스토리텔링을 제공했다. 원나라에 공녀로 바쳐진 한 고

려 여인이 마침내 황후가 되는 〈기황후〉(2013. MBC)는 우리 여성사(史)
에 새로운 단초를 제공했다.

2) 새 사실의 발견 – 정도전, 징비록, 장영실, 명동백작

광해는 전란과 사건에 따라 늘 새롭게 태어났다. 그의 66년 생애는
임진왜란, 형제 반목, 대비폐위, 당파싸움, 명금(明金) 대결, 인조반정
등 굵직한 사건의 연속이었다. 2000년 들어 제작된 열 편의 드라마에
서 그는 팔색조처럼 새롭게 변신했다.

세조 왕위 찬탈의 일등 공로자인 한명회를 심층 묘사한 〈설중매
〉(1984. MBC), 통일 신라의 불쏘시개로만 여겨왔던 계백장군의 진면목
을 그린 〈계백〉(2011. MBC), 이성계의 참모에 머문 정도전을 주연으로
격상한 〈정도전〉(2014. KBS), 임진왜란 전후로 조정의 속사정과 민생고
를 성찰한 류성룡의 참회록인 〈징비록〉(2015. KBS), 조선 첨단 과학자
의 고뇌를 다룬 〈장영실〉(2016. KBS) 등은 모두 새로운 사실의 발굴 작
업의 결실이었다.

EBS가 모처럼 내놓은 〈명동백작〉(2004)은 전쟁 후 우리 문화예술의
밑불을 지핀 문인 이봉구, 김수영, 박인환, 전혜린을 찬찬히 묘사했
다. 후속작인 〈지금 마로니에는〉(2005)은 60년대 등불이 된 재야 사학
자 김중태, '오적' 시인 김지하, '무진기행'의 작가 김승옥 등 서울 대
3인방을 내세웠다.

〈베토벤 바이러스〉(2008. MBC)는 오케스트라 지휘자와 단원들의 음

악 세계를 집중적으로 응시했다. 엘리트 지휘자(김명민)의 카리스마를 비롯하여 바이올린, 플룻, 트럼펫, 첼로, 클라리넷 등 기악의 천재들이 내는 화음은 황홀하다. 그러나 무대 뒤의 인간적인 불협화음은 복잡하다.

3) 새 발상, 새 패러다임-디어 마이 프렌즈, 사랑의 불시착, 태양의 후예

〈사랑의 불시착〉(2020. tvN) 재벌 상속녀(손예진)의 패러글라이딩은 돌풍을 만나 북한 땅에 불시착한다. 그녀를 구해주고 지켜준 특급 장교(현빈)의 눈빛이 촉촉하다. 남남북녀(南男北女)의 사랑은 낯설지는 않지만, 이번엔 남녀북남(南女北男)의 절대 극비 러브스토리를 달고 나왔다. 계속된 미사일 도발로 남북관계가 얼어붙은 시점에서 장교의 인간성이 부각되어 북한 미화의 논란이 일었다. 심각한 사건을 로맨틱 코미디에 코팅한 것, 불시착의 국면, 일련의 북한군들이 남한을 맘대로 오가는 것, 이 모두가 비현실적이라는 것이다. 논란과는 별도로 드라마는 미남미녀의 애타는 러브게임에 함몰되면서 화제를 몰았다.

〈디어 마이 프렌즈〉(2016. tvN) 6070의 일곱 남녀의 황혼 청춘과 3모작 인생을 다뤘다. "너 늙어봤어? 나 젊어 봤다….." 김혜자는 남편과 사별 후 완전 독립을 선언하고, 고두심은 바람난 남편을 잊고 딸과 티격태격하며 산다. 황혼 이혼에 처한 나문희는 자기 삶을 부여잡고 광고모델 출신인 박원숙은 선배와 연하남과도 사랑하면서 홀몸의 상처를 잊는다. 여기에는 꼰대는 없다.

"그래 난 낡은 진보다, 어쩔래?" 찢어진 청바지에 흰 티, 백팩의 65세 노처녀 윤여정은 카페 주인으로 하루가 바쁘고 즐겁다. 만년 청춘 주현과 신구가 이들 사이를 오가며 딴지를 건다. '치매, 회한, 죽음'을 날려버린 이들의 인생 찬가는 대차고 화끈하며 유쾌하다.

〈나빌레라〉(2021. tvN)도 노익장의 건투를 다룬다. 74세의 박인환이 발레를 하는 노인네로 거듭난다. 죽기 전에 딱 한 번 해보고 싶은 일에 도전한 것이다.

〈태양의 후예〉(2016. KBS2)는 해외 가상 국에서 벌어지는 재난, 멜로, 전쟁, 액션을 녹여 영화 풍의 스케일을 살렸다. 첫 회부터 대형 헬리콥터가 등장하고, 카키색의 군복과 모래 빛 바탕화면에 여태 보지 못한 해외 풍광과 오픈세트가 이국정서를 더했다. 전쟁터에서 연하 군인(송중기)과 연상 의사(송혜교)가 풋풋한 사랑에 빠지면서 현대판 '견우와 직녀'의 설화를 엮어간다.

KBS 방영권 40억, 중국 판매 48억, 일본 판매 19억, PPL 30억 등 사전 판매가 140억을 돌파하여 총제작비(130억)를 사뿐히 넘어섰다. 중국의 사드 문제가 발생하기 4개월 전에 종영한 것도 행운이었다.

'밀크 보이' 송중기에게 여성성을 부여하고 '와인 걸' 송혜교에게 남성성을 심어 새로운 밀당을 교직했다. 가상국 '우르크'는 그리스의 나바지오 해변과 태백시의 광산촌을 결합하여 낯선 제 3 지역의 분위기를 냈다. 8년 전 폐광 터가 이국땅으로 재생되어 관광지로 거듭났다. 결정적인 순간에 발생한 지진 장면은 우리에 생뚱한 재난 경험을 불러 새로운 영상미와 몰입 효과를 낳았다.

절벽에서 깊은 강으로 떨어진 차 속의 두 남녀는 멀끔히 살아나고 다발성 총상에 심폐소생술까지 받은 송중기는 벌떡 일어나 다음 작전에 참여한다. 전쟁은 매양 '우리 편이 이기는 병정놀이' 같지만, 시청자의 오금을 정확히 찔러간다. 판타지의 극치는 죽은 사람이 살아오는 것이다. 전사한 남자는 어느 날 멀쩡한 얼굴로 나타난다. 전달된 유서를 읽고 눈물 쏟는 여인들과 자기 제사상 앞에 나타나 제찬을 태연히 먹어대는 주인공이 능청스럽다.

'말도 안 돼…'의 송혜교의 대사처럼 말도 안 되는 '우르크 연인'의 사랑은 오글거리는 환상 속에 해피엔딩을 유도했다. 그리고 둘은 '현실 멜로'가 되어 이듬해(2017) 실제 '송송 부부'로 거듭났다.

4) 새 시도, 새 접근 −도깨비, 알함브라 궁전, 스카이캐슬, 이태원 클라쓰

2012년 16부작 〈응답하라 1997〉(tvN)으로 첫선을 보인 후 2013년 21부 〈응답하라 1994〉에 이어 2015년 〈응답하라 1988〉가 연속했다. 이 시리즈는 제목처럼 모두 20년 전후의 옛날을 꺼내고 있어 당시 고교, 대학 시절을 보냈던 40대 전후 세대의 진득한 화제를 유도했다. 특정 세대의 '레트로(복고주의)의 마케팅'을 새롭게 내세운 것이 주효했다.

〈알함브라 궁전의 추억〉(2018. tvN)은 게임의 세계에 현실을 접목하여 큰 반향을 일으켰다. 외피는 게임·기술의 비관론이지만, 역설적으로 더 이상 게임이 주변부 문화가 아니라는 관점도 보여준다. '20세기가 영화, 드라마의 세기였다면 현세기는 게임이다….'라는 전제가 보인다. 게임과 게이머가 세상을 인식하고 구성하는 방식을 모르고서는 새로운 세상과 문화를 읽기 어려운 시대라는 얘기다.

〈스카이캐슬〉(2019. jtbc)은 상위 0.01%가 모여 사는 '스카이캐슬'에서 자녀를 일류 의과 대학에 진학시키기 위해 일반인이 상상할 수 없는 '갑질과 돈질'을 보여준다. 고액과외나 튜터(개인교습)의 차원을 훨씬 뛰어넘는다. '입시 코디네이터'라는 생경한 마녀(김서형)가 등장하여 왕자병, 공주병에 사로잡힌 명문가 출신의 사모님들과 처절히 거래하고 자녀들을 마음껏 농락한다.

〈펜트하우스〉(2021. SBS)도 같은 맥락이다. 의대에서 음대로 바뀌었다. 100층 호화 펜트하우스에 사는 부자들의 일그러진 욕망은 오로지 '위만 보고 뛰는 망둥이'처럼 목표달성을 위해 인륜을 저버리고 존속살인마저 자행한다. 이미 시즌 1.2를 끝내고 2021년 6월에 시즌 3을 띄웠다.

〈이태원 클라쓰〉(2020. jtbc)은 세계를 압축해 놓은 듯한 이태원에서 젊은이들의 창업 도전이 시작된다. 3포 시대의 청소년들에 보내는 네거티브 자화상처럼 보인다. 전과자, 소시오패스, 바보 같은 천재, 고아, 재벌의 서자, 가출 남… 한 결로 불행한 과거와 트라우마의 소유자들이다. 이들이 원하는 천국은 무엇일까?

5) 금기 소재 공개 −근친상간 또는 동성애

근친상간과 동성애 드라마−

"인간관계의 모든 언행이 드라마의 소재"라는 달콤한 대중 영합주의에 자칫 함몰하기 쉬운 아이템이다. 2005년 세 작품이나 주말에 방송되었다.

버린 딸을 훗날 며느리로 맞게 되는 SBS의 〈하늘이시여〉는 주인공의 의붓아들과 전남편을 통해서 낳은 딸이 결혼하게 된다는 설정이다. MBC 〈사랑의 찬가〉는 10살 많은 이모와 조카의 사랑을 들춰 시비에 말렸다. SBS 〈그 여름의 태풍〉은 전처, 후처 태생의 남매를 연인으로 엮었다. 모두 출생의 비밀을 깔고 있다.

2007년 KBS의 주말극 〈행복한 여자〉는 남자의 계부가 여자의 친부다. 여주인공을 버리고 재혼한 아버지는 남자 주인공을 의붓아들로 두었는데, 이 의붓아들의 결혼 상대자가 자신이 버린 친딸이었다. 이런 드라마의 경우, 실제적이진 않더라도 법률상의 근친상간이 성립한다.

− 호모 또는 레즈비언의 애정행태를 묘사하는 것은 동성애에 대한 사회적
관점을 연성화하고 시청자의 화두를 부추긴다. 이런 엽기적인 애정 관계
는 애초 논란의 동반을 전제하고 들어간다.

〈째즈〉(1995. SBS)는 동성애 코드의 첫 드라마로 비극적인 결말을 보였다. 재벌 아들 한재석은 두 남녀의 뜨거운 짝사랑을 받는다. 정혜영은 부잣집에 의도적으로 접근하고 친구 정성환은 동성애로 집착한다.

결국 혜영은 재석에 죽임을 당하고 성환은 그를 보호하기 위해 자신이 살인범임을 자처한다. 두 남자는 수사 압박을 피하지 못해 마침내 동반 자살한다. 90년대에 시도한 이 퀴어 드라마(게이 소재)는 매우 생소하고 충격적이었다. 그들의 행적은 죽음으로서 단죄되었고 정성환은 최초의 '동성애 순교사'가 되었나.

〈슬픈 유혹〉(1999. KBS2)은 버젓한 '게이' 드라마의 출시다. 청년 주진모와 중년 김갑수가 엿보인 키스 장면은 매우 반역적이었다. 당시 '세기의 말세극'이라는 싸늘한 여론도 일었다. '우리는 사랑이라 했는데 남들은 반역이라 하네..', '내가 남자를 사랑한 게 아니라 사랑한 사람이 남자였을 뿐..'이라는 주진모의 대사가 묘한 여운을 남겼다.

〈커피프린스 1호점〉(2007. MBC)은 남자 행세를 하는 여자(윤은혜)와 정략결혼을 피하고자 동성애자로 위장한 남자(공유)의 달콤한 밀당을 그렸다.

실제 '게이' 관계가 아닌 두 사람은 무늬만 그렇게 가장하고 행동했을 뿐이지 여전히 남과 여로서 이성애를 교차한다. 자신이 깨닫지 못한 극 중 남녀의 실체를 시청자는 이미 알고 보면서 '여성의 남성화(또는 중성화)'를 즐기는 재미와 여흥을 더했다. 동성애의 함정을 교묘히 피해 가면서 오히려 윤은혜의 양성적(兩性的)인 매력에 가중치를 두었다. 이 작품은 호모 섹슈얼의 관심을 증폭하는 계기가 되어 시청자 게시판을 뜨겁게 달궜다.

〈바람의 화원〉(2008. SBS)은 절세 미녀와 남장(男裝) 여류화가의 사랑을 취급했다. 신윤복(문근영)과 기생(문채원)의 성적 심취는 일견 레즈비

언 사랑이지만 이미 남성을 표방한 문근영은 여자 앞에서 자기 정체
성의 혼란을 겪는다. 하여 어쩔 수 없는 플라토닉 러브가 된다. 동성
애는 시대를 초월한 오묘한 인간애로 그 신비감은 남녀경계마저 초월
한다는 뜻을 전하고 있다.

〈개인의 취향〉(2010. MBC)은 '가짜 게이' 이민호와 호기심 많은 여
자 손예진이 벌인 엉뚱한 코믹 로맨스다. 여자는 게이를 탐험하고 싶
고, 남자는 자기 뜻을 이루기 위해 여자에 호응한다. 나중엔 진짜 게
이 유승룡이 나타나 주인공에 구혼한다. 제목대로 동성애는 어디까지
나 '개인의 취향'이라는 유쾌한 소동 속에 '게이의 생태학'을 무겁지
도 가볍지도 않게 느긋이 전개했다.

〈인생은 아름다워〉(2010. SBS)은 의사(송창의)와 사진작가(이상우)와의
동성애를 다루어 화두에 올랐다. '이 드라마를 보고 게이가 된 내 아
들-에이즈로 죽으면 SBS는 책임져라'. 이는 '바른 성문화를 위한 전
국연합' 등 어머니회를 중심으로 한 시민단체가 그해 11월 한 일간지
에 실은 항의 광고 제목이다.

한국게이인권운동단체는 이 드라마가 성 정체성에 영향을 줄 수 없
다고 주장했다. 동성애는 선천적, 후천적 문제가 아니라 삶의 과정에
서 자기 자신이 스스로 느끼는 것으로 단정한 것이다.

〈클럽, 빌리스티의 딸들〉(2011. KBS2)은 본색을 드러낸 작품이다. 50
대 최란과 김혜옥, 30대 한고은과 오세정, 10대 여고생 전세연과 안
지현 등 세대별 여섯 명 커플이 레즈비언만 출입하는 클럽에 모여 성
소수자의 녹록지 않은 삶과 자기 내면을 교차한다. 이 작품은 여성 대
여성을 넘어 사람 대 사람으로 발상을 확대하여 억압된 애정행태를

탐구했다.

　본래 인간이란 끊임없는 자아 찾기와 더불어 사랑하고 사랑받고, 위로하고 위로받는 존재다. 세상 1500여 종의 동물도 기실은 의식적, 무의식적 동성애 본능을 타고나며 인간도 여기서 자유로울 수 없다는 메시지나.

6) 독설, 악행, 폭행 – 다크 히어로(dark hero) 열전

　다크 히어로(dark hero)란 한마디로 '악당 같은 영웅, 영웅 같은 악당'이다. 전통 영웅은 기본적으로 선하고 그 행동방식도 그 규범에서 벗어나지 않지만 다크 히어로는 거칠고 냉정하며 무자비하다. 악에 대응하기 위해 악을 자처하면서 때로는 광기, 이중인격, 폭주를 자행한다. 도덕, 윤리, 법률은 가볍게 무시한다. 법은 멀고 주먹은 가까운 사회에서 다크 히어로는 어둠의 왕자로 군림한다. 시청자는 객관적인 선(善)과는 거리가 먼 이들의 쾌도난마에 쉬이 빨려든다. 예컨대 '배트맨', '헐크' 같은 캐릭터나 마카로니 웨스턴에서 등장한 무법자들을 들 수 있겠다.

　〈빈센조〉(2021. tvN) 이태리 마피아 변호사(송중기)가 귀국한다. 한 빌딩 밑에 숨겨진 금괴를 차지하기 위해서 그는 독종을 자처하지만, 그보다 더한 악당들과 맞서야 한다. 악으로 악을 다스리기 위해 철저히 고통스럽게, 지독하게 제압해야 한다. 이른바 다크 히어로에게 법은 편법, 탈법, 불법이다.

〈무법 변호사〉(2018. tvN) 소싯적 조폭에 몸담아 감방까지 다녀온 봉상필(이준기)은 쌍코피 터져가며 공부한 끝에 어렵사리 조폭 변호사가 된다. 호랑이굴로 들어가 펼치는 그의 변호 방식은 주먹이 먼저다. 무법(無法)자는 무법(武法)자가 된다.

〈무풍지대〉(1989. KBS)와 〈야인시대〉(2002. SBS)는 모두 1950년대 자유당 집권 시절에 서울을 할거했던 검은 영웅들의 '낭만주먹'과 '정치깡패'의 시말서다. 동대문파 핵심인 유지광(나한일)을 그린 '무풍지대'와 종로파 수장 김두한(안재모, 김영철)을 올린 '야인시대'는 세력과 위계 다툼을 위해 폭력 대 폭력으로서 상대를 제압하는 한판 대결이 빠짐없이 등장한다. 총칼 없는 맨주먹 대결, 맞결투를 하는 절박함, 때리고 부서지는 파열음, 승자와 패자의 갈림길 등은 이목을 끌기 충분한 것이었다. '폭력 미화'라는 몇 차례의 경고에도 불구하고 의리와 충성으로 뭉친 '협객'들은 안방을 넉넉히 지배했다.

〈코리아게이트〉(1995. SBS)는 보도 금지된 '박동선 사건'을 공개했다. 70년대 중반 박정희 정부 시절, 주한미군 철수문제와 국군의 현대화를 위해 미 의회의 동의가 절실했던 때, 재미 실업자 박동선은 다수의 의원과 요처에 100만 달러 상당의 현금 로비를 폈다. 소위 박동선(유인촌)의 '코리아게이트'는 떠들썩했으나 20년간 묻혀왔던 사건이었다.

〈용의 눈물〉(1997. KBS) 역시 '어두운 영웅'의 전형성을 띤다. 태조가 감행한 위화도 회군, 최영 주살, 함흥차사, 그리고 태종이 일으킨 왕자의 난, 정도전 살해, 형들의 유배, 정종의 폐위, 처남들의 처형, 양녕의 거세 등의 살육전은 정의로운 행위로 공인받기 어렵다. 행위자는 정의 대신 대의(大義)를 내세웠다.

〈추 천 사〉

60년 한국 드라마와 대중문화 이해를 위한 유익한 지침서

- 본서는 1961년 KBS 개국 이후 60년간 시청자의 관심을 모았던 '히트 드라마'를 〈전 4장, 30주제〉로 구분해, 그 흥행 요인을 분석함으로써 그간 드라마 史를 연구해 온 필자의 성과를 보다 체계적으로 정리한 것이라 판단됩니다.

- 여기서 다룬 300여 편 '히트 드라마'의 선정기준도 대중성과 시청률, 언론 기사의 호응도 등을 반영해 객관성이 확보된 것으로 보입니다. 무엇보다 한 시대를 풍미하고 지나간 작품들을 한곳에 모아 체계적으로 정리해 해석을 곁들이며 드라마 제작 가이드라인까지 꼼꼼히 제시해 주고 있어 커다란 의미가 있다고 봅니다.

- 전반적으로 드라마의 주제와 특징 등을 쉽게 해석해 주고 있어 동시대를 경험한 독자들은 매우 쉽게 이해할 수 있으나, 상대적으로 시대적 경험이 상이한 독자들에게는 다소 이해하기 어려운 부분도 있다고 봅니다.

－ 이번 저술은 '히트 드라마'의 다면적 평가를 통해 TV 드라마의 사회적 변천사를 정리해 보고자 한 노력의 결정판이라 생각됩니다. 책이 출간되면 한국 드라마와 대중문화 발전을 이해하는 매우 의미 있는 지침서가 되리라 기대됩니다.

〈2021. 6 방송문화진흥회 평가〉